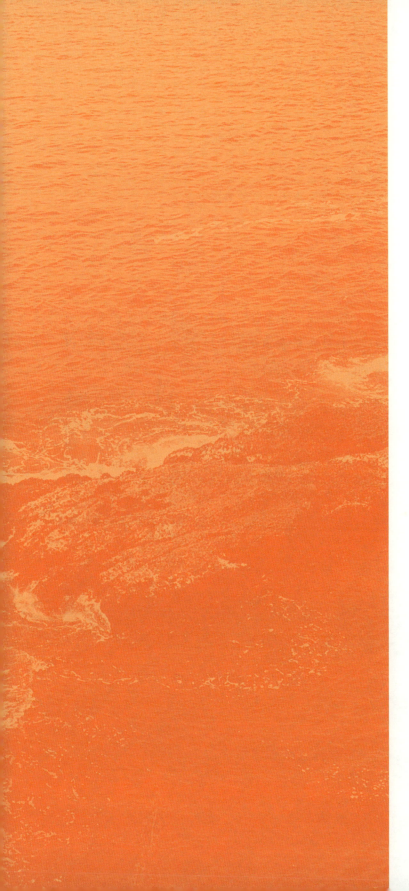

涛声回荡

杨国桢先生八十华诞纪念文集

陈春声　郑振满　主编

社会科学文献出版社
SOCIAL SCIENCES ACADEMIC PRESS (CHINA)

序　言

陈春声　郑振满

　　2019 年 3 月 30～31 日，在春光明媚、湖光山色的厦门大学芙蓉园，来自欧洲、美洲、大洋洲、亚洲 9 个国家和中国内地 18 个省、市、自治区及港、澳、台地区的近 200 名学者济济一堂，参加由厦门大学人文学院和中山大学历史学系共同主办的"海洋与中国研究"国际学术研讨会，庆贺杨国桢教授八十华诞。参加此次研讨会的学者，既有学界泰斗，又有后起之秀，耆老俊彦会聚，人文社科交融，可谓得一时之选。这个集子收录的文字，就是来自世界各地数十位学者的大会演讲和学术忆述。

　　我们一直相信，与自然科学和社会科学相比，人文学科有着自己的特点。对人文学科来说，新思想的发明重于知识的创造，而新思想常常源于学者个人的"孤独思考"。因此，人文学术的发展，主要不是因为经验知识或逻辑意义上的"取代"，而更像艺术史意义上的"超越"。与其他的学科门类相较，人文学科的学术活动常常表现为一种思想与生活的方式，更加讲求"家法"和"学有所本"，因此，其价值标准往往是以本学科最优秀学者的榜样为准绳。人文学科的学术传承，经常是通过组织学术活动，让学术共同体的成员有机会更多地了解本学科卓越学者的功业文章与品德为人，在非凡与日常之间，使过来者得以共鸣和自省，让青年人看到榜样与方向。这就是同人们为杨国桢老师祝寿的缘由，也是我们编辑出版这个文集的价值所在。

进入 21 世纪，大学比以往更多地负有文化传承与创新的责任，而这个责任又更多的是通过杰出人文学者的学术和社会活动体现出来的。现代大学也常常会以各种形式，表彰或纪念各个学科的著名学者，以他们的学术经历和精神生活作为刚刚步入学术之门的青年学子的榜样。我们也注意到，其中最多被提到的，还是人文学科的学者。在这些学者身上，寄托着人们对人类命运的终极关怀，寄托着社会对民族文化传承的希望。在我们的心目中，杨国桢教授就是这样的卓越人文学者。编辑出版这个文集，既是出于对杨老师道德文章的敬重与推崇，更是为了延续文化传统和传承学术命脉。

近 20 多年来，杨国桢教授凭借长期研究中国社会经济史的丰厚学术积累，致力于开拓中国海洋社会经济史、中国海洋史学和海洋人文社会科学学术领域，在学科建设、理论建构与实证研究等各个方面，做出了具有奠基意义的影响深远的贡献。杨老师指出："所谓'海洋人文社会科学'，不是和人文社会科学对立、对等的概念，而是和自然科学之下的'海洋科学'相对应的概念，指人文社会科学对海洋问题研究的多元综合，形成一个科学系统，即人文社会科学之下的一个小系统。这一小系统下的各分支学科，根植于借以分支的原学科土壤，没有改变原来学科的属性，但相互之间具有紧密的横向联系。"他主张要从这样的高度来认识海洋人文社会学科兴起的意义，揭示它的发展方向，改变人文社会科学界对海洋研究的冷漠态度，增强海洋意识，开拓学术致用的新领域，从而建立"海洋人文社会科学"的学科体系与话语体系。这一工作的价值，在本质上超越了海洋史研究，具有建构中国理论和中国特色人文社会科学学术规范的深刻的方法论意义。

我们都知道，中国长期以来是一个与欧美存在巨大差异的社会，中国人有自己独特的物质生活、认知世界、实践经验和社会历史，也有自己的概念、规范、知识体系与话语系统。近代以来，由于历史的原因，西方人文社会科学所提供的解释框架，对理解包括中国在内的非西方世界，一直有着强大的影响，但其局限性也日渐为人文社会科学界的同行们所关注。近年来人文学科的学术话语与学术体系问题之所以在中国学术界备受瞩目，除了经济社会大环境变迁的因素外，也反映了经历数代学者的努力，中国学术的文化自觉不断提升，进入了努力追求构建自身学术范式、彰显自己风格、寻求更大话语权和国际影响力的阶段。这种中国人文社会科学自身发展的内在诉求，具有某种逻辑的必然性。令人感佩的是，20多年前杨国桢老师将学术研究的重心转移到中国海洋史之际，就已提出要建设中国的"海洋人文社会科学"体系，这表现了一位卓越历史学家的学术敏感和天才禀赋，对中国人文社会科学贡献非凡。

正如本书的许多篇章所论述的，在具体的研究实践中，杨国桢老师提出要走出"海洋迷思"的误区，不能从农业文明的本位出发去观察海洋活动，而应该把中国海洋区域——海岸线陆域、海岛和海域作为研究的主题，以"科际整合"方法，厘清中国海洋经济、海洋社会、海洋文化发展的历史脉络，重新发现中国的海洋历史记忆，恢复历史的场景。他指出，不同海洋环境、不同民族的海洋文化有不同的形式和特色，发展水平也不一致，但其本质特征和共性，都是有漂泊、流动的"船上社会"，如渔民社会、海商社会、海盗社会等，他们的组织制度、行为方式，与陆地社会组织有明显的差别。他还认为，帆船是汽船出现以前海洋活动的主要载体，海洋航运与贸易是传统海洋经济的主要内容，海商与水手是海洋社会的主要群体，而海盗则是海洋航运与贸易衍生的海洋社会群体；虽然海盗与海商是不同的海上社会群体，但互为依存，海商为保护和独占海上商业利益，需要以武力做后盾，海盗则以海上商业活动为生存的前提。杨老师还对海上活动人群的身份问题，提出了一系列具有启发意义的论点。他指出，通番船和海外贸易船的船上组织编成，从籍贯来看，是跨县、跨府、跨省甚至是跨国的；对照当时人们的一般记载，通番船和海外贸易船的社会组织原则，海利（海洋商业利益）关系远远高于血缘或地缘的关系；通番船上的社会群体是海洋淘金者和冒险者的组合，并不株守农业社会的组织规则，具有流动性、开放性的特征；而跨国界、长距离的航行，需要具有丰富海洋知识与熟练技术的各种专业人员，难于在陆地家族——宗族与村——乡这样的地域社会内得到满足。他也指出，16世纪海洋交通和贸易突破了洲际阻隔的局面，海洋世界的经济互动不再是局部性的传统模式，而是带有全球性的意义；中国东南海洋力量突破朝廷的海禁而崛起，西欧海洋势力东进亚洲海域，日本海洋势力南下东海，东南中国海洋区域成为东西方海洋竞争的舞台，给中国主导的海洋社会经济圈即东亚贸易网络带来了很大冲击。正因为如此，16世纪以来东亚海域的历史演变，应该视为西欧、日本和中国东南海商长期交往竞争的互动过程。以上研究结论，不仅基于丰富的学术积累，而且是从中国人的物质生活和精神世界出发，以中国的经验、制度、概念和话语讲述中国的故事，又大量利用了来自欧洲、日本的第一手档案和文献资料，将16世纪以后中国海洋历史的发展脉络，置于资本主义体系在全球扩展的视野下考察。这种立足于本土历史经验，又具有全球视野的学术实践，产生了广泛而深刻的国际学术影响，具有启迪后人的方法论意义。

30多年前，我们俩都是刚任教不久的青年教师，又有幸师从傅衣凌教授和杨国桢教授攻读明清社会经济史博士学位。1980年代中期的芙蓉园，充满了学术的理想与朝气，让我们度过了难以忘怀的求学岁月。在老师们的培育与鼓励之下，那一代学习人文学科的研究生对日常生活的"俗务"比较超脱，在灵魂深处还多多少少存有一些"文化托命"的自许，因而也对学术传承、文化自觉与学科本位之类的体验更为敏感。正是从那个时候开始，我们就切身感受到杨国桢老师的渊博、敏锐和可亲。杨老师给学生的教益，不仅仅是课堂上的海人不倦与严格认真，而且还有日常生活中的提醒启迪和亦师亦友。在今天看来，这位在芙蓉园里工作、生活了半个多世纪的睿智长者，其实已经是一种象征和符号；他年过八旬仍笔耕不辍的精神，更是学生晚辈奋力追随的典范。

本书共分三部分。第一部分是"主旨演讲"，收录40位学者在大会上的现场发言；第二部分是"活动纪事"，收录34位学者关于本次大会从筹备到闭幕的点点滴滴的回忆；第三部分"学术忆往"，收录了16位学者回忆与杨国桢教授数十年来的交往历程及对相关研究领域的评述。此外精选大量珍贵照片，反映杨国桢教授的学者风采。

是为序。

2019年10月8日凌晨

目　录

主旨演讲

活动纪事

学术忆往

主旨演讲

在"海洋与中国研究"国际学术研讨会
开幕式上的讲话

张　彦[*]

今天，我们在厦门大学科学与艺术中心欢聚一堂，隆重举行"海洋与中国研究"国际学术研讨会。首先，我谨代表厦门大学向研讨会的开幕表示热烈的祝贺！向远道而来的海内外嘉宾和朋友们表示诚挚的欢迎和衷心的感谢！同时，借今天这个群贤毕至、芝兰满室的场合，我们共同祝贺杨国桢教授八十大寿。让我们怀着美好的祝愿和崇高的敬意，向杨教授致以最热烈的祝愿！

今天，我打了一条红色的领带，厦门大学今年将迎来九十八岁的校庆生日，而我们杨教授也祝贺生日，所以是个喜庆的日子。今天我们这个会场也很有特色，把灯光聚焦在主席台上。虽然杨教授面前没有摆桌签，但我感觉大家都认识他、都熟悉他。一位学者，不管他的面前有没有桌签，但是人们对他熟知对他敬重，我觉得这是他的光荣，我们祝贺他。

"我国既是陆地大国，也是海洋大国，拥有广泛的海洋战略利益"，这是习近平总书记根植历史、面向未来做出的战略判断和历史定位。海洋与中国研究，是历史研究的大课题，对增强国民的海洋意

＊　作者系厦门大学党委书记。

张彦书记在大会致辞

识，构建中国的海洋话语权，推动"一带一路"建设，具有多方面的价值和意义。杨国桢教授在 20 世纪 90 年代就提出建立中国海洋史学的主张，呼吁"展示海洋视野，敞舒海洋胸怀，挖掘海洋信息，探索海洋成败，复忆海洋过去，关注海洋未来，重塑中国海洋文明，迎接全球海洋时代"，积极探索，潜心治学，带领中国海洋史第一支研究团队，先后完成"海洋与中国丛书""海洋中国与世界丛书"《中国海洋文明专题研究》等 30 本著作，成为中国海洋史和海洋文明研究的学术奠基人。近期，他又带领研究团队推出"海洋与中国研究丛书""中国海洋空间丛书"，为构筑具有中国特色的海洋史学科体系做出了新的贡献。今天，厦门大学人文学院、中山大学历史学系联合举办国际学术研讨会，通过海内外学者的交流，弘扬中华海洋文明的优秀文化，为推动建设海洋强国提供内在动力，并借此机会向杨国桢先生致以崇高的敬意。

　　这份敬意，来自杨国桢教授献身科学、潜心治史的奉献精神。

"板凳甘坐十年冷，文章不写半句空"是对杨国桢教授最好的写照。杨国桢先生是一位资深的历史学家，长期从事明清史、中国社会经济史、海洋史研究，在国内外历史学界具有广泛的影响。他1961年毕业于厦大历史系，1985年晋升教授，是1986年国务院学位委员会遴选评定的博士生导师。1987～2006年任厦门大学历史研究所所长。1987年，被表彰为党的十一届三中全会以来福建省有突出贡献的专家。1992年，被评为国务院政府特殊津贴获得者，福建省首批优秀专家。1994年，被评为国家有突出贡献的中青年专家。1997～2008年，任国务院学位委员会第四、五届学科评议组成员。如今，杨国桢教授仍然是国家重点学科厦门大学专门史（经济史）学科带头人、《中国社会经济史研究》主编。

这份敬意，来自杨国桢教授心系祖国、胸怀天下的家国情怀。"常思奋不顾身，而殉国家之急。"杨国桢教授曾担任第七、八、九、十届全国政协委员和厦门市思明区第十届人大代表。长期以来，他以一位历史学家强烈的社会责任感和浓厚的家国情怀，始终把国家利益摆在第一位，积极参政议政，特别是长期为维护国家的海洋主权和海洋权益建言献策，充分展示了中国学者的担当精神。他的"尽快整合海洋管理资源，统一海洋执法机制"提案被评为政协第十届全国委员会优秀提案。就在2017年金砖国家领导人厦门会晤期间，他主编的《丝路帆远》作为礼品书，赢得了国内外嘉宾的热烈反响。

这份敬意，来自杨国桢教授乐育英才、甘当人梯的高尚情操。"得天下英才而教育之，君子之乐也。"杨国桢教授热爱教育事业，是一名卓越的导师，对学科建设和人才培养殚精竭虑，总共招收培养了33届博士研究生，弟子遍布全国，乃至世界各地。杨国桢教授乐育英才，严爱有加，引领后学，不遗余力。门下桃李芬芳，蔚然成家，他们以优异的成绩为母校赢得了荣耀，成为厦门大学分布在各地的一张张闪烁的名片。

"山不在高，有仙则名。"厦门大学能够有今天的办学成就，正是缘于有一批批学术大家勇于攀登科学高峰，产出一流学术成果，做出一流贡献。杨国桢教授以自己卓著的学术成就为学校赢得了巨大荣誉，于 2017 年被授予厦大最高荣誉——南强杰出贡献奖。希望全校师生能够以杨国桢教授为榜样，厚植家国情怀、开创一流业绩，敬业乐业勤业、敢为善为有为，凝聚起实现"百年厦大"梦想的强大合力，朝着建设中国特色世界一流大学宏伟目标奋勇前进。也期望各位校友、各位朋友一如既往地关心、支持和帮助厦门大学的建设发展，携手构建中国特色历史学学科体系、学术体系、话语体系，为不断提升中国历史研究水平，为不断提升中国在海洋领域的话语权，为中华民族伟大复兴做出应有的贡献！

预祝研讨会取得圆满成功，祝愿杨国桢教授福安长乐！

构建中国海洋历史研究的学科体系

陈春声[*]

很高兴在这样一个春光明媚的早晨，回到山明水秀的母校校园，在厦门这个在中国海洋历史发展中具有重要地位的城市，参加由厦门大学人文学院和中山大学历史学系共同主办的"海洋与中国研究"国际学术研讨会。正如刚才张彦书记在致辞中指出的，从20世纪90年代中叶开始，杨国桢老师就将学术研究的重心转移到中国海洋史上，并一直教导我们这些做学生的，要共同努力，建设海洋人文社会科学。今天看到这么多来自海内外的几代学者济济一堂，共襄盛举，真的是感到激动和欣慰。

杨国桢老师在长期研究中国社会经济史丰厚学术积累的基础上，在海洋人文社会科学学科和中国海洋社会经济史的学科建设、理论建构与实证研究等各个方面，做出了具有奠基意义的影响深远的贡献。杨老师提出要走出"海洋迷失"的误区，不能从农业文明的本位出发去观察海洋活动，而应该把中国海洋区域——海岸线陆域、海岛和海域作为研究的主题；他认为，不同海洋环境、不同民族的海洋文化有不同的形式和特色，发展水平也不一致，但其本质特征和共性，是都有漂泊、流动的"船上社会"，如渔民社会、海商社会、海盗社会

---

* 作者系中山大学校党委书记、教授。

等，他们的组织制度、行为方式，与陆地社会组织有明显的差别；他指出，要以"科际整合"方法，厘清中国海洋经济、海洋社会、海洋文化发展的历史脉络，重新发现中国的海洋历史记忆，恢复历史的场景；在具体的研究工作中，他将16世纪以后中国海洋历史发展的脉络，置于资本主义体系在全球扩展的视野下考察，并大量利用了来自欧洲、日本的第一手档案和文献资料。这些论述和工作，具有重要的方法论意义。

令人敬佩的是，杨国桢老师一直保持着学术的敏锐和进取的雄心。二十多年前，《联合国海洋法公约》在中国生效，杨老师敏锐地注意到这是中国现代海洋国家地位确立的标志，由此开始了自己学术探索的新路向和新历程。经过二十多年孜孜不倦的工作，成果斐然，影响深远。这一学术领域也吸引了众多年轻学者的关注与追随，蔚然而成大观，且与国家近年提出的"一带一路"倡议相契合。我们都知道"历史是过去与现在的永恒对话"，杨老师学术努力所体现的，就是这样一种卓越的历史学家的禀赋。

今天在座有许多师弟师妹。大家在老师指导下完成的一系列以海洋史为主题的博士论文，也集结在一起，作为丛书出版。看着修订重版的"海洋与中国研究丛书"，不由得对二十多年来杨国桢老师在中国海洋史学术人才培养上所花费的心力深感敬佩。正是因为老师的远见卓识，我们才能对中国海洋史研究的未来，更加充满信心。

这次研讨会有来自世界各地的近两百名学者参加，群贤毕至，可以说是得一时之选。相信这将是一次足以在中国海洋历史研究的学术史上留下痕迹的盛会。祝研讨会圆满成功。

祝杨国桢老师福寿安康，学术青春永驻！

2001 年 7 月，陈春声（左一）、刘虹与杨国桢、
翁丽芳老师参观中山大学珠海校区

开海洋史研究之先声

——贺杨国桢教授八十大寿

张海鹏*

厦门大学举办"海洋与中国研究"学术讨论会，借以祝贺杨国桢教授80寿辰，很有意义。我愿意借此机会，向国桢同志表达诚挚的祝福。

杨国桢教授在明清史学界耕耘数十年，在林则徐研究、明清土地契约、海洋史方面都做出了卓越的贡献。国桢治史以1981年出版的《林则徐传》名世，此书后来又修订出版，改名《林则徐大传》，这是目前最好的关于林则徐的传记之一。此外，国桢曾追随傅衣凌先生进行社会经济史研究，在明清契约文书领域做出了一系列重要研究。

国桢的史学研究，最突出的特点便是"发人所未发""领风气之先"。无论是林则徐研究还是明清土地契约研究中，他思考问题的深度和广度都是超越同时代的学人的。特别是，20世纪80年代末90年代初，在中国社会普遍对海洋缺乏认识和了解的情况下，杨国桢敏锐地认识到海洋史的重要性，将自己的研究领域转向海洋史研究。海洋史研究从无人问津到成为"显学"，国桢的

---

* 作者系中国社会科学院学部委员、中国史学会原会长。

提倡与研究有着明显的推动作用。三十年来，国桢教授一直致力于海洋史研究的理论建构，1996 年，他发表了《中国需要自己的海洋社会经济史》和《关于中国海洋社会经济史的思考》，对"海洋经济""海洋社会"等概念及其内涵做出创新性论述，奠定了近三十年来海洋史学发展的基本框架，初步形成了一套较为完善的海洋史学科理论体系。此后，杨国桢进一步提倡建立海洋人文社会科学，并在海洋文明研究、海洋空间研究等诸多海洋史领域做了理论和实证研究。在理论方法上，国桢提出"海洋本位"和"科际整合"的新方向与新路径，推动海洋史从涉海历史向海洋整体史研究转型。"海洋本位"的这一研究理路，对于海洋史基本理论的建立具有重要意义。在研究过程中，国桢不断传播海洋史理念，培养海洋史研究人才，建立海洋史研究队伍。2011 年1 月，在杨国桢教授推动下，厦门大学成立海洋文明和战略发展研究中心，正是适应了这个发展方向。如何站在 21 世纪的高度，研究中国历史与海洋的关系，研究世界历史与海洋的关系，认识运用海洋能力在国家发展中的作用，提出海洋发展战略，极为重要。据我所知，海洋史研究的年轻学者中，很多受过杨国桢教授的指点和提携。建立海洋史研究的学术梯队，是保证海洋史研究后继有人的重要举措。今天会上首发的杨国桢教授主编的"海洋与中国研究丛书""中国海洋空间丛书"就有不少是年轻的海洋史研究者参与完成的。

纵观中国历史，中华文明与海洋是息息相关的。历史上，中国创造了灿烂的海洋文明。研究海上交通史的学者认为，汉初就开辟了自朝鲜到日本的航线。陈寿著《三国志》载，公元 230 年吴王孙权命令将军卫温、诸葛直浮海找寻夷洲，孙吴的军队到达夷洲，掠数千人而还。沈莹随军回来后写成《临海水土志》，描述了夷洲岛上居民生活状况。多数学者认为，这个夷洲就是台湾。此后千年，中国人到东南亚，到南海，已经获得了比较丰富的海上经验。正是在这样丰富的海洋经验和明初经济发展基础上，出现了三保太监七下西洋，历时28年，"涉沧溟十余万里"，遍及亚非30多个国家和地区的海上奇迹。

但是，明清时期实行"片帆不许入海"政策，是国家在开发海洋政策上的严重失误。从现代国际法的观念看，中国是一个陆权和海权互为倚靠、互为补充的国家，缺一不可。"片帆不许入海"把中国大陆与海洋隔绝开来，割断了中国陆权和海权的天然联系，造成中国人千年来积累的海洋经验和海上航行知识停滞不前的后果，局限了中国与西方各国政治、经济和文化的交流，把中国官民的眼光局限在大陆，局限在黄土地。

让中国警醒的是近代以来西方列强对我国的侵略，列强主要是自海上而来，依靠着船坚炮利打开中国国门。西方列强自东南海疆而来的威胁迫使中国认识海洋，面对海洋。清朝政府不得不重视海疆，开发台湾，台湾建省以及尽可能地加强海军建设，形成海上战斗力。在一定意义上，甲午中日战争，核心就在于争夺制海权。甲午战争失败，北洋海军覆灭，使中国失去了对海洋的控制权，自此被封锁于陆地之上。不得不说，中国近现代落后挨打的局面，与对海洋的忽视、制海权的丧失是分不开的。

尽管中国人对海洋的认识有所加强，但是近代以来中国的落后挨打局面，在文化上造成了"崇洋""恐洋"的事实，"西方中心论"在知识界和文化界得到广泛传播。这种局面至少持续到20世纪80年代，当时颇有影响力的纪录片《河殇》所代表的正是这样一种风气。在这一话语体系下，西方中心主义论者构建出"海洋文明论"和"海洋国家"论的一套话语，形成了"中国只有海洋活动，没有海洋文明；中国是大陆国家，不是海洋国家"这些论断。这一话语体系蕴含了西方文明优于其他文明的观念，直至今天，还严重制约我们对海洋重要性的认识。针对这一点，杨国桢教授鲜明指出：中国有着深厚的海洋传统，有着灿烂的海洋文明。我们的海洋文明并不逊色于西方国家，中国人应该树立自己的海洋文明话语体系。

对于海洋以及海洋史问题的认识与研究，无论是对历史还是对现实，都是具有积极意义的。我们今日遇到的海疆问题，几乎都有着历史的关联。钓鱼岛问题、南海问题，都与中国先人开发海洋的脚步密切相关。要想妥善地解决这些问题，就需要深入研究海洋史。譬如琉球问题便是历史与现实交织的问题之一。琉球本是一个独立的海岛国家，明清两代都与中国有着密切的藩属关系。1879年被日本吞并，清政府曾经提出抗议，并就琉球国家地位问题与日本政府进行了数年交涉。只是因为《马关条约》签订，清政府没有能力重提琉球问题，于是台湾以及附属诸岛（包括钓鱼岛列屿）、澎湖列岛、琉球就被日本夺走了。后来《开罗宣言》《波茨坦公告》做出了战后处置日本的规定，这些规定剥夺了日本通过战争手段掠夺来的岛屿，包括从中国抢去的所有岛屿。日本天皇接受了这些规定。1972年中日复交宣言中，日本政府再次重申遵守这些规定。

当前海洋史研究空前繁荣，理论体系正在建立和完善，有深度的研究不少。当然，我们也要看到，海洋史研究这门学科仍然是一个年轻的学科，在各个方面都有进一步研究探索的空间。任何一个学科的发展与进步，都是建立在理论与实践长期发展的基础上的，我希望今天来参会的年轻学者们，在吸取杨国桢教授等老一辈海洋史研究专家成果的基础上，提出更有深度、更有学术创新力的成果，为确立海洋史学科的学科体系、学术体系和话语体系继续做出努力。

最后，我预祝这次"海洋与中国研究"学术研讨会获得成功，衷心祝愿杨国桢教授生日快乐，健康长寿，继续为中国的海洋史研究发挥自己的力量！

杨国桢与张海鹏在逸夫楼叙旧

本地、区域和全球视野下的
中国海洋史

王国斌[*]

  我非常荣幸来到厦门大学出席庆祝杨国桢教授八十岁诞辰的海洋史国际研讨会。首先，我想借此机会向杨国桢教授表达我最诚挚的祝福，祝愿他生日快乐、健康长寿。我第一次在厦门见到杨教授是在1981年9月，当时我还在美国读研究生，如今一晃快40年过去了。我与厦门大学的渊源，始于傅衣凌教授访问哈佛大学时，我曾与他有过一个短暂的会面。后来我到北京留学，在这期间有机会到访厦门，当时厦门大学已是中国社会经济史研究的重要学术阵地。那次厦门之行，杨教授帮助我阅览了一些土地契约。这是他继林则徐研究之后的第二个主要研究领域。我还清晰地记得杨教授是那样的友好和热情。几年后，他和他的妻子访问了南加州，与我和我的家人共度了一段美好时光。我们继续享受着在厦门开始的那种既严肃又轻松的交谈。杨教授的学问正如他的为人一样，开放、广博、精深。

  在过去的几十年里，他全身心地致力于开拓和发展中国海洋史研究领域，经过他及其研究团队的多年努力，目前厦门大学已成为该领域的一个学术重镇。在我准备来厦门的过程中，我也一直在思考中国

---

 * 作者系美国加州大学洛杉矶分校亚洲研究所主任、教授。

1986 年 6 月，杨国桢、翁丽芳夫妇访问加州大学尔湾分校

海洋历史在中国、亚洲和世界历史中的不同地位和角色变迁。这些也证明了杨教授作为中国海洋史研究先驱的重要性。

中国 国家维持社会秩序的"国内关切"意味着，那些相对繁荣的地区，比如中国海洋，不仅得到的经济支持要少于那些贫困地区，而且军事防御也要少于北方边境地区的战略要地。

亚洲 在明清时期，中国不仅通过海洋与其他地区有着商贸联系，同时也与亚洲其他港口有着贸易联系。在 19 世纪的中国，海洋在整合国内经济以及将此连接到一个更大的亚洲区域经济圈等方面发

杨国桢与王国斌在美国西海岸

挥着越来越重要的作用。

　　全球　欧洲人迫使中国与西方发展新的外交关系和海上贸易，因此到 19 世纪末，尽管中国在亚洲贸易网络中的参与不断增加，但海上贸易对中国国内和全球经济联系的相对重要性已经发生了变化。这一趋势一直持续到 20 世纪，然后在中华人民共和国成立后的头三十年中大大减弱。

　　当代　从 20 世纪 80 年代开始，中国海洋经济联系开始再次增长，最初在某些方面呈现出类似于 19 世纪对外贸易的一些空间特征。此后，随着对外贸易的扩大和海外投资的启动，最终促成了 2013 年"一带一路"倡议的提出。这一倡议进一步加强了中国与亚洲、欧美以外的其他世界地区的海上经济联系和文化交流。中国海洋经济的未

翁丽芳与王国斌全家合影

来仍然是根植于国内，并更广泛地与亚洲联系在一起的，但中国经济
实力正在以世界历史上前所未有的方式改变与之紧密相连的全球
经济。

关于中国海洋史的理论思考

——兼贺杨国桢先生八十华诞

李国强[*]

海洋史作为一个独立的学术领域，在中国学术界出现得比较晚，甚至在 20 世纪 80 年代前，中国学术界还没有海洋史这一概念。然而，中国是一个陆海兼备的国家，在《尚书》《尔雅》《管子》等早期文献中不乏对"海"和"洋"的记载，而"海洋"作为一个词组出现在中国文献中，也超过上千年历史。历朝历代文献史籍中关于海洋的记载，既有关于中国海洋自然地理的记录，也有关于历代海防、海上贸易、海上航线等多方面的记述。1973 年在浙江省余姚县有一个关于早期新石器时代的重要考古发现，这就是"河姆渡遗址"。在出土的遗物中有五支木桨，经碳 14 测年，距今 7000 年左右。这一重大考古发现表明，中国海洋文明的历史在 7000 年前已开始书写。

无论是考古资料还是文献史料，都深刻表明中国历史发展与海洋有密不可分的人文联系，这为当代中国学术界展开对海洋历史的学术研究提供了必要前提，也为中国海洋史的学科诞生奠定了基础。事实上，关于中国海洋史的学科建设、学术探索，从来没有脱离中国学术界的视野。在中国海洋史学术领域有诸多贡献良多、值得尊敬的学

* 作者系中国历史研究院副院长、研究员。

者，杨国桢先生就是其中的优秀代表。

杨国桢先生主编的"海洋与中国""海洋中国与世界"这两部丛书影响深远，不仅在中国海洋文化史学术领域具有奠基意义，而且提出了诸多有重要理论价值的学术观点。2016年《中国海洋文明专题研究》的出版，标志着对中国海洋文明学术体系的探索有了新进展，对中国海洋文明史若干理论问题的研究有了新收获，一支以老带新、功力扎实、富有开拓精神的中国海洋文明史学术队伍正在形成。

杨先生关于中国海洋文明史的研究，可以说是他长期研究中国海洋史的理论升华。杨先生在《中国海洋文明专题研究》第一卷《海洋文明论与海洋中国》中对海洋人文社会科学的历程进行了全面梳理，对中外海洋文明的概念进行了细致解析。他指出：海洋文明不是西方独有的文化现象，海洋文明也不是天生就是先进文明。农业文明、游牧文明、海洋文明，共同构成了中华多元一体的文明共同体，海洋文明是中华文明的源头之一和有机组成部分。书中第一次提出以海洋为本位划分中国文明的历史分期。值得注意的是杨先生对"中国古代的海界与海洋历史权利"和"现代新型海洋观"的论述，杨先生指出：古代中国的国境海界不等于海岸线，从宋代开始中国就形成中外海域分界的主权意识，在界内行使了巡航等主权权利。基于一系列考证，他认为在海域使用制度的创设上，中国远早于其他海洋国家，有自身的定义和特色；而海域物权观念在中国民间形成，延续至今有数百年之久。同时还指出：宋代海上中外分界的形成，是自古以来民间自发利用和开发海洋空间和资源，发现和命名海岛、海域和渔场，开辟东西洋航路，取得界内捕捞和航行先占权利，进而得到官府承认和保护的必然结果。而国境海界观念的确立，为王朝行使海域主权提供了有效依据。此外，杨先生从大陆国家体系话语的起源和认识的角度，重新认知西方的"海洋国家论"；从探究陆海关系的角度，诠释了中国传统海洋文明与海上丝绸之路的内涵。围绕人海和谐、中国海洋权益、现代海洋发展观、海峡两岸海洋文化交流等问题进行了深入思考。

通过杨国桢先生关于海洋文明论以及海洋与中国的研究，我们不难体悟杨先生对真理的不懈追求、对海洋的无限钟情、对学术的精益求精。杨先生的学术成果不仅廓清了海洋文明的基本概念，而且建构了海洋文明的四种基本形态，同时提出了"以海洋为本位的研究方法"，其理论创新价值和学术指导意义十分显著，字里行间显现了杨先生深厚的史学功力和对海洋史的宏观把握，体现出"经世致用"优良传统的代际传承和老一代学者的责任担当。可以说，杨先生崇高的学术品德、深邃的学术思想、丰硕的学术贡献，总是能带给我们更多新感悟和新启迪。

在新时代开展海洋史研究，要遵循客观规律，着力于中国海洋史学科体系创新；要合乎学术规范，着力于中国海洋史学术体系创新；要顺应时代要求，着力于中国海洋史话语体系创新。杨国桢先生的学术历程植根于对中国海洋史的不懈探索，厚实于对中国海洋史的古今通辨，奋斗于对中国海洋史的学科构建。杨先生之所以笔耕不辍，是因为他对中国海洋有着深沉的眷恋。杨先生在中国海洋史领域取得的成就和做出的贡献，与其说是他勤奋和才智的体现，不如说是一代前辈求真务实、勤勉努力的写照，是一代前辈"为天地立心，为生民立命，为往圣继绝学，为万世开太平"这一宏大志向的缩影。以杨先生为代表的老一代学者优良的学术品德，是我们后人继往开来的不竭之源，我们唯有"立足中国、借鉴国外，挖掘历史、把握未来，关怀人类、面向未来"，才能使中国海洋史研究之大树结出更加丰硕的成果。

中国历史研究院是习近平总书记亲自倡导成立的学术机构，按照总书记的要求，我们要继承优良传统，整合中国历史、世界历史、考古等方面研究力量，着力提高研究水平和创新能力，推动相关历史学科融合发展。根据组建方案，研究院下属研究所将建立若干新的研究室，其中中国海洋史就是新建研究室，这充分表明中国历史研究院将倾注更大力量、投入更多人力物力财力，持续开展中国海洋史学术研究。我们是一支新军，需要各位专家学者多予扶持和帮助。我们将充分发挥统筹协调全国海洋史研究力量、整合全国海洋史各类学术资源的作用，与国内外专家学者和科研单位密切合作，共同推动中国海洋史研究在新时代开启新征程、取得新成就。

李国强与杨国桢在会场留影

为学者寿

赵世瑜[*]

　　我非常荣幸受到杨老师和厦大人文学院的邀请来参加这次盛会，我已经十多年没有参加过这样规模盛大的会议了，我认为学界对此次会议如此重视，体现了大家对傅衣凌先生开创的厦大社会经济史传统的推重和景仰，而杨国桢先生则是其身后重要的承上启下者。

　　我自己对社会经济史研究完全是门外汉，但因缘巧合，我在 20世纪 80 年代后期刚刚出道的时候，最早认识的京外同行就是厦大傅门的传人，这里面不仅包括我们这些已经进入退休倒计时的老朋友，也包括现在已经成为著名教授的当时厦大的本科生。即在如今的北大历史系，也有两位重要学者是傅先生和杨先生培养的博士，这在京城的历史研究机构中是不多见的。

　　我提交本次大会的论文，已蒙杨老师垂青，先期发表于《中国社会经济史研究》2019 年第 1 期，就不在这里报告了。近 30 年来，我作为一个研究华北的学者，跟随厦大的朋友在福建、浙江沿海跑过多次，4 月底 5 月初要跑跑浙闽古道，6 月还会去永泰，多少让我这个门外汉得以初窥门径。杨老师将他在 20 世纪 90 年代对闽西老家的调查文稿交我学习，也使我对这一我从未涉足的地区有了更多细节的认识。

---

　　* 作者系北京大学历史学系教授。

　　浙江、福建、广东、广西也即所谓东南沿海，岸上不远就是连绵的大山，山海之间有着极为密切的联系，不说山区和海岛，就是山海之间的平原建立起来的社会，也和中原腹地的社会有着很大区别。傅衣凌先生率先对这样一种特点进行关注，杨国桢老师接踵而行，支平、振满诸兄及其弟子们绍续箕裘，使对这一地区的研究成果蔚然大观，杨老师的系列海洋史成果、本次海洋史大会都是这样一种学术理路的自然延展。

　　作为一名普通学者和杨老师的后辈，我此次与会也是为了给杨老师祝寿。作为学者，一辈子两袖清风，既给不了别人太多，别人更不会给予多少，一生最宝贵的财富只有"独立之精神，自由之思想"，所以一生中的大部分是学术寿命。我们给杨老师祝寿，是祝福他学术寿命绵长，是祝愿他给后辈留下更多的思想财富。

　　生也有涯，学无止境。我们此来，既为长者寿，更为学者寿。

2001 年 4 月，杨国桢与赵世瑜在开封

海洋史研究与海关资料研究

滨下武志[*]

　　我今天的发言题目是"海洋史研究与海关资料研究"。首先我要表达的是对杨国桢老师的感谢，以及对杨国桢老师八十岁寿诞的恭喜。20 世纪 80 年代，杨国桢老师来日本与我们进行学术交流，围绕社会经济史研究的资料和方法展开讨论，那个时候我们关注的是土地契约、民间文书等。与杨老师一起阅读史料、讨论问题，做社会调查，我们的社会经济史研究与杨国桢老师的贡献是分不开的。

　　下面介绍海洋史研究与海关资料研究。

　　第一，介绍与琉球《历代宝案》有关的海洋史研究。20 世纪 90 年代我们开始整理编辑琉球《历代宝案》。《历代宝案》是琉球跟中国明清两个朝代历时 440 多年的往来历史档案，比欧洲东印度公司记载琉球的档案更早、时间更长。我们 2018 年将中国第一历史档案馆的琉球有关档案和故宫博物院的福建将军档案合编，编辑出版了 15 册资料。希望能将《历代宝案》的翔实资料更加充分地应用到海洋史研究上，如对除贸易、朝贡关系、漂流问题以外的海防问题、造船问题等一系列海洋史研究问题的思考，以此推动有关东海、南海历史的研究，明清时代的海洋研究，以及杨国桢老师所倡导的海洋史研究。

---

* 作者系日本东洋文库研究部长、美国人文与科学院外籍院士。

1983 年 3 月，杨国桢与滨下武志上弦场留影

第二，转达以前留学厦门大学的研究生的感谢和恭喜。因工作不能来参会，如曾求学于杨老师的琉球《历代宝案》编辑部的外间碧女士，在此我将转达她对杨老师的感谢和八十寿诞祝福。

第三，介绍我的海洋史研究情况。最近我尝试利用海关资料来研究海洋史问题。海关报告中记载了大量关于海洋信息传播的问题，如有关灯塔的海洋测量的记载。海关的船钞部下设有灯塔处，灯塔资料是海关资料中除了贸易统计资料以外，又一个比较系统的资料。其内容包含洋流、季风、岛礁等沿海自然状况，以及具体的海洋地理信息，其中也包括东亚、菲律宾等地的灯塔、浮标的建置情况。这个部分从自然科学的角度已经有所研究，而我们也可以从海洋史的研究视角出发，去思考海洋与人，或者海洋与地方社会的关系。关注海洋背后涉及的地方社会的研究，灯塔信息包括水文、海流、洋流、气候等非常丰富的资料，有助于我们去思考沿海地域性的问题。所以，希望

1987 年 12 月，外间碧与杨国桢于深圳小梅沙

在杨国桢老师海洋理论的指导下，学界能加强海洋人文社科与自然科学联结的研究，进一步推动海洋史研究的发展。

杨国桢教授对中国海洋史研究的贡献

包乐史[*]

可以说，我跟杨教授有着长达近 40 年的朋友关系。1980 年，我经中国海洋史研究开拓者之一的田汝康教授介绍首访厦门大学，所以我有可能是"文化大革命"结束后最早到访厦门大学的外国学者之一。当时，厦门大学的几位非常著名的历史学家，如傅衣凌教授、韩振华教授等都还在世。后来由于我在荷兰莱顿大学承担了繁重的教学工作与科研任务，而且还要常常去台湾看望我上了年纪的老师曹永和先生，所以我有十多年的时间不能经常访问厦门。但是自 2000 年以后，厦门大学南洋研究院的吴凤斌教授、聂德宁教授开始与我合作，进行《吧城华人公馆公案簿》档案的校注出版工作。从那时起，我每年都会来厦门，而且常常拜访杨国桢老师。

杨国桢老师的贡献在哪方面？当然是在中国的海洋史研究方面。我觉得中国海洋史的研究方法很有意思，也很有特点。为什么呢？历史上像中国这样的传统大陆性国家对海洋的政策，跟西洋国家的政策很不一样。西洋国家纷纷建立东印度公司，鼓励本国商人开拓远洋贸易。可是明清两代王朝却禁止东南沿海老百姓（福建人、广东人）出海到南洋贸易或移民海外。结果就是，在西洋国家的档案馆里保存

  * 作者系荷兰莱顿大学教授。

了丰富的海洋历史档案文献，而中国封建王朝只关注沿海的问题，像建立海关收税、控制老百姓出洋、用海防或海禁消灭海盗和防止走私行为等。中国官方文献关于海洋社会的记载，尤其是对民间海洋贸易和海外活动的记载是比较有限的。

受制于陆地思维，中外史学界对中国历史的研究在很长时间里忽略了中国海洋历史，直到20世纪70～80年代才发生了大转折。从那时起，中国大陆和台湾地区，以及日本和西方等国的史学界开始用新方法来研究中国海洋历史。在台湾中研院，曹永和老师和几个年轻的学者建立了海洋历史研究中心，参加今天这个会议的台湾代表朱德兰和刘序枫两位先生就属于这个研究中心，可是他们受的是日本大学教育。因为曹永和老师原来是台湾大学图书馆馆长，故而曹老师没有真正地培养他自己的学生。有一天我问他："老师，我是不是您第一个学生？"他笑笑，回答："不是，我第一个学生是我太太，第二个学生才是你！"杨国桢老师不一样，他培养了很多学生，可以说建立了"杨门"。如今众多的杨门子弟已经成为中国海洋史研究的重要力量。

在日本，很早就有研究中国海洋史的学者。为何？因为锁国时代的日本长期依赖于中国和荷兰商人的贸易，所以中国海洋史研究一直是日本史学界的一个传统。在西方史学界，自20世纪七八十年代以来，也有不少年轻的西方学者受到哈佛大学费正清教授的影响，开始研究中国海洋历史。

我们可以用四种历史方法来分析中国海洋历史。第一，考古方法（沉船研究等）。第二，依靠官方记录方法（传统的海关、海防等研究）。第三，"杨国桢方法"，利用民间历史文献资料，包括田野调研材料，构建新的海洋社会经济史。他不仅培养了三代学生，开创了一个新的中国海洋历史学科，而且也编辑出版了一系列的著作。第四，还有不少研究中国海洋史的外国学者，他们的特点是，在中文材料之外还会利用外国档案馆的史料研究中国海洋历史，因为在荷兰、英国、西班牙、葡萄牙等国发现了大量关于海外华人的新史料。在这方面，杨国桢老师自己也注重利用国外档案馆的史料给年轻的中国学生指点新的研究方向。

我难以在短短十分钟之内表达完我对杨老师的崇敬之意，他对中国海洋史研究的贡献实在是太大了，只希望能用这句话表达我对他的敬意：谢谢您！

2017 年 11 月，包乐史在杨国桢家里叙旧

海洋中国制度框架的古今之变

苏基朗[*]

今天的研讨会是杨国桢老师的八十大寿盛会，我很荣幸收到邀请，有机会在这个大会上发言。首先，我要衷心祝贺杨老师青春长驻，并且我希望您可以再用 20 年继续为史学界培养另外一批 60 位博士学者，并且把中国海洋史打造成世界公认的第一流的学科。我没有为杨老师带来什么贺礼，但希望送给杨老师一个小故事，希望以这个小故事作为生日礼物。1998 年，我还是香港中文大学历史系一位 40 多岁的青年学者。有一天，我在系里面很意外地认识了鼎鼎大名的杨老师。他和我谈学问，一谈谈了三个小时，我们从中国社会经济史、区域的历史谈到共同有兴趣的法律史，我们谈得十分愉快，我非常兴奋。杨老师刚才告诉我说他还记得那天的谈话，当天的情况对我来说还是历历在目。献给杨老师的小故事就从那次见面展开。90 年代以前，我是研究历史地理、社会经济史、区域历史的；90 年代开始，做法律史。当年研究中国社会经济历史的人，一般来说，会接受在中国学界一个流行的看法，认为在中国近代以前，法律是不重要的，所以不屑研究；从 90 年代开始，慢慢有一批原来研究中国社会经济史的学者，开始认为法律在中国历史

---

* 作者系澳门大学学生事务副校长、历史系讲座教授。

研究上需要重新定位。当年研究中国法律史很困难，没有今天这么容易。史料很难找，前人的研究成果也不多，法律专业知识晦涩难懂，更重要的是法律史并不是中国历史学界的主流。有的时候，还会被同行所轻视、排斥。要付出很大的代价。正当我在法律研究上挣扎求存，不知能不能或应不应该继续下去，差不多要投降了，要放弃的关键时候，杨老师来了。杨老师，听您一席话，我感到非常震撼，非常鼓舞，结果就坚持下来，在法律史安身立命，一干20年。我还没有退缩，没有一点后悔，而且越战越勇，计划退休后，再做20年，还是研究中国法律史。这都是拜杨老师所赐。虽然我不是您的学生，但是您对我一辈子的学术生命曾经发生过极大的影响，也许您不一定知道。这是我送给你的一个小故事，算是一份小礼物。

下面，就中国海洋史的制度框架，很简单地谈三点反思。第一点是海洋中国到底是一个什么意思？什么理念？是一个地理概念，一个历史现象，还是一个什么东西？这个东西呢，我觉得还有很大的空间给我们去思考。第二点，是体系的框架。我们现在思考、研究中国海洋史已经不可避免地要讨论它的体系。一方面是国家制定的法律规范、政府政策方略以及各级行政细则条例等；另一方面，也涉及民间形成的各色乡规民约或者是风俗人情习惯。虽然，两者有时是冲突的，但更多是相辅相成。为海洋中国的纷纭人事，提供了总体的结构舞台。但是这个舞台，除了中国本土的法律风俗，也包括了境外各国各地的法律民情。我们要了解海洋中国，不能忽略这一个层面的知识。最后一点，海洋中国论述在今天有什么意义？今天中国早已走进世界；今天中国历史已是世界历史的重要组成；今天中国在倡议"一带一路"，实际已经在要求通海洋中国的古今之变。新的实证地建构海洋中国论述对"一带一路"的长治久安至为重要。

左起：苏基朗、杨国桢、滨下武志、王国斌

缘结一片海　情寄万卷书

金昌庆[*]

　　很高兴和各位相聚在厦门大学！一到这里，和杨老师以及海洋研究之间的点滴过往便立刻浮现在脑海里。我和杨老师的第一次见面是在 2008 年，那时感到非常荣幸能与杨老师一同出席由浙江海洋学院举办的"中国海洋文化论坛"。那次论坛我认真聆听了杨老师关于海洋与中国历史文化的专题报告，让我萌生了申请韩国国家级海洋文化项目的想法。当时时间很仓促，准备不充分，但这几年这些想法一直推动我和釜庆大学为海洋文化项目的申请进行不懈的努力，终于在 2017 年项目申请成功。而且 2018 年 6 月成功举办了第一届东北亚海域与人文网络国际学术研讨会，杨老师的出席更为这次项目带来方向的指引和智慧的启迪。杨老师在研讨会上做了题为"东北亚海洋空间与人文特色"的报告，他站在很高的角度从多层次的海洋空间建构、海洋空间建构下的多元人文特色、人文活动影响下的海洋空间建构及阐释三个方面阐述东北亚地区中、韩、日三个多层次的海洋蓄力和各赋特色的海洋空间建构以及人文对海洋空间的阐述所发挥的影响，最后提到了我们项目的开发。在这次研讨结束后，交流中我冒昧向杨老师提议说要将他的海洋研究著作译成韩语介绍给韩国同事，当时杨老师欣然同

* 作者系韩国釜庆大学教务长、教授，大韩中国学会会长。

意，而且鼎力支持。我选取了《中国海洋文明专题研究》中的《海洋文明论与海洋中国》这本书，意在向韩国同事介绍海洋文明的中国理论。本想在来参加研讨会时把那本书翻译完带来赠送给杨老师，但因能力有限，还在修订中。希望能够准确表达该书的思想，尽快付梓。在我翻译过程中，得到张侃教授的支持，在此向张教授表示衷心的谢意！我们的研究离不开釜庆大学人文社会科学研究所和海洋研究所共同创立的，宗旨是立足国际视野，站在人文学角度考察东北亚海域的世界性人文学研究所。我们的研究可以说有三个方面，第一是近现代东北亚海域的知识分子和文化交流；第二是民间迁徙与文化；第三就是海域史、交流史。从这三个领域着手为地区人文研究做出贡献并通过学术研究和社会扩散关系探究东北亚海域文化的交流与动态，挖掘海域人文价值。这一想法目前还在成长阶段，很多方面还有待提高，希望以后有机会得到各位专家的指点。

出席韩国釜山"东北亚海域与人文网络国际学术研讨会"
左起：苏智良、杨国桢、金昌庆

16~18世纪的中国海洋贸易组织与
地方精英

吉浦罗 *

　　首先，非常感谢厦门大学和中山大学历史学系邀请我参加这一次学术研究会，也非常感谢杨国桢教授对海洋史研究做出的突出贡献。我的论文题目是《16~18世纪中国海上贸易组织和地方精英：官方经济机构与民间经济机构的互动》。1567年隆庆皇帝解除了海上活动禁令，直到1644年明朝终结，中国的海上贸易实现了前所未有的增长。这种自由贸易产生了长期的影响，它打破了朝贡贸易所施加的限制，有利于白银涌入中国，加速了中国经济的货币化，越来越多来自福建、浙江、广东等沿海地区的商人参与长途贸易，除了传统奢侈品外，消费品和纺织品被普遍的交易。这是否改变了中国对外贸易的性质？此类贸易又是如何组织的？

一　海上贸易的参与者及其经济功能

　　中国历史学家傅衣凌概述了明代商人的主要类型。然而，海上贸易的投资者和经营者可以分为更精细的类别：船只所有人、托运人、

---

　　* 作者系法国国家科学研究中心主任、高等社会科学研究院研究员。

租船人等散商。我简单地说最后的两个类别：绅商和官商。他们并不直接参与海上贸易，官商和绅商将其活动直接委托给他们的仆人，或说养子、义男，由后者直接参与海外贸易活动。散商，即流动商人，在国内外和经济流动中，发挥着重要的作用。没有经济能力建造、租赁或购买船只的小商贩，只能以流动商人的身份，登上大商人的海船，并借用船上所有的狭窄空间来存放他们的货物。

二　中世纪欧洲的海上贸易和经济机构

如果我们将视线转向中世纪欧洲的海上贸易，可以观察到几个相似之处，但中西之间也有很大的差异。与中国的海外贸易一样，地中海海上贸易的特点是：（1）高利润；（2）高风险；（3）因造船和货物采购产生的直接投资。然而，其中的差异也是显而易见的。热那亚和威尼斯组成了海上共和国，在中世纪结束时已经进入了良性循环：长途贸易创造了有利于产权改善和合同机构发展的条件；这些条件又进一步刺激了国际贸易的增长。14世纪初，对于长期贸易的要求，一系列金融创新构成了可持续和有效的反应。对于海上贸易而言，这些制度创新是必要的，其原因有三点：（1）与农业或手工业等其他经济活动部门相比，海洋贸易需要大量的资本；（2）抵押品在其中很难产生效益，因为资本已经远远脱离了贷款人的掌控范围；（3）由于道德风险，商人和投资者之间存在着代理问题。对此，威尼斯给出了一种名为"海会"的答案。这种商业协议指明合伙人的名称，详细记录当地坐商所提供的资本，并具体说明利润的分配比例。如果产生损失，风险完全由身为投资人的坐商承担。最后，假如到期未支付利润，罚款将是资本和利润的两倍加上20%的年利息。这种商业保证了以下几种商业资助的出现：（1）有限责任；（2）合股公司；（3）经济流动（很大一部分人口被允许获得国际贸易、财富和政治权力介入）。

不可否认，在明代中期，中国的海上贸易规模很大。但矛盾的是，我们发现几种可以让交易具有可预测性并使得公司具有可持续性的制度，但会徒劳无功：（1）贸易职能如何区别于运输职能；（2）海上保险如何承担风险成本，如何分散风险，中国的史料中很少涉及这个问题；（3）严格的会计方法，没有这种方法，投资人几乎不可能监测投资和资本账户的变化。中国海上贸易模式并不像南洋在法律上有较大的改进。为什么？到目前为止，我们还无法回答这个问题。

吉浦罗在大会演讲

19世纪香港的海港城市

科大卫[*]

　　我认识杨教授很多年了，但和杨老师比较多地见面是在他访问牛津大学的时候（和杨师母一起）。

　　杨老师培育了很多学生，并且多已成才。当年在修改《林则徐传》一书时，他整天都跑去伦敦大英图书馆和档案馆。大概在那个时候找到叶名琛档案，先是复印，后来得到允许，刘志伟就把整个材料印了出来。我们在很多方面受到杨国桢老师的影响，非常感谢。为了祝贺杨老师寿诞，特寄来一篇文章，在此我具体谈谈为什么写这篇文章。

　　我相信我们需要从海洋史的角度，才能明白一个小地方例如香港的历史。读过香港历史的人，应该听过"香港是一个没有资源的小渔村"这句话，很多人是这样讲的。这句话一般都是不懂海洋史的人才会这样讲，懂得海洋史的人应该知道，真正的资源不在土地和矿产，资源在于地点。这个地点才是真正的资源。英国人在鸦片战争之后找到了这个点，刚刚好就是从广州珠江口出来，往东转沿岸上去，正好经过这个角落。以这个角落为基地，这是非常重要的。不管是商业，抑或军事。而香港正好就占据了这个点。我的文章提到19世纪

＊　作者系香港中文大学中国研究中心主任、教授。

1994 年，科大卫与杨国桢、翁丽芳在英国牛津大学圣安东尼学院

帆船贸易被轮船贸易所取代。正如刚刚吉浦罗先生所提到的 16 世纪以来是帆船贸易的年代，帆船贸易有它自己的贸易制度。而 19 世纪则是轮船出现的时代，上海变得重要，并逐渐取代了苏州的地位。而香港实则代替了广州的地位，主要在于它的海港。海港背后其实有着一套自己的贸易逻辑，这包括两个方面。第一，是进出口的货物。香港在整个 20 世纪出口了中国一半的货物，它们都是经过香港的。世界的发展，是需要平衡的，不是一个地方可以把持的。不平衡的后果就是不发达的地方没有货物的贸易，都需要人力的出口。在 20 世纪初，即清末民初那段时间，我们中国的苦力贸易是人力的出口。第二，在地点上海洋比较重要——是核心，但是在制度上面还要配合。在香港，我们陆陆续续看到政治制度、经济社会的种种配合。譬如香港人最引以为傲的，即中国最早的公司法是在香港确立的（于 1865 年）。内地清政府的公司法是 1904 年，香港的公司法早了半个世纪。

不要小看香港小地方的公司法，香港有很多做生意的人跑到了上海，会触碰一些英国领事法庭规定的法律问题。他们担心在香港登记的公司跑掉，后来政府将法律条文更改，然后他们就可以继续做生意。所以，香港的商业制度之所以与整个中国的商业关系非常密切，也正是因为这个海港的缘故。直到今天，我们开始讲"大湾区"的概念。我们这些老香港人对海洋史非常有信心，也同样对香港的海洋地位很有信心。我也是非常相信我们"大湾区"会很成功，香港也在里面，也一定会在一个很重要的位置。

2001 年，科大卫与杨国桢、翁丽芳在广州从化

偶遇与再见：我与杨国桢、翁丽芳老师

吴小安[*]

作为"海洋与中国研究"国际学术研讨会受邀参会者，作为治东南亚近现代史暨华侨华人史的学人，我本来提交的论文题目是《杨国桢教授的学术拓展转型到底意味着什么：从林则徐到陈嘉庚，从中国社会经济史到中国海洋史》。这次研讨会恰逢杨老师八十华诞，我与杨老师和翁老师可是有着一段很长的外人不知的私人交情；在我心里，翁老师是温馨的，而我是事后很久才得知她去世的消息，一直憋在心里，没有机会表达。斟酌再三，今天我更愿意带着这份记忆参会。

世界很大。生命中很多遇见，要么视而不见，要么仅仅限于特定的时间和特定的场合，然后也许永远不会再见。

世界很小。生命中注定的遇见，该发生的还是会发生的，只是时间早晚的事，一如我们大家今天一起的相聚。

我与杨国桢老师、翁丽芳老师在厦门大学那么多年，而且在同一个院系，却没有发生过碰撞；而在万里之外的异国他乡，一次偶然遇见，却演绎为海外与海内一直继续的相见。

如今回想起来，其实重要的不是遇见本身，双方最看重的应该

---

* 作者系北京大学华侨华人研究中心主任、历史学系教授。

是遇见过程中彼此不经意间流露出来的真性情。无论见与不见，无论相隔多远，无论彼此多久没有相见，这一点，都没有改变。这应该是一种心照不宣的相信和深刻的把握，一种内在的和本质的东西。

感谢"海洋与中国研究"国际学术研讨会会议主办方的邀请，让我今天有此机会把我这段鲜为人知的交往感受说出来。我相信，天国里的翁老师会听得见的。

厦大：初见

杨老师在厦大闻名遐迩，几乎无人不知，遑论历史系的学生了。作为厦大历史系三年级学生，我第一次在台下聆听杨老师的报告是1986年金秋十月。当时，杨老师刚访美归来，应邀给全系师生做报告。白衬衫、红领带、黑框眼镜、风华正茂、意气风发，是杨老师给我最初的深刻印象。不过，最深刻的印象，是杨老师当时从讲师直接晋升为教授、博导。那可是20世纪80年代中期，副教授职称便已经非常了不起。

1988年秋季，我留在本系继续读东南亚史的硕士研究生。研究生中私下称杨老师为"杨老板"，杨老师大概是历史系唯一获此"殊荣"的老师。记得有一次，晚上大约8点，我与杨老师的研究生鲍一高一起散步，途中他带我去白城杨老师家拜访，刚好杨老师不在家，只有杨蔚和杨宇在，没有机会与杨老师直接见面。后来，在傍晚的厦大上弦场，会时不时遇见杨老师和翁老师一起散步，却不敢贸然上前打招呼致意。

1991年7月，我留厦大历史系任教后，算是正式认识杨老师了。在系里组织的外出郊游等集体活动中，与杨老师有过交谈，但仅限于一般的礼节性交往。那时，感觉杨老师其实很健谈、很有亲和力，没有想象中的"高大上"。

英伦：偶遇

1993年9月中旬，我赴荷兰阿姆斯特丹大学进修十个月，我没有向杨老师辞行，也不知道他要访问牛津的计划。

1994年4月16日，我从阿姆斯特丹飞赴英国查找资料，为期五周，为我即将在荷兰国家科学基金会的博士研究申请做前期准备。5月6日，在英国国家档案馆，突然眼前一个身影闪过，很熟悉，一看，这不是翁丽芳老师吗？再细看，又发现了杨老师。

他乡遇故师，真是由衷的亲切和高兴。上前一问，原来杨老师应科大卫教授邀请在牛津客座半年，那天由牛津博士生程美宝同学陪同来伦敦搜集社会经济史和林则徐的档案资料。档案馆内，大家都在安静、马不停蹄地收发、阅读档案，我们小声约好中午在档案馆楼下餐厅共进午餐。午饭后，翁老师为我们三个人拍了一张合影。大家相互留下了联络方式，杨老师还热情邀请我周末去牛津做客。

5月15日星期天早晨，我如约赴牛津看望杨老师和翁老师。前一天，和杨老师电话联络，他建议我坐火车，并约好，一俟我换乘牛津方向的火车后，在站台公共电话亭立马给他打电话，他会去火车站接我。当时我没有告诉杨老师的是，这实际上是我第二次赴牛津。我第一次是从伦敦市中心维多利亚车站坐大巴去的，专门冲着阅读罗德斯图书馆特藏去的。由时在阿姆斯特丹大学国际关系学院进修访问的好朋友、外交部魏瑞兴大使介绍，我住在伦敦西郊四环、五环交界处的大使馆教育处大楼里，号称"51号兵站"。魏瑞兴曾经在驻英使馆服务多年。转车时，我如约往杨老师住所打电话，是翁老师接的，她说杨老师已经去牛津火车站接我了。我下车后，果然看到杨老师捧着一本书，坐在候车室的椅子上等候。

抵达住所不久，午餐就准备妥了。当然是翁老师下的厨，她从早晨就开始忙着张罗。印象中最深刻的是，翁老师用干香菇炖了一只整

杨国桢、程美宝（右）和吴小安于英国国家档案馆

鸡，色香味美，配上从国内带来的电饭煲煮的香软米饭，那可真是难得的可口、美味和温暖。自1993年9月中旬出国后，这是我第一次品尝到温馨的家庭热汤饭菜，可想而知当时我的反应，我亲身感受了翁老师的贤惠。

　　饭后，我们三人一起在牛津镇散步，杨老师依然兴致勃勃，心情很好，特别健谈。沿途所至，一会儿指着这里，说这就是我们厦门的镇海路；一会儿指着那里，说那就是我们厦门的中山路。他带我参观了牛津著名的Blackwell书店，赞许有加。沿着泰晤士河漫步，杨柳低垂，河水汩汩而流，清澈见底；学院草坪绿色如茵，真是读书论道治学的好地方。

　　傍晚，杨老师和翁老师送我去牛津车站，我们就此别过。周末探访牛津，好像探亲走亲戚，又好像不全是。

荷兰：重逢

5月22日我飞回荷兰，准备当年荷兰国家科学基金会的申请，几个月时间匆匆而过。秋天，忽接杨老师笔函，告知他和翁老师计划来荷兰访问，我非常高兴。9月26日，我们在阿姆斯特丹机场重逢，更平添了一份亲切和开心。

我们三人像一家人一样度过了5天的"欢乐假期"。在荷兰阿姆斯特丹，我们三个人出出入入，上下电梯，形影不离。我在阿姆斯特丹大学研究院的同事和宿舍楼中的外国学生们羡慕不已，纷纷以为是我父母从中国来探望我呢。9月27日，我们一起坐游艇游览阿姆斯特丹；28日，同游鹿特丹、海牙、莱顿大学；30日，一起乘火车到比利时布鲁塞尔。记得那天风大，翁老师看我几天都没有穿外套，特地把杨老师的外衣找出来，坚持要我穿上。外出旅行回来，除了陪同

杨国桢、翁丽芳和吴小安于阿姆斯特丹

翁老师去超市采购外，炒菜做饭等，我们两个大男人一点也帮不上忙，都由翁老师一个人在厨房包揽，我们就坐等享受。翁老师还几次教我如何做菜炖肉，做好后如何放冰箱储存，等下次吃时再加热，等等。此情此景，历历在目，仿佛就在昨天。

10月1日上午，我们在机场告别。杨老师和翁老师携着一大包行李飞回伦敦，然后转机飞新加坡，绕道回国，我们再次惜别。

翁丽芳和吴小安于鹿特丹

厦门：不只是再见

1995 年 12 月上旬，我回国做田野调查，从北京飞回福建收集资料，住在孙福生老师家。抵达后，我电话联络杨老师，杨老师非常高兴，邀请我某天晚上去他家吃饭。

记得当天离约定晚餐时间还早，杨老师电话便打到孙老师家，要我早点过去，先泡泡茶，畅叙别后故事。一进门，翁老师在厨房忙碌着，招待我的是海鲜火锅家宴，甚是热情隆重。翁老师特别细心，其间还用软尺给我量了腰围尺寸。某一天，我在孙老师家，忽然接到翁老师的电话，原来她特地买布料给我做了两条青灰色西裤，让我去拿。

过后，我即飞新加坡和马来西亚继续田野调查达一年半之久，然后返回荷兰撰写博士论文。2000 年 1 月 3 日，我赴新加坡国立大学从事博士后研究两年。这两条西裤，我穿了将近十年，陪我去了好多国家，走了好多路。

杨国桢和吴小安于布鲁塞尔

北京：人与事

2002 年 7 月中旬，我结束在京都大学东南亚研究中心为期半年的客座访问。赴北大报到履新之前，我回了厦门一趟收集资料。

8 月 12 日傍晚，我到厦大东区 1 号楼 602 寓所杨老师新家拜访。此次距离上次相聚长达七年之久，发生了许多事。当晚，我们在东区校门外名士御园鹭发餐厅共进晚餐，杨宇也在，互叙多年别后故事。

2004 年 7 月 11 ~ 12 日，杨老师出席在北大召开的"世界文明与郑和远航"国际学术研讨会。12 日中午，我邀请杨老师在北大勺园宾馆吃饭，碰到北大历史学系党委书记王春梅老师也在那里招待客人。王老师得知杨老师是我的厦大老师，很高兴。餐后她走到我们桌台前告别，悄悄告诉我她已经签单了，说应该由历史学系宴请杨老师。我心里很不好意思，因为自己宴请杨老师的机会没有了。

2010 年 12 月中旬，我受厦大历史系邀请访问半个多月。12 月 23 日，我电话约好去看望杨老师，在他的会展南二里新家。新家好难找，一路几次电话才寻到门口。这应该是我最近一次到杨老师家。当时隐隐约约感到翁老师身体不太对劲，却不敢贸然细问。某天午后，在厦大南门附近再次偶遇杨老师和翁老师，只是没有料想这是我最后一次见到翁老师。

这些年海外出访较多，我长期行踪不定。2016 年春，我从台湾中山大学客座回京，一天从系里信箱看到一本《海涛集》，我当然知道这肯定是杨老师托人带给我的，但不知道是谁放的。事后很久才得知，原来是李一平教授受杨老师之托，请时在南洋院讲座的我的同事捎给我的。《海涛集》我从头至尾认真拜读了，对杨老师与翁老师的情意，对杨老师 19 岁时刊登在《厦门日报》上关于罗扬才的两篇文章散发的才气，对杨老师作为大陆学者第一次访台的详细纪实，对杨老师为许多学生著作写的序言，印象特别深刻。

2017 年，一次偶然机会，得知翁老师已经于 2016 年 5 月 2 日突然去世，我非常震惊，但仍不敢惊扰杨老师，更不知如何说起。2018 年春季，我在北京与杨老师的一位高足见面长谈，其间谈起翁老师突然过世一事。当时我没有说出的是，这件事长期压在我的心上，一直憋得慌。

重回故地：往事如烟

2018 年 12 月 1 日，我到莱顿荷兰皇家东南亚暨加勒比海研究所客座三个月。当天抵达阿姆斯特丹机场，朋友来接，一起前往阿姆斯特丹住所。

同样巧合的是，12 月 4 日，我在莱顿上班的第二天，厦大历史系陈瑶博士自报家门要加我微信，说受杨老师之命，邀请我参加今年三月底的会议。彼时彼地，我身处荷兰，终于又与杨老师联络上了，不禁想起许多往事。我与杨老师、翁老师在荷兰曾经的交往，更是历历在目、记忆犹新。

往事如烟，生活总是充满太多的尘世庸碌和身不由己。君子之交淡如水，没有功利的交往才是平等怡情，这更关乎待人接物。偶遇时发生的碰撞，其实才是人性不经意间散发的闪亮；感染的不只是某种真性情，其实更是一种价值尺度与品行操守。平淡与平常，真实与真诚，其实才是激情与性情的永久底蕴。唯如此，偶遇之后，才会有故事，才能有生动的故事。没有刻意，才能自然；因为相信，所以把握；因为把握，才会平淡而绵延。

尾　絮

这应该不只是一篇私人回忆录，也是一份学人海外游学的珍贵的私家历史，是一份长时段的、跨国的和代际的私家历史，更是一份知识探寻历程中的人文历史的绵延注释。

最后，我想说的是，从外围观察，窃以为，杨老师的学术特点与贡献至少有三大点。

其一，从陈嘉庚到林则徐，从明清史到中国社会经济史，再从中国社会经济史到极力倡导中国海洋史研究，杨老师的学术转型拓展脉络与中国改革开放发展的轨迹高度契合；其二，立足福建，深耕民间地方社会，面向台湾与海外，是杨老师的一贯学术关怀；其三，杨老师继承了傅先生开创的中国社会经济史学术传统，并发扬光大，尤其是在 20 世纪 80 年代中至 90 年代中关键的十年间，临危受命，出色地完成了这一代际传承的历史使命，使中国社会经济史学派开枝散叶，进而发展壮大。

杏坛开风气，海国气象新

——杨国桢先生八秩华诞感言

李庆新*

非常感谢有这样一个机会参加"海洋与中国研究"学术盛会，杨老师今年是八十大寿，借此机会我将做这样一个发言《杏坛开风气，海国气象新——杨国桢先生八秩华诞感言》。

杨国桢先生是我国当代望重学林、有多方面成就的史学大家，先生八十寿辰到来之际，谨向老先生致以最美好的寿诞祝福！先生毕业于 20 世纪 60 年代初，此后一直在厦门大学教书育人，从助教到教授，从研究生导师到博士后联系导师，从厦大的教师到台湾"中央大学"历史研究所、台湾政治大学历史学系客座教授，中国海洋大学兼职教授，首都师范大学历史学院讲座教授，培养了一批又一批的年轻学人。近六十年来，杨先生带出的博士达 60 多人（包括台湾学生），可谓桃李满天下。饶宗颐先生说过："学术是一种缘分。"后生学子能入杨先生法眼，收入"杨门"，自然是十分的福分。我没这个幸运，然而由于某些机缘，20 世纪 80 年代后期就接触过先生，承教于先生。1987 年 12 月 14～17 日，清代区域社会经济史暨第四届清史国际学术研讨会在深圳小梅沙举行，奉叶显恩等老师差遣，我作为

* 作者系广东省社会科学院历史与孙中山研究所所长、研究员。

会务工作人员参与接待工作，有幸见识傅衣凌先生等前辈大家和风华正茂的杨先生。1991年2月上旬，联合国教科文组织"海上丝绸之路考察团"乘坐"和平方舟"号访问广东，随后在广州、南海陈村举行大型的学术会议及交流考察活动，我作为会务人员兼专家参与盛会，获得一小笔经费，乃约同事赵立人兄前往福建厦门、泉州考察文物古迹。当时本所同事罗一星学兄正在厦大杨先生门下，攻读明清经济史专业博士学位。承一星兄引领，我和赵兄登门拜访杨先生。杨先生和师母早在家等候，热情接待了我们。先生十分爽朗，讲话脸上带着笑容，和蔼可亲，畅谈学术志趣、研究领域以及他与广东同行之间的交谊。我洗耳恭听，不时点头称是，甚为折服，其情其景，印象至深，至今记忆犹新。2009年3月21~22日，适逢杨先生七十华诞，先生门下相约于厦门举办"庆贺杨国桢教授治史五十年暨清史道光朝传记纂修研讨会"。承蒙先生抬举，我参与了此次意义非凡的高规格盛会，遵先生之嘱，在会上发表了感言。为进一步推动海洋史学研究，2009年6月，受广东社科院之命，我主持建立了广东海洋史研究中心，创办《海洋史研究》集刊，邀请杨先生等前辈学者担任中心和集刊的学术顾问，先生爽快地答应了，并为中心与集刊的开局提出不少建议。去年，我们将《海洋史研究》第1~10辑结集重印再版，杨先生与蔡鸿生、冯尔康、叶显恩、周振鹤、滨下武志、Claudine Salmon、Roderich Ptak、Anthony Reid等教授发来贺词，杨先生的题词是"追寻海洋历史，弘扬蓝色文明"。用珍贵的连城竹宣纸书写了三份，工整规范，供我们选用。这不仅是对我们研究工作的鞭策指引，也为我国海洋文明与海洋史学研究指明了发展方向和前景目标。杨先生与我所颇有渊源，与我所前辈叶显恩先生、邓开颂先生，我所客座研究员韦庆远先生等交谊深厚。1984年七、八月间，美国哈佛大学费正清研究中心主任孔飞力教授访问中国，杨先生与韦先生陪同他前往厦门、泉州、漳州、汕头、广州、顺德、中山、江门、新会、台山、佛山等地调研，并到我所访问交流，成为改革开放初期广东对外学术交流的一件大事，当时我刚从中山大学历史学系毕业来到历史所。此后闽粤两地明清社会经济史关系密切，互相合作，携手共进。后来罗一星兄前往厦大，师从先生攻读博士学位。杨先生一直支持我所和海洋史研究中心工作，激励我们勇敢地"走向海洋"，在海洋史研究上大胆探索，开拓创新。在此我谨代表我所、中心全体科研人员向杨先生致以诚挚的谢忱。

1984 年，孔飞力（右一）闽粤行，韦庆远（右二）、杨国桢等陪同考察

中国海洋文明与海洋史研究是杨先生悉心经营的重点，积数十年之功，建构学术团队，引领学术潮流，成就最为卓著。杨先生在接受媒体采访时曾经说过："一生只做三件事：林则徐、土地契约、海洋史的研究。"这当然是自谦之说。杨先生多年来苦心孤诣、孜孜以求的宏愿就是建构"中国海洋人文社会科学体系"。20 世纪 90 年代以来，杨先生在不同场合发表了系列文章，提出建设海洋经济学、海洋法学、海洋社会学、海洋军事学、海洋史学、海洋文化学等中国人文

社会科学学科体系，为发展定出"一揽子"的方向性、指导性和系统性方案。对于推进"中国海洋人文社会科学体系"建设，杨先生有一个"如意算盘"，注重专业人才培养，倡导多学科合作与科际整合，咬定青山不放松，久久为功，最终达到这个宏伟目标。

国内海洋人文社科各领域研究已经从"冷门"变成"热门"，成为当代中国学术的一个新趋向和新潮流，海洋史学亦大成气候。中国人民大学书报资料中心、学术月刊杂志社和光明日报理论部联合评选2018年度"中国十大学术热点"，将"海洋史研究的拓展"列为热点之一。据说澳门科技大学、澳门大学南国学术编辑部在类似评选活动中也将海洋史研究列入2018年度中国历史学研究十大热点之一。杨先生在推动海洋史研究的发展上可谓功不可没。

2006年8月，李庆新（右一）和杨国桢、黄挺（左一）、马楚坚（左三）等在澳门

　　杨先生胸怀赤子报国之心，发挥中国史学经世致用之传统，曾担任全国政协委员多年，为国家提出不少战略性、前瞻性的对策建议。年届八旬，仍怀"老骥伏枥，志在千里，烈士暮年，壮心不已"之豪迈情怀，耕耘不辍，自强不息。最近他在缅怀已故著名历史学家韦庆远先生的文章中表示："将抓紧宝贵的时光，趁头脑还清楚时候勉力前驱，为维持国家海洋权益做好力所能及的事，以不负时代的召唤。"杨先生志存高远，老而弥坚，相信在未来的学术征程中，一定能不断谱写海洋文明的新篇章，再创佳绩。愿先生在探索中国海洋发展事业的精彩旅程中乐享遐龄，学术青春长驻。

对于明清时期中国朝贡体系的历史反思

陈支平*

首先祝愿杨国桢老师健康长寿，未来在学术上取得更大的成就。大家知道最近成立了中国历史研究院，其核心就是要建构中国自己的历史学话语体系。而杨国桢教授最大的贡献就在于 30 年之前就开始建构海洋史的话语体系，并经过不懈奋斗，取得了巨大的成绩。

我提交的这篇论文近期在《中国史研究》上发表，其内容就是和中国的史学话语体系建构有关。有一点非常值得大家反思，就是研究中国史的学者非常反感或讨厌明清朝贡贸易体系这个提法。这其实是西方人和日本人在探讨中国近现代以前特别是明代的朝贡外交体系时，带有某种蔑视的、先入为主的逻辑的提法。我的这篇文章就是要说明朝贡贸易体系并不是那么糟糕，大家需要理性看待这一政策。

我们这个朝贡体系之所以被学界嘲讽的一个主要原因就是中国当时比较贫穷，国力还比较衰弱。其实朝贡贸易对不对，实际上要看它的具体实质内容。我觉得明清两代的朝贡贸易体系非常符合 20 世纪联合国宪章精神，他要求国家与国家之间平等互惠的原则。中国的相当一部分学者，常常就自然而然地接受了这种带有某些蔑视性和嘲笑式的学术观点。与此形成鲜明对照的是，同时期的英国的所谓"日不落帝国"及其后的美国"霸权主义"，则很少受到世人的蔑视与取

---

* 作者系厦门大学国学院院长、教授。

1992 年 6 月，陈支平（左一）与杨国桢、陈在正（右二）、
陈国强（右一）、蒋炳钊（左二）于台湾日月潭教师会馆前

笑。我觉得这点不可取，还是要以明清时期的实际情况来评价明清朝贡贸易体制，看看当时的对外政策是一个什么样的状态，这是我文章的一个主要观点。第二个观点是关于朝贡贸易日本学者提得较多，并说它其实是一种赔本的贸易买卖。譬如朝贡来的东西都不实用，而恩赐于各国的东西却价值很大。这个观点很值得讨论，19 世纪前中国是一个霸主国家，作为一个地方性的霸主国家，对邻近的小国家有一些义务是很正常的一个事情。现在也很常见，例如美国。所以明清两代对于这个朝贡体系也是有制度上的规定的，并不是说小国家一来，尽付财宝与他人。目前还是有很多人一直觉得朝贡贸易如何如何不好，这其实是很值得重新反思的一个问题。这大概就是我所提交论文的基本内容，如果大家有兴趣，不妨看一看我的具体论文。最后再次祝愿杨老师身体健康，学术走向一个更高的层次，为我们构建中国历史话语权做出更大的贡献。

海洋亚洲的制度化基础

——以侨批贸易为中心

刘　宏[*]

非常高兴重回母校厦门大学参加"海洋与中国研究"国际学术研讨会。首先，请允许我代表我所负责的南洋理工大学社会科学学院和南洋公共管理研究生院，对杨国桢教授八十华诞表示衷心的祝贺。其次，更重要的，作为厦门大学历史系的毕业生，我有幸聆听杨教授的精彩授课并拜读他的大作。杨先生关于明清土地契约、陈嘉庚先生、中国海洋史等课题的研究对我个人的学术成长有着重要的启迪和帮助。

今天上午各位老师都讲到杨先生开拓性的学术贡献，我深有同感。在此，我想围绕上周在《中国社会科学报》上刊登的《发展中国海洋史学　构建中国海洋话语体系——访厦门大学人文学院历史系杨国桢教授》一文，对杨先生提出的几个重要观点做一些补充和延伸。我非常同意他的看法：第一，将历史叙述的重心从陆地转向海洋；第二，海洋史研究要坚持"海洋本位"的研究，以海洋空间为本位，突出海洋社会的核心是海洋活动中的人。

---

[*] 作者系新加坡南洋理工大学陈嘉庚讲座教授、人文与社会科学院院长、南洋公共管理研究生院院长。

　　我想做的补充就是制度因素在海洋亚洲的作用。对于制度作用的探讨，在座的滨下武志、陈春声、王国斌等教授都有深入的研究。我的思考是怎样把"海洋亚洲"作为一个流动的空间，在这个空间下，个人、社会、国家与制度都发挥不同的作用。这个空间也包括移民，以及因为移民而形成的华人社团与网络，和他们建立在不同的机制、地域、职业、宗族、方言等基础上的身份认同。在这种认同的研究中，目前关注比较多的是社会网络和商业网络，但可以从海洋亚洲的制度化角度对他们加以分析。在此我想向杨先生和在座的嘉宾汇报一下我参与的相关研究的一些成果。

　　我在四年多前主持的一项新加坡教育部重点科研项目就是尝试厘清中国近现代史与海洋亚洲发展中跨国联系的制度化因素。我们团队在这几年对侨批贸易做了比较深入的研究，去年和今年共出版了三本书，第一本是 *Dear China：Emigrant Letters and Remittances，1820 - 1980*［《亲爱的中国：移民书简与侨汇（1820～1980）》，班国瑞、刘宏合著，加州大学出版社］。这是有关侨批的第一本英文专著，思考侨批作为一种机制，一方面连接中国侨乡与海外华人社会，另一方面也推动华人社会内部机制的建设。本书当然也借鉴了国内学者出版的有关侨批的研究，但我们希望通过比较的方法，从不同侨乡的角度，比较华人移民和其他移民群体（如爱尔兰移民、意大利移民）的异同，并思考侨批对于近代中国社会以及海外华人社会、经济和政治的影响。侨批以及在此基础上建立的侨批网络是联系海洋亚洲的重要制度化纽带。第二本是论文集 *The Qiaopi and Transnational Networks in the Chinese Diaspora*（《侨批与海外华人跨国网络》，班国瑞、刘宏、张慧梅合编）。该书包括滨下武志等学者的研究，一些学者将前面提到的概念做进一步延伸，凸显海洋亚洲制度化的建设。第三本是侨批史料汇编《家书抵万金：华人移民书信选注》。该书从国内的侨批，以及新加坡、美国华人历史档案馆，温哥华历史档案馆和个人珍藏的侨批中，精选一百多份文献予以出版，并加以英文翻译。我们根据时间、地区、主题等不同的角度，把这些侨批有机地联系在一起，并通过侨批来思考与回顾历史。我们发现，侨批作为一种机制，在过去一个多世纪以来，和华人社会以及居住国、祖籍国社会的机制有机地结合在一起，它们包括华人社团、华人汇兑业公会、当地国家政府、中国近现代的邮局等，体现了华人社会的多元性，以及跨界中华（Transnational China）在形成过程的多元因素。

在班国瑞和我合写的《侨批贸易及其在近代中国与海外华人社会中的作用——对"跨国资本主义"的另一种阐释》（《南洋问题研究》2019 年第 1 期）一文中，我们提出几个主要看法，其一，族群和身份认同对海外华人的商业文化影响重大，成为华人企业家适应能力和创造力的来源。其二，商业家族主义、社会网络和与之相关的文化价值并不会成为经济增长和技术创新的阻碍。相反，这些因素通过促进社会流动、发展家族利益、建立合作关系、促进合同的签订以及其他适应现代市场经济的行为，帮助华人在中国和海外实现经济发展。其三，侨批局的三盘系统控制了侨批派遣的三个阶段：海外接收、汇至中国、国内接受。

此外，我们也关注侨批网络的现代变迁，侨批贸易深深地扎根在传统以及与之相连的信任关系之中，当现代银行体系和现代邮政服务在中国和海外华人社会中出现时，侨批商人利用了这些机构的优势。侨批商人一方面适应侨乡和海外华社的社会变化，进行新式的实践；一方面与其建立合法的确定的信任关系。在这种互相作用下，出现了一种新的、融合了传统和现代的信任形式的综合系统，即将植根于社会关系中的对人的信任与立足于市场的对制度的信任进行了整合。然而，前者始终是二者中更为重要的。

最后，我们还可以思考海洋空间的文化基因。侨批贸易的不同谱系，不是一个由技术发展导致的向现代资本主义横向同化的结果，相反，它的根基和力量来自数百年来在福建、广东、东南亚和太平洋活跃的华人企业之中。所以，这些关于华人侨批以及华人近现代社会演变的研究，凸显了"海洋亚洲"空间的制度化与多向途径，在多元互动的过程中，我们看到海洋亚洲的丰富多彩的特征。这也充分彰显了杨国桢教授有关海洋空间本位论述的重要性。

刘宏在大会演讲

《马尼拉手稿》与福建海商

钱 江[*]

第一，很高兴能回到母校，我有好些年没有回厦大了，变化很大。

第二，向杨国桢老师的八十华诞表示衷心的祝贺。杨老师治史扎实，视野广阔，转换了几个研究领域都做得如此出色，并且很成功地带出了几个学术团队，培养了很多优秀的博士生。早期，厦门大学南洋研究所的韩振华教授很关注海洋史的研究，带了几个研究生做这个领域的研究。韩先生去世后，杨老师将海洋史研究的这面大旗接了过来，并且越做越好，在理论架构上予以充实和完整。

第三，简要地介绍一下今天这篇论文：《十六世纪末〈马尼拉手稿〉及其描述的亚洲海洋世界》。有关《马尼拉手稿》的研究，西方学界较早关注，1603 年，西班牙总督 Luis Perez Dasmarinas 父子先后收藏此手稿。1947 年 7 月，英国著名历史学家、二战时期英军驻香港的情报官员博克瑟（Charies Ralph Boxer）教授在伦敦的一次拍卖会上购得此手稿。1965 年，博克瑟教授将自己多年收藏的一批珍稀书籍、手稿、档案文献卖给了美国印第安纳大学的黎礼图书馆（Lilly Library），其中就包括成书于 16 世纪 90 年代的《马尼拉手稿》。首

* 作者系香港大学教授、暨南大学特聘讲座教授。

先，介绍《马尼拉手稿》的整理与研究情况。1950 年 C. R. Boxer 发表 A Late Sixteenth Century Manila MS。1953 年，C. R. Boxer 翻译出版 *South China in the Sixteenth Century*。1970 年，C. R. Boxer 发表 A Spanish Description of the Chams in 1595。此后，其他学者陆续开始关注这个课题的研究。1982 年，John S. Carroll 发表 Berunai in the Boxer Codex。2012 年，台湾清华大学的李毓中教授与西班牙塞维利亚大学 Jose Luis Cano Ortigosa 博士联名发表《中西合璧的手稿：〈谟区查抄本〉（Boxer Codex）初探》，比较完整地介绍了 Boxer Codex，也提出了自己的看法。此外，台湾中研院台史所的陈宗仁教授主要讨论了《马尼拉手稿》中的两个问题：一个是鸡笼和淡水，一个是畲客。2013 年，陈宗仁教授发表了《十六世纪末〈马尼拉手稿〉有关鸡笼人与淡水人的描绘及其时代脉络》一文，2016 年发表《十六世纪末 Boxer Codex 有关 Xaque（畲客）的描绘及其时代背景》一文。2014 年，西方学者 John Newsome Crossley 发表 The History of the Boxer Codex，对 Boxer Codex 的来龙去脉做了详细的考证。2016 年，George Bryan Souza 教授与 Jeffrey S. Turley 博士两人辛勤工作了多年，终于将这份手稿全部解读，以现代西班牙文译写，并全部翻译为英文，于 2016 年在荷兰莱顿 Brill 出版社将此手稿原件及西、英两种文字的完整译文本出版。

接下来，我简要地介绍一下《马尼拉手稿》的内容。《马尼拉手稿》是关于西太平洋地区、印支半岛和东亚部分国家的地理、人种、历史、风土人情的一部图文并茂的区域性概览，类似百科全书。手稿中的记述大部分来自早期驻守马尼拉的西班牙人的笔记和报告，少量译自葡萄牙人的报告。《马尼拉手稿》由 22 篇长短不一的篇章组成，以大致顺时针的方式，逐个描述菲律宾群岛、婆罗洲、马鲁古群岛、爪哇、苏门答腊岛西北端的亚齐、马来半岛的北大年、暹罗、占婆、中国和日本。其中，中国（尤其是福建）是该手稿的论述重点，占了整份手稿的很大篇幅。尤为珍贵的是该手稿有 97 幅侨居马尼拉的福建民间画家手绘的有关亚洲各不同族群的栩栩如生的彩色插图。此外，《马尼拉手稿》收录了三份有关东南亚航海路线的记载，这三则记载是从葡萄牙文翻译为西班牙文的，原作者是葡萄牙驻马六甲的主教 Joao Ribeiro Gaio。其中，有一段葡萄牙人 Miguel Roxo de Bnto 关于马鲁古群岛的记述也是从葡文翻译过来的。另外，就是西班牙神父 Fr. Martin de Rada 有关自己在 1575 年出使中国的回忆录。这三个部分的文献占了全部手稿近二分之一的篇幅。

钱江在大会演讲

总之，通过上述内容，我们可以知道，第一，16 世纪末的西班牙人非常重视对海洋亚洲信息的收集和整理。这份在西班牙王室和私人手中珍藏了 400 余年的《马尼拉手稿》表明，他们关注的不仅仅是当时海洋亚洲各国的经济、政治、民族志、通商贸易，而且很关注当地不同民族的风土人情等。第二，旅居马尼拉的中国商贾，尤其是闽南商人对西班牙人搜集、编纂这部手稿提供了大量信息，而且，手稿中所有的插图都是出自华人聚居的马尼拉"涧内"（Parian）的闽南人民间画家。西班牙人当时所看到的，以及他们提供给西班牙国王的有关海洋亚洲的许多信息和亚洲各民族的形象，其实都是通过寓居马尼拉的闽南商贾和民间画家才得到的。换言之，他们所获得的这些信息和图像是经过闽南人的眼睛过滤过的，这从另外一个侧面说明，16 世纪晚期时，闽南人在东亚、东南亚的海洋世界相当活跃，影响很大。

中国海洋史的发凡起例

汪征鲁[*]

在杨国桢先生弟子的主要努力下和各方面的协助下，召开一个规模这么大、这么好的庆祝杨先生八十诞辰的国际学术讨论会，我能叨陪末座，共襄盛举，感到幸甚。

早上，厦门大学的党委书记张彦提到了杨国桢曾经获得南强杰出贡献奖的事情，他说南强杰出贡献奖是厦门大学的最高奖，这使我回忆起一件往事。

那是三年前，当南强杰出贡献奖那天要颁发奖状的时候，杨先生在三小时之前飞往香港出席一次学术讨论会。他不能够亲临颁奖，到底是因为时间的冲突呢，还是因为他刻意要回避荣誉和光荣？我当时正好也在香港出席那次会议，在开会的时候就把颁奖词传到了杨国桢先生那里。第二天开会正好我当主持人，我没有征求杨先生的意见，我怕他不同意，我在会上把颁奖词宣读了。我认为这个颁奖词写得非常好，其中最精彩的一句是"堪称师之楷模，国之桢干"。杨树之挺拔，国家之桢干，就是杨国桢，国家之桢干就是国家之栋梁。我认为国家的栋梁不仅仅是帝王将相，不仅仅是领袖、政治家、军事家，学界泰斗、著名的专家学者也是国家的栋梁。杨先生在林则徐的研

* 作者系福建师范大学教授、原副校长。

究——林则徐当然是国家的栋梁，在明清经济史的研究，特别是在中国海洋发展史的发凡起例上，他不愧于这个称号。下面我就杨国桢先生的海洋文明论做一个述评，也是为先生寿，秀才人情纸半张。

中国的海洋文明论与中国海洋发展史学，是20世纪90年代起步的学科。杨先生在这一领域筚路蓝缕，以启山林，初步建构了中国海洋文明的理论与中国海洋发展史的叙事框架，从而使这两个学科的研究日趋系统化和科学化。上午的会议有人讲说，前面也有人研究海洋史，田汝康先生就研究海洋史。田汝康先生他只是孤立地、具体地研究一个断代的海洋商贸现象，就是18~19世纪的帆船贸易和航路，这跟有理论框架的、有价值取向的、一个完整的海洋史还是大相径庭的。所以我们对杨国桢先生定位的时候应当讲他对中国海洋史研究是筚路蓝缕、以启山林。

杨先生的海洋文明论是他海洋史的理论框架、理论基础，他的一系列的著作就是在这个理论框架、理论基础指导下撰写的。当然，这个理论也是初步形成，杨先生还要不断地完善，所以我们希望杨先生有更长的学术生命，使这个刚刚起步、势头很好的学术领域发展更好。就我理解而言，杨先生"海洋文明论"大致有"海洋文明的概念内涵""海洋文明基本形式""海洋人文社会科学及其理论方法""重新认识西方的'海洋国家论'""历史的海洋中国""中国海洋文明的时代划分""中国古代的海界与海洋权利"等部分。以下对此略做述评。

其一，关于"海洋文明"概念的改造和完善，即海洋文明是具有多元化、多样性及动态演化的特点。杨先生认为，"海洋文化与海洋文明都是植根于海洋活动的实践，随着海洋实践活动的深入和进步不断发展。海洋与文明的结合，呈现出多元化和多样性的特征，没有固定的统一模式，需要从动态的、运动变化中的历史存在揭示它的本质。……因此，改造海洋文明概念内涵，有助于冲破思想观念的障碍，拓宽视野，有助于对海洋人文世界深入认识，为人类文明的世界历史进程提供新的阐述"。于是，杨先生提出了一系列的内涵阐释与理论建构框架，如海洋文明是源于海洋活动生成的文明类型；海洋文明是海洋文化有机综合的文化共同体；海洋文明是人类文明的一个小系统；海洋文明是一种文化发展的过程；海洋文明是一种长期的、综合的文化积累；等等。这显然是一种理论的系统化，一种系统的理论。

其二，在注意西方海洋文明成熟性的同时，又特别强调了中国海洋文明的不可或缺性和独特性。杨先生认为："文明是人类生活的模式。文明模式的类型，一般可按生产方式，或按经济生活方式，或按精神形态或心理因素，或按社会形态来划分。我们按经济生活方式的不同，把人类文明划分为农业文明、游牧文明和海洋文明三种基本类型。现代研究成果证明，海洋文明不是西方独有的文化现象，西方海洋文明在近代与资本主义相联系，并不等于资本主义社会才有海洋文明。海洋文明也不是天生就是先进文明，有自身的文化变迁历程。濒海国家和民族的海洋文明表现形式不同，都有存在的价值。海洋文明是人类海洋物质与精神活动历史发展的成果，又是对人类历史发展产生重大影响的要素，既有积极作用，又有消极影响。""不以西方论述为标准，中国有自己的海洋文明史。中国的海洋文明存在于海陆一体的结构中。中国既是一个大陆国家，又是一个海洋国家，中华文明具有陆地与海洋的双重性格。中华文明以农业文明为主体，同时包容游牧文明和海洋文明，形成多元一体的文明共同体。海洋文明是中华文明的源头之一和有机组成部分，弘扬海洋文明，不是诋毁大陆文明，鼓吹全盘西化，而是发掘自己的海洋文明和传统，吸收其有利于现代化的因素，为推动中国文明的现代化转型提供内在的文化动力。"这无疑为中国类型海洋文明的确立与研究提供了方向。

其三，重新认识西方的"海洋国家论"。杨先生谓："对西方'海洋国家'话语的初步分析，可见'海洋国家'话语的'偏移'，在论述中有选择地将历史上的海洋国家对象化，是典型的话语活动。于是乎，'海洋国家'的历史构成了世界海洋史的知识体系，我们自然而然接受的历史陈述，实际上是一种西方学术界'累积的历史'，并不完全符合世界历史上所有海洋国家发展的事实和实践。""挣脱西方'海洋国家论'的束缚，挖掘本国的海洋文化历史资源，从文明的角度入手，通过对复杂国度历史的重新解读，提出新论述，重构海洋世界历史上的新体系，塑造不同类型'海洋国家'的形象，是人文社会科学具有全局性、战略性、前瞻性的课题。"这里，杨先生对西方的"海洋国家论"做了深刻的批判，同时提出了塑造不同类型"海洋国家"形象的战略课题。

其四，建构了中华海洋文明史的时代划分。杨先生认为，东夷百越时代是中华海洋文明的兴起时代，传统海洋时代是中华海洋文明的繁荣时代。而这之中，最有意义或有争议的事件与人物为：

(1)"海上丝绸之路"；
(2)郑和下西洋；
(3)明末局部的海洋开放；
(4)郑成功收复台湾；
(5)清前期的下南洋和达台湾；
(6)近代海洋的觉醒。

此诚可为中国海洋文明史的撰写提纲。

其五，对中国历史上的海界与海洋权利做了拓荒性的研究。在这些问题上，杨先生运用大量史料，钩沉发隐，论证了中国古代对海界与海洋权利的认识与实践。关于"国境海界不等于海岸线"，杨先生以为："古代中国的国境海界不等于海岸线，是明确无误的。而且，中国在宋代开始形成了中外海域分界的海洋主权意识，在事实上行使了界内巡航等主权权利。"关于"中国海内的海界"，杨先生认为："以上各类的海界资料，说明海域物权的观念在民间形成，延续至今有数百年之久。亦即在海域使用制度的创设上，中国远早于其他海洋国家，而有自己的定义和特色。"关于"海界观念与海洋权利"，杨先生谓："中国使用海域的历史悠久，产生的海洋权利内涵十分丰富，需要做不同时段、不同海域的实证研究。树立以海洋本位的思想，把海疆史扩大到海洋史，为维护国家海洋权益，加强海洋文明建设服务，是新世纪的使命。"

"将大陆和岛屿的海岸线及其之间的海洋水体视为一个整体，对古代海界资料做全面的整理与分析，只是其中的一个角度。虽然中国古代'渡海者多，著书者少。登舟不呕，日坐将台亲书其所见者尤少'，但仍有不少散见于遗存的官私文献、档案、海图中的涉海资料，有待发掘利用，值得进一步深化研究。"这些无疑是对中国海洋文明论与中华海洋文明发展史的拓荒性基础研究。

其六，研究海洋文明与中国海洋史方法论上的问题。这里最关键的是研究对象的确立与研究思维的转换。杨先生认为，中国史范围内的中国海洋史学是从涉海的各种历史研究中发展而来的；中国涉海历史研究，以南海交通为起点，有一百年的历史。

真正的海洋史学是20世纪90年代以后才提出来的，而"海洋史"与"涉海史"最大的区别，就在于是"以陆地为本位"还是"以海洋为本位"，即主导思想是陆地思维还是海洋思维。也就是说，以"海洋本位"的思维开展研究，是海洋史与涉海研究的根本区别。

杨先生还提出了"科际整合"的方法论，即不同学科的交叉研究，如历史学、海洋学、地理学、气象学、政治学、经济学，等等。

当然，也有个别提法似可进一步推敲。如杨先生认为"文明是人类生活的模式"，似乎是在显现文明的个性及具体性。窃以为，文明还是社会表现出较高发展阶段的状态，易言之，文明是全部人类生活与文化之进步性、发达性的程度，是一种普遍的性质。或许杨先生另有深意。

我们还应当看到，历史的海洋与现代的海洋相比，很多"人化"属性有所改变，在古代甚至近代，海洋每每是民族、国家之间政治、经济、文化交流的最重要途径，甚至是唯一的途径；而到现代一部分被天空运输与交往所取代，而到当前更多的部分为信息、网络、虚拟空间的交流、交往所取代。

对人类生存空间或"人化"自然界而言，除大陆、海洋外，天空、外太空也开始要扮演日益重要的人类生存空间角色。这也都是在研究海洋史时要顾及的。

总之，杨先生的"中国海洋文明论"是在对西方海洋文明理论扬弃基础上的一种创新，具有发凡起例之功，为构建中国特色的海洋发展史学奠定了坚实的理论基础。

杨国桢先生是著名历史学家傅衣凌先生的嫡传。如果说昔日，傅先生广泛、深入地利用民间资料，开创了中国社会经济史研究的新方向；那么今天，杨国桢先生又开创了中国海洋文明论与中国海洋史学研究的新方向，真是无独有偶，前后辉映，堪称学林佳话。

2017 年 4 月，汪征鲁（右一）与杨国桢、薛菁于香港

从"官督洋办"到"公益法人"

龙登高[*]

在杨国桢教授八十华诞之际，我非常荣幸受到邀请来为杨先生祝寿，并参加学术盛会。我带来了两件礼品，当然是学术礼品，一个是我刚刚出版的书——《中国传统地权制度及其变迁》，因为这是受到杨国桢教授关于民间契约研究的启发。第二个就是我今天要汇报的团队研究成果，跟本次会议的主题"海洋与中国研究"相关。

我的题目是《从"官督洋办"到"公益法人"》，探讨近代天津和上海航道治理的制度变迁。我们知道清政府提供的公共产品非常有限，而到了近代，也就是 19 世纪中期以后，新出现的公共服务需求难以满足。新出现的公共品服务需求，其中一个就是轮船航道需要疏浚，而此前帆船航道是不需要的。新出现的公共品服务由谁来提供？如何来提供呢？

轮船除了轮船招商局以外，主要是洋商的。所以，洋商轮船公司非常积极地推动清政府要去提供这种服务，可是清政府很不积极，这可能是因为关系到安全和国防以及主权等因素。可是在各利益相关方的推动之下，又不得不去提供这种公共品的服务，政府也可以增加关税收入。在中外官商各利益相关方合作博弈的过程当中，就有了这种

---

* 作者系清华大学华商研究中心主任、经济学研究所教授。

制度创新和制度变迁。过去缺乏这方面的资料，我们比较有幸接触了尘封近百年的数千卷英文档案，那就是海河工程局和浚浦工程局的档案，特别是浚浦工程局，我们是第一批去查阅的。看到这些从来没有被人用过的系统的、科学的档案，参与其事的各位同人也都是非常兴奋的。

开始时清政府购买挖泥船疏浚航道，此时是官办，但是他想得太简单了，单一的设备引进是不可持续的，所以无论是在天津还是在上海，都没有成功。一个是因为疏浚是比较复杂的，门槛很高，资金、技术、设备、管理，都有很高的门槛，当时的中国无法提供。另一方面，在租界推动城市化的上海和天津，上海一个城市，三个政府；天津甚至一个城市八个政府。这种公共品、公共工程的提供，需要协调，任何一方去承担，都是难以胜任的。所以，轮船公司推动外国领事，以及其他各方，进一步去推动清政府来提供这种公共品的服务。

大家可以看到，晚清中国的港口和码头，都是轮船公司直接修建的。所以洋商会推动本国的领事以及租界的工部局，还有海关，一起去共同推动中国政府。官办无法完成，所以被迫接纳洋商和外方，利用他们的资源来成立官督洋办的专门疏浚机构，这就是1897年和1905年分别成立的海河工程局和浚浦工程局。

官督洋办和官督商办，可以说是相似的，只是这个"商"被"洋"所替代了。洋方提供各种资源，特别是由清政府聘请洋总工程师，来全面负责疏浚工程与管理。官督洋办当然是由中国政府主导的，应该说是洋务运动末期的制度创新，所以我们把它称作官督洋办。而洋总工程师全面负责，应该说是重金聘请的。比如说林德，薪酬高达1000元，两倍于赫德。后来的奈克在上海浚浦局甚至高达3000镑，如果是中国人，当时水平难以胜任。直到20世纪40年代之后，归国留学生开始胜任总工程师的职责。官督洋办，有总办、会办，都是中国的道台官员，但由洋总工程师全面具体负责。

可是随着各种力量的消长，五六年之后，官督洋办又无法很好地胜任和完成此项工作，所以相继改组为国际合作的公益法人。外方更深度更全面地卷入机构的治理，成立董事局，海河工程局由津海关道台、津海关税务司以及领事团的首席领事组成决策机构。顾问局由各国的领事及洋商代表构成，作为咨询机构，如有矛盾和不能解决的问题，由他们来仲裁。这种公益法人的国际合作机构，由利益相关方组成，所以要非常制度化、规范化地向各方负责。董事会会议记录非常的详细，又有公开的招标，年报、月报由第三方审计，形成规范、公开、透明的经营模式。所以，档案至今完整保留下来。

龙登高在大会演讲

那关键的一点就是，资金从哪儿来呢？资金就从关税来。近代海关是一个中外共治的边界权力机构，而关税是由中外政府共同决定的。关税附加税，就是由中外共商来征收，所以作为航道疏浚的专门经费，必须由中国政府批准，同时也必须由外国领事批准才能够征收。相对独立的海关，使得公益法人机构，在政权鼎革动荡的近代中国，能够保持稳定的发展。还有其他制度创新，包括以关税为担保发行公债。

河海工程局与浚浦局取得较好的绩效。天津港通过疏浚和破冰，在北方天然不冻港的竞争当中，成为北方第一大港。而上海航道疏浚，使之成为远东第一大港，世界第七大港。

19世纪中朝贸易的一个侧面

——《燕行事例》抄本研究

王振忠[*]

　　首先要感谢杨国桢先生及厦门大学、中山大学的邀请，让我有机会来参加这个盛会，汇报一下自己最近的一些研究。

　　最近二十多年，除了"徽学"研究之外，域外文献与东亚海域史也是我比较感兴趣的学术领域。在这方面，2015 年，我在复旦大学出版社出版过一部小书，叫《袖中东海一编开：域外文献与清代社会史研究论稿》，其中涉及的内容包括日本汉籍（唐通事文献）、朝鲜燕行录、琉球官话课本，以及哈佛燕京图书馆收藏的"榕腔"文献（亦即近代传教士编纂的福州方言文献）等。在这部小书中，有一章就是专门研究朝鲜燕行录的。

　　我对朝鲜燕行录的研究，开始于 2003 年，当时我在美国哈佛燕京学社访问，比较早地利用了 2001 年出版的《燕行录全集》，以及哈佛燕京图书馆收藏的日本学者藤塚邻的旧藏。虽然说国内对朝天录、燕行录的关注由来已久，比如在座的陈尚胜教授就比较早地注意到了。但在 2001 年以后，中国国内的朝天录、燕行录研究出现了一个新的高潮。在当时，这些文献对于中国学界而言，属于一种新的史

料。不过到现在十多年过去了，随着资料的大量刊布，史料已不再稀见，这对于燕行录的研究提出了新的、更高的要求。我个人认为，今后可能有两个方面的问题需要进一步考虑。其一，朝天录、燕行录主要是韩国学者从大批朝鲜文集中抽取出来的，从中，我们能看到朝鲜人对于中国社会生动细致的描述，但却很少能看到中国文化对于朝鲜社会各个侧面的影响。因为在宗藩体制下，朝鲜与中国的关系最为密切，中国文化对朝鲜的影响是全方位的，必须予以充分的重视。因此，今后应当将朝天录、燕行录放回朝鲜文集的具体文本环境中去考察。在这方面，有必要利用现代的数据库资料。比如，香港城市大学建立的朝鲜文集数据库，就是很好的研究利器。因为这个数据库跟我有一点渊源，我将来会写专门的文章去介绍，我觉得这个数据库要好好地利用。其二，现存的朝天录、燕行录都是韩国、日本所收藏的资料，与此同时，也应注意其他国家的相关收藏。

最近几年，因有一些机会到欧洲访问，我比较留心域外相关的明清文献。其间，曾在法国看到《燕行事例》及另一册佚名无题抄本。我这篇文章，就是利用这两份资料撰写而成。《燕行事例》一书收藏于巴黎的法兰西学院，这是咸丰七年（1857）的抄本，编者是朝鲜著名诗人李尚迪（1803~1865），他是金石学家金正喜的弟子。李尚迪曾作为朝鲜燕行使团的译官，先后十二次来到中国，与清代的许多中国士大夫都有密切的联系。《燕行事例》应当是属于朝鲜司译院内辗转传抄的抄本。该书比较详细地记录了朝鲜使者的燕行惯例，这对于时下方兴未艾的《燕行录》研究，以及19世纪东北亚国际交流的探讨，具有重要的史料价值。特别是其中提到朝鲜馆内的贸易，有所谓的"杭货"。根据与《燕行事例》差相同时的一册佚名无题抄本（也收藏在法兰西学院）的内容，这些杭货，也就是来自以杭州为中心的江南一带的商品。另外，与"杭货"一样成为通俗常言的还有"燕贸"一词。所谓燕贸，就是与北京乃至中国有关的贸易。从"杭货"和"燕贸"这样的通俗语言可以看出，在清代，包括江南一带的中国商品，通过北京源源不断地流往朝鲜。而且，此类贸易并不局限于中朝之间，"燕贸"之货（亦称"燕货"）也曾由朝鲜转卖到日本，这实际上涉及整个东北亚地区的中朝贸易、朝日贸易以及中日贸易，三者之间呈此消彼长之势。另外，在朝鲜燕行使团中，译官的地位较低。李尚迪是位著名的译官，有关他的资料也相当不少，但此前所见最为重要的是他的个人文集《恩诵堂集》，不过在其中，我们只看到他与中国士人应酬交往的内容，却看不到其他的侧面。而《燕行事例》一书是由李尚迪编定，此一文本中有不少朝鲜式的表述方式，与汉语有所差别，这一文本对于研究李尚迪的燕行译官生涯，提供了一种未为人知的新史料。

王振忠在大会演讲

"大人物与小人物"

程美宝[*]

非常感谢大会的安排，让我可以参加杨国桢老师八十华诞的盛会，并且交上我一份十分钟的作业。

我这个作业原来也是想这样开始的：我研究的是小人物，杨老师研究的是大人物，今天早上也提到了在 20 世纪 90 年代的时候，我还在牛津大学读书，杨老师来牛津访学，我的导师科大卫老师给我的一个任务就是陪着杨老师去英国的国家档案馆看档案。他当时是因为要修订他《林则徐传》一书，需要到档案馆看相关的材料补充，所以我们就有机会陪他去档案馆跟他学习。其实我忘了是哪年哪月哪天，幸好今天早上吴小安教授非常仔细地记载了当日是 1994 年 5 月 6 号，还有照片为证！我才记得那个事情是这样的。五月在英国是被叫作 May Day 的季节，五月天应该是五月的鲜花开遍了原野的时候，但是那天似乎很冷，我们还穿着厚衣服。

杨老师做的是林则徐，是大人物，大人物做大人物；我自己是小人物，所以做的是小人物。这个人物名叫 Huang Ya Tong。凭着有一些非常零散的材料，我 2003 年的时候就拼成了一篇文章。当时我看到的材料，他自己署名 Whang Tong，我就凭一些非常零散的材料去

---

[*] 作者系香港城市大学中文及历史学系教授。

估计他的生平是怎么样，2003 年在《史林》发表了一篇名为
《"Whang Tong" 的故事》的文章，后来就没有怎么认真研究了，因
为觉得材料可能也不多。但是，近十年来各方面都发现了一些跟他有
关的材料，然后我才知道有可能多写一些。我当时发表在《史林》
的那篇文章是非常粗糙的，所以如果《史林》的编辑在，可能要我
退稿费。但是我现在看完这个材料，我现在能弄出的一个时序是这样
的：这个小孩为什么会去英国呢？因为他是 18 世纪的时候东印度公
司一个叫布莱克船长的仆人，布莱克船长是在 1767 年 9 月到达广州，
布莱克船长的故事是"广州贸易"的一个小篇章，所以这个也可以
说是海洋史的一部分。

布莱克船长最近很多的人已经做了研究，因而知道他在 1768 年
就返回伦敦了，而 Whang Tong 也在那次跟他去英国，这是我十多年
前不知道的。一年之后布莱克船长又回到广州，那个小孩又跟他回到
广州，然后就为他打工。就是在为这个布莱克船长打工的时候留下了
一些他的手迹，这批材料现在不在英国，而是在美国。我也是因为跟
相关研究的人有联系才有幸可以在前年看到这一批材料。这批材料其
实主体还是布莱克用英文写的东西，但是 Whang Tong 就留下一些他
中文的手迹。而且他们之间有很多的对话记录，由此我们知道他在
1768 年去过英国，因为他多次提到——比如说——这个花我在
Sevenoaks（七橡）见过，既然他多次这样提到，我们知道他应该曾
经随布莱克去过英国。但是后来布莱克船长在广州去世了，去世的时
候只有三十几岁。他爸爸也在广州，也是服务于东印度公司，当时还
在广州做一些借贷生意，借钱给中国行商。1774 年 8 月的时候，老
布莱克把 Whang Tong 又带到英国去，这点也是我以前不知道的。这
就解释了为什么在 1775 年有好几条有关 Whang Tong 的材料，我过去
只是看到一条，过去十年中又看到多几条，散见于各处。而这些材料
之所以会留下来，其实都是跟大人物有关。所以小人物的材料小人物
自己往往是没有的，他都是因为依附于大人物才留下记录，Whang

Tong 接触到的大人物包括皇家学会的主席班克斯，包括某伯爵和伯爵夫人，包括当时著名英国陶瓷商人。

　　迄今为止，除了 1775 年的几条材料外，我们就再看不到有关他在英国的材料。我们只知道他应该是不迟于 1784 年 12 月就回到广州，因为有另外一些材料也可以证明。1796 年 6 月 18 号他寄了一封信给班克斯爵士，这封信是从广州发出，所以我知道这个时候他肯定变成一个中年大叔回到广州，但跟班克斯一直有联系。这样的一个人物，自小时候当上一个东印度公司船长的仆人之后，他一直的成长都是跟着这些英国人的，所以他英语很好，中文似乎也不差，他的中文字还不错的。在整个 18 世纪的时候有好些英国大人物能亲身接触到的中国人就主要是 Whang Tong 了，Whang Tong 就成为他们很重要的一个给他们传播中国知识的中间人，经常会告诉他们一些错误的信息。PPT 上显示的他这个画像是因为他留在了那个公爵的家庭，这个公爵跟英国某著名画家非常友好，画家绘下他的肖像，现在还挂在那个公爵之家，我去年还去看过。图片上显示的就是那个七橡学校，该

程美宝与杨国桢在林梧桐楼餐叙

校现在是这样子来标榜的，说这个 Whang Tong 是 1780 级的学生，是他们第一个中国小留学生，而且证明了他们早就很国际化了。我写封信问他们有没有档案，其实是没有的，所以我们不知道他有没有在那里读过书。这个学校就在我看过的某一批地方性的档案所描述的地方的附近。

所以回到我们今天早上说这个照片证明了我当年真的是陪过杨老师去档案馆。为什么会留下这个照片，因为杨老师是大人物，我这个小人物就留下照片，很感谢吴小安教授把那个日期记下来了，由此留下一个历史证据。

杨国桢老师研究明清土地契约文书的贡献

——阅读《明清土地契约文书研究》的一点体会

范金民*

有幸参加这样的盛会，首先要敬祝我们的杨老师，身体健康，开心如意！

我们都知道，杨国桢老师的研究领域是三大块：一块是晚清民国人物研究，一块是明清社会经济研究，还有一块是中国海洋文明研究。在我看来，杨老师的《林则徐传》是特别体现出他聪明和史笔之美的一本名著，《明清土地契约文书研究》则特别地反映了杨老师的史学功力和底蕴，而近30年来由他倡导和领航的中国海洋文明研究，我觉得最能体现他的学术眼光和境界。

我们这次会议的主题是海洋与中国社会，对杨老师主编和撰写的几十本专著，我曾写过两篇书评，所以不在这里赘述。为了这次会议的主题，我又提交了一篇小文章《清代开海早期中西贸易探微》，该文已经收在会议的论文集里了，大家有兴趣可以去看，我在这里也不再重复。

我倒很愿意说说他的《明清土地契约文书研究》（人民出版社，

---

* 作者系南京大学历史学院教授。

1988）。像这样的一个选题，这么一个专门的内容，书能写到这个样子，在中国学界相关专题里，到目前为止我没有看到第二本。我觉得杨老师是真正读懂了明清土地契约文书，真正自如地用他的妙笔介绍了明清土地契约文书的形式和内容，同时这本书的第三个贡献，是在介绍文书的形式和内容的同时，提出了很多命题。我就曾受他这本书的影响和启发，从里面找到了两个很小的，但是我觉得很能说明问题的题目。

明清时期特别是清代的房地产买卖，是否买卖双方一旦合意即会签订正契，直接完成田宅转移过程？在此之前，是否需要有些前期准备，以确保一应交割手续的切实落实？有关这些问题，前人殊少论及。只有杨国桢老师早在 20 世纪 80 年代后期就发现，"当双方有意约日立契成交时，卖主一般需先签'草契'，或者由卖主（或中人，又称居间）写立'草议'；买主则先付一部分定金，表示信用"。他并且介绍了至今保存在日本东北大学的三件道光后期的草议，认为书立草议后，"买卖关系已经确定下来。到了正式订立卖契之日，经账、草议之类的文书便失去了时效，成为废纸"（第 237 页）。该文虽然内容简单，却揭示了长期为研究者所忽略的问题，即田宅买卖过程中存在先期订立草议的重要一步。笔者受杨老师所论的启发，长期关注清代房地产买卖形成的"草议"，此类草议，除日本东北大学之外，日本东京大学东洋文化研究所、京都大学法学部均有收藏，相关文献中也有一些。其年代自康熙初年直到光绪年间均有。我近年撰写了《"草议"与"议单"：清代江南田宅买卖文书的订立》一文，发表在《历史研究》2015 年第 3 期。杨老师的先行介绍和本人的研究说明，如果要分类介绍性叙述中国历史上的房产买卖文书的形式，应该加上草议一类，而后才是正契，此重要一环才能补上。

中国历史上的土地买卖，长期存在亲邻先买权，到元代时还流行"陈告给据"（或称"公据"）和"立帐批问"（或称"问帐"）的必须先行步骤。至元六年（1269）的命令中说："须典卖者，经所属陈告，给据交易。"陈告给据即典卖房地产的主人向官府（通常是县一级）陈告，获得官府许令交易而给的半印勘合公据（公据的格式大体是：申请人姓名、居地、典卖土地的位置和四至，官府调查核实的经过，发给公据的字号，领取公据后进行典卖的手续，最后是发给公据的时间）。"立帐批问"就是征询亲、邻、典主是否愿意典卖土地的通知书。公据为第一步，问帐为第二步（参见陈高华《元代典卖土地的过程和文契》，原载《中国史研究》1988年第4期，收入氏著《元史研究新论》，上海社会科学院出版社，2005，第2~5页）。明清时期如何呢？杨老师敏锐地注意到存有经账一类文书，叙述道："明时，立帐取问一般演变为口问，出卖于亲邻之外所立的文契上，大多书明'尽问房亲不受'之类的用语，而亲邻在文契上的画字，则表示他们确认契文的效力，并承担有日后发生争执时出头证明的义务。到了清代，先尽房亲、地邻的习俗依然保存下来，但在文契上的限制有所松弛，可以不必用文字在契内标明。契约关系上的这种变化，说明清代在土地买卖的自由上有所发展。日本所藏清代江苏的卖契，都没有先尽亲邻的记载，直书'情愿央中'卖到某处。但实际上，这只是对先问亲邻俗例的略写，并不表示亲邻先买权的消失。值得注意的是，有些地方还存在问帐制度的残余，使用'经账'的文书形式。"接下来，杨老师介绍了收藏在东京大学东洋文化研究所的房宅经账和田地经账各一例，再断言："经账是觅卖文书的一种形式。账上虽未提及亲邻，但和写立卖契一样，是'不瞒亲房上下'的，只不过后者采用口问的形式。"（第235~237页）杨老师介绍的经账文书，除东洋文化研究所之外，京都大学法学部所藏文书中也有一件房产经账（咸丰六年）。经账文书的保存，为我们探讨或论证明清时期房地产买卖民间俗例的生命力和影响力再添典型事例。

这两个很小的事例说明，我们要研究房地产买卖的实际运作及契约文书的实际具立，只有对文书相当熟悉才行。我现在怀疑很多号称文书专家的人其实没有通读这本书，假如我们认真通读了杨老师的这本重要著作，有些少见多怪的事，特别是研究晚近以来土地文书的很多武断的、草率的结论大概就可以避免了。

1998 年 5 月，范金民（左一）和杨国桢、韦庆远（中）、叶显恩（右三）、王锺翰（右二）、罗仑（右一）饮茶武夷山中

湾区、港口与城市

——上海与海洋

苏智良[*]

上海史研究在中国城市史研究中比较兴盛，但我一直认为，上海史研究缺少一个鲜明的海洋史的视角。所以我在上海大力推广杨国桢先生的"海洋史学"理念。我们上海师大今年将举办第四次海洋史会议，出了集刊《海洋文明研究》。今天我要报告的是《湾区、港口与城市——上海与海洋》。

一　上海：面海而生

上海乃海洋之子，数千年来，因为海潮的作用，才形成了这块长江三角洲陆地。

古代上海的支柱产业是渔业、盐业和农业。《吴郡志》载，西晋建兴元年（313），在吴淞江下游入海口一带（今青浦一带），渔民用竹编工具"扈"捕鱼，因此这里也被称为"扈渎"。渎，"水发源而注海曰渎"。所以，沪，成为上海这个城市的简称。

---

* 作者系上海师范大学教授、校学术委员会主任。

二　从华亭港到青龙镇、青龙港

自隋唐华亭港始，上海就是一个港口城市，而不是近代才形成港口城市的。华亭港形成于隋开皇年间（581～600），位于吴淞江支流顾会浦旁。

华亭港是唐代设立华亭县之前就有的一个内港。此外，隋朝虽然只有 37 年（581～618），但南北大运河的成功开凿，使华亭地区的谷物和散盐得以便捷运出，促进运输和经济的发展。

到宋代时，青龙港便发展很快，但资料比较少，因而被忽略。但最近五年，青龙港的考古取得重大发现。最近青龙港的文物 3、4 月份在广东展出。青龙镇遗址出土了来自福建、浙江、江西等窑口可复原瓷器 6000 余件及数十万件碎瓷片。大量福建窑口的瓷器与朝鲜半岛、日本等地发现的瓷器组合非常相似，说明当时许多瓷器产品运到青龙镇后，进而转口外运，主要销往高丽与日本。由此，可以推断青龙港也是中国海上丝绸之路的重要节点，这是近几年考古的突破。

三　上海港的崛起

元明清三代上海港不断发展起来，从上海埠、上海镇到上海县，再到上海市。明清时上海已经有很稳定的大航线，往南到广州、福建、南洋，往北到朝鲜、日本。

这一时期上海还有一位传奇的女性——黄道婆，她将棉纺织技术从海南带到江南，实施全方位的棉纺织技术革新。她开创了中国纺织业的新时代，是江南纺织业的奠基人，对江南文明的进步做出过卓越贡献。第一，促进棉花种植和纺织业兴盛。第二，对生活质量和习俗的影响。第三，催生一批市镇的成长。第四，对于上海和江南航运业发展的价值。第五，开创女性劳动空间和提升生活质量的社会价值。

古代上海已经建立了与世界较为广泛的联系，比如说 1594 年《天下舆地图》，标了一些港口，1655 年的《江南省图》，也有多个上海地区的港口，这些知识是过去研究中比较忽略的地方。今天，上海市的市标就是三个船桨围着一艘沙船，这是对古代上海是个港口城市的肯定。

四　来自海上的冲击

鸦片战争的撞击，使上海作为开放口岸，被逐渐纳入世界体系。

1843 年上海开埠后，凭借其得天独厚的区位优势以及宽松的政治和社会环境，逐渐取代了广州，成为近代以来中西贸易的中心。正如 1858 年马克思致恩格斯信中所言："五口通商和占领香港，仅仅产生了一个结果：贸易从广州转移到上海。"

1850 年大英轮船公司将伦敦—香港的远洋航线延伸到上海并开启定期航班，标志着近代上海远洋航运进入专业化时期。1862 年法国法兰西火轮公司开辟了巴黎—香港—上海的东方航线，打破大英轮船公司的垄断。接着德国也加入竞争。19 世纪 50 年代，上海港成为中国第一大港，建立起强大的交通网络。

1869 年苏伊士运河的通航以及 1871 年欧亚海底电缆的敷设，创造了一个使得东方与西方文明联系更加密切的新时代。交通与通信工具的变革，使得其在运输方式、运输主体以及贸易结构等方面发生了彻底的改变，这主要表现在轮船逐渐代替帆船成为远洋航运的主角；新式轮船公司的不断涌现，使沪欧远洋航运业间的垄断被打破；中欧直接贸易开始，由商业大王主导的投机贸易时代结束，西方企业在沪投资结构发生改变。这些变化对于以上海为中心的近代远洋航运业的发展提供了历史契机，扩大了中西贸易的发展。中国国家投资的轮船招商局于 1872 年在上海成立，目的是发展本国的航运业，以"分洋人之利"。李鸿章曾忧心忡忡地指出："以中国内洋任人横行，独不令华商展足耶？日本尚自有轮船六七十只，我独无之，成何局面！"所以"冀为中土开此风气，渐收利权"。但实际效果并不理想。

近代上海一度成为冒险家的乐园。作为中国最大的港口，自然也是最大进口鸦片的港口，上海成了"鸦片之都"。1909年在上海的门户——外滩，中国第一次主办了国际重要会议万国禁烟会。

江海之畔，曾发生过改变中国历史的事件。今年在上海举行了纪念留法勤工俭学一百周年的会议。一百年前的3月17日，一艘远洋轮载着89名留学生前往法国，两年中有20批学生、1700人赴法勤工俭学，其中包括周恩来、邓小平、聂荣臻、陈毅、赵世炎、蔡和森、陈延年、陈乔年等，这一事件改变了中国的革命史，比例最高时，留法的中共党员占全国党员的20%。

五　临海而兴

1949年后，中国实行计划经济，封闭导致落后，上海发展长期停滞。直到1990年浦东开发，开始步入快车道，28年间，上海城市和港口面貌发生了巨变。

没有深水港的上海，长期以来受到很大制约。因洋山港的建设，上海成为亚洲海运的枢纽港。2005年12月10日，洋山深水港区（一期工程）顺利开港；2017年底，洋山深水港四期码头开港试运行，成为全球最大规模、自动化程度最高港区，港口集装箱从港区装卸到码头运输、仓储均将实现自动化运作，生产作业实现零排放。目前已经开建的洋山深水港第五期，将助力上海参与"一带一路"倡议。无论是总吞吐量或集装箱，上海港都居于世界第一。有关部门统计，2018年上海港的年吞吐量突破4000万标准箱，这个数字约为全美国所有港口加起来的总吞吐量、目前全球港口年吞吐量的十分之一。

如今，上海从自贸区出发，正在建设自由港。自由贸易港，是指设在一个国家或地区境内、海关管辖区之外（简称"境内关外"），货物、资金、人员可以自由进出，全部或者绝大多数进出口商品免征关税，且以港口为核心的特定区域。概而言之，自由贸易港是开放层次最高的贸易区，其开放程度主要体现在税收、金融、零售、航运等方面，而且这些优惠待遇与鼓励政策通常以经济立法和法规的形式予以明确确认。

在长三角地区一体化建设被纳入国家战略的当下，未来的上海以及周边的地区，是否会进入一个大湾区时代？在 2018 年全国人民代表大会上，"粤港澳大湾区"首次写入政府工作报告，这给人们以很大的想象空间。

由华亭港至青龙港、上海港、洋山深水港，承前启后的每一个港口，都承载着上海远行的梦想，是出发后的到达，又是到达后的出发。

1999 年 6 月，苏智良（右一）与陈丽菲（右三）、周育民（后排左一）
在上海师范大学外宾楼接待杨国桢、翁丽芳伉俪

舶商与私贩

——《南海Ⅰ号沉船考古报告之二》的贸易史解读

黄纯艳[*]

非常高兴回到母校来祝贺杨老师的八十华诞，祝杨老师健康长寿！

我今天报告的文章是关于《南海Ⅰ号沉船考古报告之二》的一些想法。这艘沉船的完整性、丰富性在沉船考古的发现中是独一无二的，具有很大的学术价值。目前，"南海Ⅰ号"的沉船考古报告是一个阶段性成果，今天谈的一些想法在全部的信息公布后可能还会有修正，主要是希望引起大家对这艘沉船的关注。

我提交给会议的论文主要谈了三个问题：第一，这艘船在宋代到底算多大的一艘船；第二，它是如何出海的；第三，它是从哪里出海的。因为今天时间有限，我报告的内容主要围绕第一个问题——"南海Ⅰ号"在宋代到底算多大的船。

要讲清这个问题，首先还是要介绍一下这艘船的堆货方式。据《报告之二》所载，这艘船目前共发现了70000件文物，从种类来看，包括：金属品、瓷器、动植物残骸等，船体结构为水密隔舱，共15个舱位。金属品中，铜器是少量的，铜钱有17000件，年代最晚

＊ 作者系云南大学教授、历史与档案学院院长。

的是宋孝宗的"淳熙元宝"（1174～1189）。铜钱主要分布在10～13舱表面，这个舱位大致是船员生活区。金器与今天的主题关系不大，暂且略去。值得注意的是银，目前发现了290公斤，主要出土于第3、4层海泥中。另外就是铁器，《报告之二》中反映的数量和重量上都不亚于瓷器，堆放在最表层，其下方是瓷器，而且广泛分布在各舱，又以第6舱、第7舱数量为多。瓷器是当时最大宗的商品，主要分布在甲板下方和舱内，位于铁器下方，特别是舱面以下，基本是瓷器。

今天主要还是来讨论"南海Ⅰ号"在宋代是多大的船，能装多少人。这是一艘福建船，相关研究已经明确地反映了这一点。这艘船的最大宽度是9.7～10米，残长是22.1米。宋代时，衡量内河船的标准是"料"，称"三百料""五百料"，海船主要是看梁宽面阔，即船中间最宽的尺度，代表海船的大小。按照"南海Ⅰ号"9.7～10米的最大宽度来看，合宋制的3.1丈。3.1丈在宋代算多大的船？我们以福建船来做比较。南宋时，征调民船有一个标准，起征点是面阔一丈二尺，其中的大型船是二丈一尺以上。所以，二丈一尺以上的归为大型船。雇募民船也有一个标准，最大的一类是二丈四尺以上，在这以上的都是大型船。宋徽宗时，出使高丽的徐兢使团所雇用的福建商船面阔是二丈五尺，为大型船。我们从宋代的文献中，见到面阔最宽的除了宋神宗和宋徽宗朝两次打造的两艘作为出使高丽使节座船的"神舟"以外，是面阔三丈的南宋福建左翼水军的船。由此来看，"南海Ⅰ号"面阔三丈一尺，在宋代属于上等船，也就是大型船。

这样的船，能装多少人呢？船上的人可以分为两类，一类是操作人员，一类是搭乘人员。搭乘人员是无法完全确定的，按照宋代文献记载，可能是两三百人，无法统计数据。但是，操作人员是有规定的，多大的船配多少水手是一定的，即"其合用梢、手各视船丈尺阔狭而增损之"。也就是说，根据船只宽窄来确定需要用的人数。比如，福建海船的用人标准为：梁宽一丈二尺至一丈三尺的船需要操作人员 16 名，其中梢工、招头、碇手各一人，水手 13 人。人员数量随梁宽依次增加，到面阔一丈九尺的船共需 29 人，二丈一尺以上的船至少需要 40 人。徐兢所乘的船梁宽二丈五尺，共 60 人。所有一丈九尺以上的船都要配两名梢工。宋徽宗时，有一个泉州商人李充，他的公凭保存了下来。这艘船只用一名梢工，说明他的船应该在一丈九尺以下，但是该船共有 69 人，也就是说它的操作人员应该在 29 以下，搭乘人员是非常多的。从这个比例来推算，"南海 I 号"的操作人员应该在 60 人以上，至少有两名梢工。

黄纯艳在大会演讲

杨国桢教授《明清土地契约文书研究》读后二题

——写于杨国桢教授八十诞辰之际

常建华[*]

　　在杨国桢老师八十华诞来临之际，首先送上我美好的祝福。祝杨老师健康长寿，祝杨老师学术研究之树长青！

　　我们知道，厦门大学是我国社会经济史研究的重镇，傅先生在这方面做了很多开创性的工作。其中，利用契约文书来进行研究具有很大特色，杨老师在这方面又做了发扬光大的工作，出版了《明清土地契约文书研究》这部著作。今天，我也想借这个机会谈谈读这本书的一些感想。刚才，范金民教授也对这部书发表了一些看法，认为这是一部非常卓越的作品，他是从契约学的角度来谈的。一本好书除了解决它本身的问题以外，还会让读者产生很多联想和启迪。我认为这部书对于讨论日常生活史，对于讨论"共同体"问题很有启发性。

　　《明清土地契约文书研究》对于认识明清时期日常生活史特别是农民的生活具有重要的参考价值。杨老师对民间土地契约的定义和其他学者还是有所不同的，他的概念里特别强调契约文书属于"私文书"，是社会生活的产物，反映下层社会日常生活的种种法权行为，

＊　作者系南开大学中国社会史研究中心主任、教授。

构成民间传统文化的重要组成部分。也就是说，他是从社会整体的角度来看待文书这种文献形式。因此，想要了解明清乡村社会日常生活，离不开对土地契约揭示的经济结构、土地制度和土地契约关系的认识。杨老师在书中重点考察了农民的永佃权问题，有学者参考杨老师的研究，并结合其他资料进行讨论。比如说，武汉大学周荣教授指出："综观现有研究成果，不难发现，学者们对永佃制的理论阐释非常充分，而对永佃权与农民生活的关系却很少关注。事实上，永佃权与农民的生活息息相关，几乎影响农民生活的各个方面。深入探讨永佃制与农民生活的关系，不仅有助于我们立体地了解清代农民的实际生活状况，而且有助于我们对上述正在争论的理论问题的把握。"这里争论的，是对永佃属性的一些不同看法。基于这种认识，周荣结合清朝刑科题本档案加以讨论，因为刑科题本里面正好也有土地债务类，可以和土地契约文书形成互补的关系。周荣指出了永佃权与农民的安身立命、兴家创业，与农民生活中的意外和变故，与民间冲突和纠纷的关系。事实上，杨老师在书中也采用了土地契约文书与清朝刑科题本内的土地债务类资料相结合的研究方式，其中有一部分特别引用了社科院历史所和经济所一些学者的研究成果及相关资料，来进行讨论。近年来，我也尝试利用刑科题本土地债务类资料探讨清人的日常生活，感到杨老师的大著是重要的参考文献。

杨老师书中诸多论述有助于理解清代生活。比如他较早利用了民间日用杂书讨论农民生活，指出《新编事文类聚启札青钱》原刊于元代，到明代还反复刊刻，可知在明代还是很流行的。特别是杨先生对于清代福建农村土地抵押借贷与典当的数据分析，揭示了清代福建农村土地胎借的概率和常态。他通过一些数据分析，把农民实际生活水平的量化研究落到实处。这个研究就非常有助于我们了解农民的日常生活，这是我的第一个感受。

第二个感受在于，该书启发人们重新认识"共同体"问题。1998 年杨先生为庆贺著名经济史专家李文治先生九十寿辰，写了

《中国封建土地所有权史研究断想》一文，他强调了他在 1982 年就提出的"私有权与共同体所有权结合论"。对中国传统社会产权认识的这一看法，他继续坚持，认为这是比较符合历史的。这一立论的历史社会依据是所有者主体的多元性。因此，杨老师把所有者主体分成三个层次：一个是国家（大共同体），一个是乡族（小共同体），一个是私人，认为它们各有不同的所有权利，或强或弱、或隐或显地制约着产权的移转和变更。杨老师特别在"修订版序"中收录了这些看法，表明他的一贯立场。这个中国封建土地所有权的"私有权与共同体所有权结合论"，提出了国家与乡族大小共同体所有的问题，或者说提出从土地所有权理解共同体的问题，颇具启发意义。

2006 年 11 月，杨国桢与翁丽芳、常建华（右二）、陈春声（左三）、黄挺（左五）、胡凡（左六）、陈景熙（左一）等考察粤东饶平县大埕千户所所城遗址

　　杨老师在书中依据马克思主义有关论述，比较了中国与欧洲的土地所有权问题，他还谈到国家与乡族大小共同体的关系，还论述了土地私有与共同体所有的关系。通过这些论述，我们可以了解他关于土地所有权和"共同体"的基本看法。杨先生的上述观点，对于认识中国的共同体问题，提供了土地所有权的路径。我们知道共同体既基于共同生活，也在于观念的建构，对于中国共同体的讨论应当是多方面的，杨老师的探索无疑做出了自己的贡献，使得对这一问题感兴趣的学者从中获得教益。

为了海洋和平与海洋治理

庞中英[*]

非常高兴参加此次庆典——杨先生的生日盛会。

我 2017 年被聘请为中国海洋大学海洋发展研究院院长。海洋发展研究院是 2004 年成立的，是教育部的一个重点研究基地，主要研究海洋领域的人文社会科学问题。这是中国海洋大学文科各学院的主要的共同研究平台，也试图文理交叉，协同创新。从 2005 年到 2008 年，杨国桢教授是海洋发展研究院学术委员会首届主任。杨老师为这一教育部重点研究基地的学科发展做出了重大贡献。我这次受邀参会，首先是为了代表中国海洋大学海洋发展研究院向杨教授表达谢意，向我们这个国际研讨会说明杨教授这一不可忽视的贡献。我来厦门前，中国海洋大学于志刚校长等领导要求我转达对杨教授的衷心谢意和祝贺！

今天是全国和全球历史学家的盛会。可惜我不是历史学背景，近 40 年，我专攻的方向是世界经济、国际关系等。借助这一机会，我主要谈两点。

第一点是"海洋中国"与"海洋世界"之间的关系。我认为这对中国和世界都是一个重大的挑战。如同杨国桢教授开创性的海洋问

---

* 作者系中国海洋大学特聘教授、海洋发展研究院院长。

题研究表明的，中国由过去的"海洋发展"转向了"海洋强国"。一个古老而新兴的海洋大国（Maritime power）正在崛起。作为海洋大国，中国当然要影响世界现有的国际政治体系和经济体系。目前，世界贸易组织（WTO）已经陷入困局。WTO也是密切"涉海"的。当代的全球贸易（主要是货物贸易）仍然依赖海洋。渔业等依赖海洋资源的"海洋经济"在全球经济中的重要性在加强。中国正在成为一个新兴的"海洋经济"。海洋领域也面对气候变化、可持续发展、生物多样性的挑战。如何处理"海洋中国"与"海洋世界"的关系成为一道世界级的难题。

　　近几年，美国哈佛大学两位资深学者提出了两大学术难题。一个是关于全球治理的。哈佛大学的约瑟夫·奈（Joseph Nye）提出了"金德尔伯格陷阱"（The Kindleberger Trap），认为，全球公共产品（public goods）的供给是不足的，无法应对日益增长的全球问题，因为中国还不能填补美国留下的全球公共产品的缺口。在海洋领域，"金德尔伯格陷阱"也是明显的。光靠现有的《联合国海洋法公约》（UNCLOS）还是不够的。另一个是关于大国之间的竞争或者冲突。哈佛大学的艾利森（Graham Allison）提出"修昔底德陷阱"（The Thucydides's Trap）。认为新兴大国的崛起与在国际体系和世界经济体系中占据主导地位的大国之间可能会发生尖锐激烈和长期的冲突。在海洋领域，"修昔底德陷阱"也许更加突出。上述两大"陷阱"，引起包括中国在内的多方的全球争论。这次参会，为了庆祝杨教授八十华诞，我也提交了一篇论文，是关于中国作为新兴的海洋权力（maritime/marine power）如何积极倡议和推进全球的海洋国家之间的协和（concert of maritime powers）。我认为，全球的海洋协和是解决上述两大"陷阱"的主要途径或者方案，意义重大。正因为如此，我对杨教授提出的"海洋本位""海洋文明""海洋空间"等概念非常赞同，因为杨教授的思想体系已经至少部分地回答了如何解决上述哈佛大学学者提出的两大"陷阱"命题。

　　第二点，关于"全球治理"和"全球海洋治理"。过去十多年，我可能是国内最早开展全球治理研究的学者之一。"全球治理"现在中国似乎普及了，但是，学术界仍然需要对"治理"和"全球治理"到底是什么加以深入研究。如果考虑海洋领域，现有的全球治理研究非常不足。在海洋领域的全球治理，或者全球海洋治理，是非常重要的。海洋的主体部分是公海。关于公共领域的全球治理（global governance of global commons）目前是多学科、跨学科的全球治理研究中的热点和难点。联合国首倡加强对全球公域的治理。许多大学在开展公域治理或者全球公域治理的研究。在中国，关于海洋作为"公域"的治理研究还是不够的。我非常高兴地看到，杨教授的海洋史研究，结合海洋的天然特性，早已超越了"中国研究"，已经是国际的或者全球的。今后的中国的全球海洋治理研究，有必要认真学习杨教授关于海洋治理的思想。全球治理从历史的角度来看，是维护世界和平的根本手段之一。这主要出自欧洲的经验——1815 年到 1914 年的所谓"百年和平"是因为大国之间的协和。实际上，大国之间的协和在亚洲也有丰富的成功的经验，尤其是冷战结束后，中国参加的亚洲地区各种地区性的协和（如亚太经合组织、上海合作组织、东盟地区论坛等），都为亚洲地区的和平共处和和平发展发挥了重大作用。亚洲地区的和平，从 20 世纪 80 年代算起到现在也已经 40 年了。今后的亚洲地区和平，包括亚洲的海洋和平，也要依靠更加精心的设计和有效运作的大国协和。这样的大国协和就是地区治理，包括地区的海洋治理。

　　作为国际关系和全球治理学者，我个人很担心 21 世纪的大国冲突，尤其是大国之间的海洋冲突治理不善。同时，我也相信，巨大的挑战正好是巨大的机会，我们的全球化的世界，毕竟可以找到克服巨大挑战的途径或者方案。如何克服海洋领域的"修昔底德陷阱"？我觉得这可以从克服海洋领域的"金德尔伯格陷阱"入手。好消息是，中国选择通过大国协和，即通过全球治理，缔造 21 世纪的全球和平，包括海洋和平。

最后，我想说的是，杨教授有关海洋治理的思想应该得到发扬光大。海洋是全球的。杨教授的海洋研究也是全球的。他的足迹遍及世界各个重要的学术角落。这本身是在知识生产意义上一位杰出的中国学者对世界海洋和平的贡献。

以上就是我汇报的主要内容，再次祝贺杨教授生日快乐，感谢这次国际研讨会的邀请。

庞中英在大会演讲

教诲如甘霖　润泽我平生

罗一星*

这次我提交的论文叫作《明清广锅的海外贸易》，论文涉及朝贡体系的一些观点。我这篇论文里面提到的第一点是，铁器贸易在朝贡体制里起到支撑的作用，在东亚贸易圈里，缺铁国家的经济需求很大，不仅仅是中国的政治需求；第二个是短期的巨额支出产生了长期的经济交换，今天不能像宣德朝臣们一样诟病永乐之举，因为学者们可以看到后来长期的历史。这些观点大家可以在会后去看论文。在此我不花时间谈这个论文。这里，我只是想带着深深的敬意回忆杨老师对我的学术提携与教诲。

我跟杨老师的缘分产生在37年前，当时我是1982届中大本科毕业，毕业后任何学生都希望有一篇论文发表，这是年轻人所追求的。我的毕业论文题目是《明清佛山冶铁业初探》，这篇论文我寄到了《中国社会经济史研究》。当时我只是一个广东社科院的实习研究员，既不认识傅衣凌先生，也不认识杨老师，有点冒昧。殊不知杨老师看到论文以后，与当时了解我的叶显恩老师谈了这篇论文。叶显恩老师是我的本科论文指导小组的组长，多有美言。机缘巧合，杨老师到广州开会，我陪同杨老师去探亲访友，那是我第一次见到杨老师。杨老

* 作者系广州市东方实录研究院院长。

师当时 42 岁，之前了解到杨老师在学术上大名鼎鼎，著述颇丰，见面才知道杨老师如此年轻。举止儒雅，不谈闲话。没有想到，这次见面却与杨老师结下不解之缘。1983 年第 4 期《中国社会经济史研究》刊登了这篇论文，这也是我发表的第一篇论文，此后虽然也发表了三十多篇论文，但杨老师当初的知遇之恩，没齿难忘。

1989 年，我成为杨门弟子。杨老师上课喜欢用"点拨"的方式，也喜欢用"拨弄拨弄"一词来代替那种苦心孤诣的写作。听杨老师上课，非常轻松，嬉笑怒骂皆成文章。我们在其中也感受到师母翁老师的温暖和关心。每次到杨老师家里，师母翁老师的沏茶、烹饪，包括诙谐的打趣，都给我们留下恍如昨日的记忆。记得有次师母提到，"一星啊，听说你的校园生活很丰富啊，还是舞王啊！"我嘴上虽在否认，但在心里却感激师母的关心和善意提醒。

博士论文是我在凌云一的 702 写成的，702 也是我的师兄陈春声写博士论文的地方。写论文的 120 天基本很少下楼。在进来前，我参加了华南研究的田野调查，即科大卫老师带领我们，我负责三水芦苞这个点，陈春声老师负责潮汕的樟林，刘志伟老师负责番禺的沙湾，这三个点我们做了调查。调查刚完成我就到杨老师这里就读。之前我花了十年的时间，也收集了很多资料，来厦大读书带了两大箱资料，有 200 多万字。杨老师很早就给我确定了论文题目，叫《明清佛山的经济发展与社会变迁》。老实说，之前我的研究主要集中在经济发展层面上，对社会的关注是从华南研究开始的。到厦门大学以后，在杨老师的敲打下，那是鞭驽策蹇，还有同学们的互相砥砺，使我对社会结构有了新的认知。博士论文是在杨老师的悉心敲打下完成的。

1991 年 12 月底完成 40 万字的毕业论文。在博士论文答辩会上，答辩委员会主席韩国磐先生说了三句话：一是"好马无快步"，说该论文是十年积累之功；二是"题目宜小不宜大"，佛山题目虽小，但挖得很深；三是"认真"二字，当时都是手抄的、手写的，没有电脑打印，但错字不多，该论文可以达到出版要求。答辩当晚，湖南人民出版社社长到寝室来找我，希望博士论文能在他们那里出版。因为和广东人民出版社有约在先，只能婉拒，感谢湖南人民出版社的盛情。论文后由广东人民出版社出版，杨老师欣然作序，让学生非常感动！

博士毕业之后，杨老师继续关心弟子的每一步。杨老师编著的《碧海金辉》纪念集，不仅寄托了杨老师对翁老师的无尽思念，也记录了弟子与老师相处的日子。点点滴滴，浸入心扉。杨老师记述之详，编排之工，表现了历史学家的深厚素养，让学生汗颜和叹服。

1991 年 11 月，罗一星（左一）陪美国赵冈教授到敬贤八拜访杨国桢、翁丽芳

2010 年以来，杨老师在海洋经济史方面的成就以及对学生的不断关心和督促，再次激发了我的学术热情。所以从 2010 年以来，我长期在北京和其他地方再做深入的资料调查，发现了一批非常珍贵的第一手资料，这批资料之前没有被发现，或者没有被研究，其中包括了吏部对佛山的 44 位同知任命和议驳的所有文件，内务府对广锅采办的系列文件，时间是从乾隆二年到宣统二年，非常系统。我又看了澳门的中文档案中有关铁锅的资料，以及东印度公司编年史里有关英国船队大量购买白铅的编年资料，白铅是佛山当时对世界独一无二的贡献，这又触发我对原来这本著作做修订的想法，所以 2017 年以来，我用两年的时间完成了修订。《明清佛山经济发展与社会变迁》（修订版）将于近期出版，由于 40 万字容量所限，我将把新发现的第一手资料放到下一本书《帝国铁都》里呈现给大家。所有这些，都是杨老师教泽所惠。

　　最后，我诚挚地感谢杨老师多年的教诲，祝杨老师健康长寿，学术光大！也感谢在厦大度过的美丽和温暖的时光，在这里，我遇见了将陪伴我走完人生旅途的知心爱人。谢谢大家！

杨先生的国家情怀与学术耕耘

陈尚胜[*]

今天非常荣幸地受厦大邀请来参加为庆祝杨国桢先生八十华诞而主办的"海洋与中国研究"国际学术研讨会，虽然没有机缘当杨先生弟子，但是我还是比较早就聆听杨先生讲他的学术研究。我与杨先生的最初见面，是在 1983 年 9 月于厦大校园，当时我正在为写硕士学位论文而搜集资料，在钱江兄介绍下，我在厦大校园见到杨先生，并听他讲关于明清契约文书研究问题。这个时期杨先生的学术兴趣是土地所有权问题。第二次与杨先生相见是在 1990 年 9 月北京纪念鸦片战争一百五十周年学术讨论会上，那一次聆听他的林则徐研究，感受到他对早期中西关系史的诸多思考。90 年代后期以后见到杨先生的机会更多，特别是到 2005 年以后我们俩都共同为中国海洋大学的中国海洋发展研究人文社科基地谋划建设，见面都是聆听杨先生关于中国海洋史的学术研究问题，尤其是他关于站在海洋人的角度研究海洋社会的立场。以上三个方面，也见证了杨先生的学术关注点从内陆向海洋的转变过程。而这一学术领域的转变，不仅展现了杨先生敏锐的学术判断力，更表现了杨先生深深的国家情怀，作为后学的我至感敬佩！

---

* 作者系山东大学教授，历史文化学院学术委员会主任。

36 年前我见杨先生是为请教如何做明代市舶司制度史研究，今天我还是想把久已放下的明代市舶司研究问题重新拾起，以此纪念我与杨先生的学术因缘，并祝杨先生健康长寿！

我提交的论文题目是《明代正德年间浙江市舶司提举与海防事务》，之所以要谈浙江市舶司提举的接待工作与海防问题，是因为大家都知道明代嘉靖二年（1523）因市舶司接待礼遇曾引起日本朝贡使节之间互殴以致在宁波烧杀抢掠事件，那么嘉靖之前的正德时期市舶司情况如何？正好我在十多年前的一次回家乡（安徽潜山）上坟祭祖时，发现我的先祖陈克宽（我是他的十六代孙）的坟墓在众祖坟墓中特别高大，查阅家谱才知道他曾在正德十三年至十六年（1518～1521）做过浙江市舶司提举。于是，我就开始从明代史籍中搜索关于他的资料。在曾任明朝礼部尚书的张邦奇《张文定公纾玉楼集》（又称《张文定甬川集》）中，发现张邦奇为浙江市舶司提举离甬赴京考满送行的诗文。临来时，又从日本找到正德七年日本使节了庵桂悟等人进入宁波时的相关记载。结合中日双方史料，我们就可以研究以下问题：一是正德时期浙东海域海洋贸易的兴起；二是日本朝贡使节在进入宁波城与索回贸易货款时遇到一些问题；三是当时浙江市舶太监企图染指海防权力；四是作为浙江市舶司提举的陈克宽，在市舶司大权被宦官把持的情况下，张邦奇记载他"兼与海道"事务，并"为明州曲突徙薪"，意味着他曾为明州海防堵塞漏洞。综合浙江市舶司所在地宁波所存在的上述问题，联想到广东市舶司在广东巡抚陈金等人于正德三年所做的抽分制改革，说明正德年间（1506～1521）是明代海洋史乃至中国海洋史上的一个重要变化时期。其实，先师郑鹤声先生（1901～1989）在1944年出版的《中国近世史》中，已把明朝正德时期作为中国近世史的开端，依据的正是葡萄牙人东来后中西海上交通新局势对于中国历史的重要影响。所以，明代正德时期浙江市舶司出现的问题，既是明日关系史上的旧问题（十年一贡与对明贸易之间的矛盾），更是浙东海域在16世纪全球化进程中所遇到的新问题。

陈尚胜在大会演讲

海洋视野下的中国与世界

黎志刚[*]

首先感谢杨国桢教授的邀请。我认识杨教授是在我读研究生的时候，由我的老师全汉昇在课堂中介绍给我们。另外我在加州大学做研究时，杨教授对我一篇文章有非常多的指导。那是一篇关于商标的文章，当时杨国桢教授告诉我，要找材料必须要从《文物》和《考古》里面去找材料，我听杨教授的话，把《文物》和《考古》全部翻了一遍，找到蛮多关于商标的发掘报告。那篇文章是我发表的文章中最受关注的一篇。

我提交的论文题目是《海洋视野下的中国与世界：贸易、移民与华商》。这个是杨教授的专长，他对我的启发很多。目前在中国国家政策方面，"海上丝绸之路"和"一带一路"是很重要的，关于海上丝绸之路，我想这里有很多专家，我就不多讲了，但是我们还是可以以一个商品链的概念把中国和世界联系起来。

学界有提出亚洲地中海的概念，我们可以看在这方面的研究中，澳大利亚的学者李塔娜，她本身就用"海"的概念，做越南、南海这一地区的研究，但是我想怎样把"海"这个概念运用到一个新的海洋的地区呢？在这方面也有很多研究，比如学者们是怎样通过不同

[*] 作者系澳大利亚昆士兰大学教授。

1986 年，杨国桢、黎志刚（左二）、陈明铼（左一）、范毅军于斯坦福大学

的商品，把中国和东南亚联系在一起。大宗的商品，比如燕窝，它怎么样把中国和东南亚连在一起；比如这些贵妃用的缅甸玉，他们消费的爱好，怎么把中国和东南亚连在一起，这在滨下武志教授参写的一本书里反映出来了。但在"海上丝绸之路"上有个很大的问题就是怎么把中国放在一个全球的视野，我的老师全汉昇教授提到过白银这个概念，在这个领域里也有非常多的学者，包括陈春声。白银怎样把中国与菲律宾、西班牙联系起来，比如菲律宾的研究；我们怎样用一个全球的视野，把中国与世界联系在一起，我们可以看到东印度公司、英国，用很简单的一个图，广州港怎么跟世界联系起来。商品是很重要的，目前我们研究商品怎么样跟海洋连在一起，西方的博物馆有很多的展览。这个就是我跟杨教授联系起来的商标，我们发现海洋中商品都有商标，我们可以从中国人日常使用的白银来看中国和海洋连在一起。目前这个方面也有很多研究，比如刘宏教授的三本书，比

如说五邑大学有一团队，他们做侨批的研究，怎样把移民的网络和仪式的网络连在一起。

我是关注大洋洲的，因为我住在大洋洲。我们看到中国香港和澳大利亚联系起来是要通过海洋的，可以说在 1880 年前后，我们已经看到澳大利亚一个港口的煤矿和中国有贸易往来。历史人类学的方法还是蛮重要的，教我们怎么去看这个地方，怎么收集资料。我对原来的广东省香山县很有兴趣，我到每个地方，第一个就是去看他们的同乡会、博物馆，然后在华侨史中也有很多相关的材料，包括电话簿、书信、坟墓。在澳大利亚的小镇里面，也有很多的书信，这些书信也可以反映澳大利亚的小镇与中国公司的联系。中山市是我比较有兴趣的一个研究，但是目前我在海外，最近在飞机场里有一本很流行的书，台湾地区的译本叫《强国不强?》，这个是柯伟林教授一本重要的著作，是他跟三个哈佛商学院的学者来做的。柯伟林教授在书中对中国商业史做了很深的研究，他也是以前费正清东亚研究中心的主任，做过很多中国的研究。我想王健林先生，还有很多的华商，他们是可以在海外发挥很重要的桥梁作用的。中国跟海洋的联系有很多的方面，我想华商在其中可以扮演一个非常重要的角色。比如在澳大利亚的黄金海岸，有很多的建筑是华商"带领"建造出来的。我非常感谢杨教授邀请我来到这个会议。

1689年长崎唐人屋敷（唐人坊）的设立

白　蒂*

首先，我要衷心地感谢大会组委会邀请我来参加庆祝杨国桢教授八十华诞暨"海洋与中国研究"国际学术研讨会，能够亲自前来厦门大学向尊敬的杨国桢教授祝寿是我莫大的荣幸，衷心地祝愿杨老师生日快乐！福寿绵长！

我向此次研讨会提交的论文题目是《16～18世纪日本长崎华人的国际角色》，由于发言时间限制，我在此谨向各位报告的是本人论文的最后部分"1689年长崎唐人屋敷（唐人坊）的设立"，并期待得到大家的批评指正。

一　长崎唐人屋敷设立的背景和动机

自1680年日本德川幕府的第五代将军德川纲吉当政以来，尽管幕府在统治结构和行政体制上，尤其是在农业改良和经济政策上推行了一系列新的举措，然而直到元禄时期（1688～1703），日本的文化虽然繁荣起来了，但生活成本也日趋昂贵，整个国家的经济平衡也无法维持，而且这种情况在长崎显得尤为突出。鉴于1684年（康熙二

---

* 作者系意大利那不勒斯东方大学教授。

十三年）清朝开放海禁，驶抵长崎的中国商船数量急剧增加，走私贸易屡有发生的势头，为防止金、银、铜等贵重金属的大量外流，德川幕府从1688年开始限定前来长崎港贸易的中国商船数量每年不得超过70艘（后降为30艘），并逐渐将中国商船的贸易额限定为每年6000贯。与此同时，长崎的华人人数也已多达9000人，约占长崎当地总人口的1/5。出于控制中国商船数量和限制长崎唐人活动的需要，幕府做出了将中国贸易商人集中在长崎一个特别划定的区域内的决定，以防止其从事走私贸易。长崎唐人屋敷（唐人坊，又称唐馆）由此设立。

1688年（元禄元年），德川幕府开始在长崎郊外的十善寺村御药园旧址建立唐人屋敷，作为中国商人在长崎逗留期间的集中居住地。从1689年起，所有前来长崎港贸易的中国商人在日本逗留期间，都必须入驻长崎唐人屋敷，并在这个集中居住区内完成他们所有的货物交易程序。幕府之所以对中国商船和商人采取这些限制性措施，主要原因有如下几个方面：首先是减少贵重金属的过度出口；其次是防止走私和非法贸易；其三是控制唐人（在日华人）的活动；最后也是最重要的目的，在于维持长崎的和平与稳定。

二　长崎唐人屋敷的结构与商贸交易程序

长崎唐人屋敷的面积约一万坪（30000平方米），周围设有围墙及岗哨，只有一个出入的大门和两个小门，是一个全封闭的区域，显然此举旨在将唐人与当地日本居民完全隔离开来。居住在唐人坊的中国商人除去官衙及寺院外，禁止随意外出他往。日本人除有关官吏、商人、翻译及妓女外，禁止他人进入。

在唐人屋敷（集中居住地）内，约有20栋楼上楼下两层的住宅楼以供中国商人住宿。楼上的房间较为舒适，通常预留给中国商船船长和地位较高的中国商人居住；楼下则提供给一般的船员水手居住。

根据 1705 年长崎官方的登记记录，有 2236 名中国商人和船员水手居住在唐人屋敷之内，这意味着平均每栋住宅里有超过 110 人居住。

长崎唐人屋敷是中国商人及船员水手在日本逗留期间的临时居住地，他们带来的丝绸、糖、药材、漆器、工艺品、书籍等货物商品亦须在唐人居住地内完成所有的交易程序，然而实际上整个交易过程相当漫长复杂。首先是主管贸易的长崎奉行的官员町年寄、町使，连同唐人通事一道检查货物和核对商品，而后从中挑选出最好且珍贵的物品作为礼品送到江户奉献给幕府将军及高级官员，并对所有商品继续登记，记录每一件商品的品级和价值，最后根据市场行情和政府规定对所有货物商品确定价格。当商品价格达成协议之时，还必须再准备一份准确的清单，列出与协议价格一致的商品货物，这是完成商品定价谈判和货物收购之前的最后一道必要程序。接着就是中国商人们在唐人屋敷里面等待着货款的偿付，如果长崎没有足够的铜货，那么中国商人们不得不等待更长的时间。当所有的交易完毕之后，为了能够在下一年度被准许再次前来长崎，中国商人在启程离开日本之前还必须获得日本官方颁给再次来日本的信牌（许可证）。

1698 年，长崎十善寺村海岸边上的仓库毁于一场火灾。到 1702 年，长崎奉行在唐人屋敷（唐人坊）前面的海中填筑一块新地兴建库房，作为中国商人堆放货物的仓库。从此以后，所有中国货物均积存于此，卸货验货程序也如同以往一样。如今，昔日的长崎唐人屋敷（唐人坊）已荡然无存，但新地则成为长崎中华街（唐人街），与横滨中华街、神户南京路并称日本三大中华街。

三　唐人屋敷内的唐人生活方式

我们可以想象，由于中国商人需要在如此拥挤的唐人屋敷（集中居住区）内逗留漫长的时间，所以有些富有的商人会花费更多的钱财以把他们居住的房间布置得更加舒适，甚至有些富商还花大价钱单独拥有两个或两个以上的房间。在唐人屋敷内，中国商人还试图复制与他们在中国家乡一样的生活方式，诸如生活习惯、典礼仪式，以及饮食起居等。在唐人屋敷的两个小门之外有一个市场，中国商人每天可以在那里购买海鲜、蔬菜及其他食品，这也是他们借以获得短暂离开唐人屋敷的些许机会。后来，日本官方对此进行了限制，只允许每天两三个人外出到市场上为整个唐人居住区采购食品。此外，在唐人居住区内也开设有店铺以供人们购买其所需的物品。

日本官方严禁当地日本人与唐人坊内的唐人有任何接触和往来，但允许娼妓出入唐人屋敷，如果中国商人愿意的话，娼妓还可以留住在唐人屋敷里面；如果怀孕生子，还准许在里面养育子女，惟严禁中国商人携带子女回中国。如唐人坊内有中国商人不幸去世，日本官方允许其安葬于长崎的唐人墓地。这一点与在长崎出岛的荷兰人待遇大不相同，因为荷兰人若在长崎出岛去世，其遗体必须运到日本之外，如运往巴达维亚（吧城）安葬。

在长崎唐人居住区内还有一座用以祭祀唐人神明的两层楼的土神堂，以及一座专门供奉天后妈祖的天后堂，这里通常是前来长崎的中国商人和水手祭拜他们的航海保护神的地方。实际上，当中国商船一旦驶抵长崎港后，船上的船员水手就会列队将他们船上供奉的妈祖神像移送到唐人居住区内的天后堂继续供奉。这一仪式给日本人留下了深刻的印象，因而在他们的绘画作品中描绘了许多与唐人生活方式相关的场景。当中国商人完成了所有交易事务准备启程回国时，他们就会将妈祖神像从唐人坊的天后堂中迎接回船上安放。这是中国商船离开长崎启程回国前的最后一个仪式，象征着他们祈祷来年再来长崎；同时也意味着他们此次在日本居留的结束。

随着1689年长崎唐人屋敷的设立，日本德川幕府的统治进入了一个新的时代，其不仅进行了一系列政治经济改革，而且对长崎的中国商人也实行了更为严厉的管控措施。到18世纪以后，日本与中国的贸易衰退，长崎的人口减少，德川幕府也逐渐摆脱了对中国进出口货物的经济依赖。长崎唐人屋敷（集中居住区）一直持续到明治时代开始，此时在东亚海域业已形成了一个全新的国际格局。

白蒂在大会演讲

乾隆年间棉花进口危机

松浦章*

在报告之前，首先祝贺敬爱的杨国桢教授八十华诞。杨教授几十年如一日教书育人，培养了一批又一批的优秀博士生，他们已经成为当今中国海洋史研究的中坚力量。同时，杨教授笔耕不辍，著作等身，对于中国海洋史研究的发展做出了杰出贡献，在世界海洋史研究学界也得到广泛赞誉。

我和杨教授初识于1985年。当时，杨教授在日本京都大学进行学术访问，我得到了杨教授的耐心指点，此后多年来，又多次和杨教授在学术会议上相见并交流。如今，我也像杨教授学习，培养了许多学生，从事东亚海域史研究。这次来参加会议的就有从我的研究科取得学位的杨蕾，她现在是山东师范大学的副教授，还有四位在读的博士生，他们都从事海洋史研究，都从杨教授的著作中汲取了丰富的学术营养。在此，我和我的学生，对杨教授表达深深的敬意，并祝杨教授健康长寿！

我这次的报告主要和海洋史研究中最重要的关键词——人、船、物有关，并以其中的"物"为切入点，讲一讲和棉花有关的问题。

在中国，利用麻和丝绸作为制衣原料的历史非常长，而棉布作为

---

* 作者系日本关西大学名誉教授，曾任关西大学东西学术研究所所长。

衣料被使用则是 10 世纪以后，尤其是明代以后才在全国普及。到了清代，生产于江南的高品质棉布曾经通过广州出口到欧洲，这些棉布，被欧洲人称为 Nankeen。由于棉布的生产需要大量的棉花，到了乾隆年间，中国需要从海外进口棉花。东印度公司曾经利用贸易船通过广州将印度棉花大量输入中国，这引起中国官员对贸易的担忧。于是上奏皇帝保护本国棉花生产，禁止棉花进口。但禁令之后，广州的棉花进口量不仅没有减少反而逐年增多。主要原因是印度棉花输入中国比输入欧洲获益更大，且中国的确存在巨大需求。

1987 年，松浦章与杨国桢

清末汕头通商口岸与跨国贸易网络

——以英国领事报告为中心

蔡志祥[*]

非常感谢大会给我这个机会，讲一些我的研究。认识杨老师，我记得是 1993 年在香港科技大学教书的时候。今天杨老师提醒我，其实我们 1985 年已经在东京见过面。那个时候是学生，所以可能对大教授有一些惶恐，不大敢接触。杨老师的记忆力，实在令人佩服。在东京大学的时候，我们有一个土地契约研究班，每个月都在读土地契约。这个读契约班，大概受杨老师影响非常非常大。回到香港以后，我进一步读了杨老师的书，尤其是研究明清土地契约问题的，所以写了两三篇关于土地契约的文章，也编了一本与土地契约有关的书。后来我想怎样超越杨老师，就尝试找一些新课题。所以我就开始商业史的研究，也编了一本与商业文书有关的书。但是杨老师跑得比我快很多。他做海洋史的研究，我就跟着他也做一些华南和海外华人的研究。今天我希望讲的就是用商品作为一个例子，看看华人商业的问题。

半年多前，大会问我要不要参加这个海洋史的会议，我一听就拒绝了，因为觉得我不是做海洋史的研究。但是他们跟我说这个是为了

---

[*] 作者系香港中文大学历史系教授。

庆祝杨教授八十大寿的会，我就想也没想就答应了。答应以后就很惶恐。写个什么题目呢？所以我就用了一个最懒惰的方法：分析一个文本。这个文本是 1860 年开始，英国驻汕头领事每一季，就是每三个月向英国议会提交的报告。报告分两个部分，一方面是一些关于出入口贸易的数字，另一方面是领事看到的关于汕头商业、社会的一些描述。我在英国驻汕头领事的报告里面，选了米作为切入点。和鸦片贸易不一样，米粮贸易与大英帝国和英国商人的利益关系不是很大。对于驻汕头的英国领事来说，在其每年的报告中有关谷米的报道，可以说是没有刻意增减的，因此，这一报告对理解汕头谷米贸易具有相当的客观性。我的论文从这个方向出发，通过汕头英国领事报告中有关谷米的部分，一方面讨论汕头开埠以来，生产、土地利用、价格等影响米粮贸易的因素；另一方面，从谷米贸易的不稳定性，探讨跨域贸易网络的形成。

我的文章分三部分。第一部分尝试解读 19 世纪末 20 世纪初汕头海关十年报告中的数字，从而知道 20 世纪前汕头不仅是谷米输入的地区，也是谷米输出的地方。谷米并非常年稳定的贸易商品。假如谷米是建立潮汕商人"香叻暹汕"贸易网络的主要商品的话，我们怎样理解这现象？

文章的第二部分进一步从驻汕头英国领事报告中关于谷米的报道部分，分析作为生计粮食和作为贸易商品的米在汕头的生产和消费情况，从而指出谷米的进出口和城市消费以及港口设施的密切关系。对进出口商人来说，谷米只是跨地域的整合性贸易的一部分。

第三部分综合英国驻汕头领事的报告，理解 19 世纪末以前谷米贸易是不稳定的、高风险的、低利润的。为了减低交易成本、增加利润，乾泰隆和元发行等主要的进出口商都横向、纵向地扩展他们的业务。因此，19 世纪中后期的从事进出口米粮贸易的华商，需要通过联号建立一个跨港口的贸易网络。从英国驻汕头领事的报告，我们大抵可以明白 19 世纪末 20 世纪初汕头的谷米进出口商，为何需要一个整合性的商业活动和贸易网络。

　　文章最后提出贸易策略和结构的问题。指出"整合"的商业的横向扩展活动，需要有效的、紧密建构的贸易网络。1934年以前的汕头提供了这一整合的、结构的商业网络的可能条件。19世纪以来潮州商人建立的贸易网络——香叻暹汕体系——联系了粮食的生产和消费地区，包括了人群流动的范围，同时整合了金融服务和贸易保障的制度。

　　最后，我希望用这个小个案，来回应杨老师的大视野。并且希望不断在杨老师的海洋史的大视野中，提升自己的研究。谢谢杨老师。

蔡志祥在大会演讲

闽南祠庙碑铭中的国际网络

郑振满[*]

　　很高兴，有这个机会祝贺杨老师的八十大寿。今天有很多来自国内外的朋友，可以说盛况空前。作为杨老师的学生，我们感到非常开心，也非常感谢来自各地的朋友。上午举办了杨老师主编的两套海洋史丛书的首发式，可以说是庆贺杨老师八十大寿的最好礼物，所以我们也很感谢出版社和会议的主办单位。很可惜，我跟杨老师读书的时候，杨老师还没有做海洋史，所以我对杨老师宏伟的工程没有贡献。今天借这个机会，我也想报告一下我们这几年做的一些工作，多多少少跟海洋史有关系。

　　我今天要报告的是，我们在闽南地区的祠堂和庙宇里面收集到的一些碑刻，发现了许多有关海外移民的资料。我们在闽南地区收集碑刻，是从1980年代开始的，是我和美国学者丁荷生教授一起做的。现在收集了四五千通的碑刻，一共出版了八本碑刻集。在我们收集的碑刻中，有三百多通是海外移民在老家立的碑刻，还有许多碑刻和海外移民有很大的关系。我们最初看到这些资料，觉得很意外，因为即使是在海禁的时代，闽南地区的海外移民跟老家一直都有很密切的关系。我们在官方的文献里，基本上看不到这种资料，可是如果到村里

　　* 作者系厦门大学特聘教授、民间历史文献研究中心主任。

面去，到家族的祠堂，到庙宇里去，就会看到很多的海外移民，他们会回来捐款、参加仪式活动，等等。这时候，我们就会想到，闽南人的生存空间，不仅是在中国，而且是在全世界。因此，我们研究闽南地区的历史，就应该有海洋的视野、国际的视野。

闽南地区和海外世界的联系，至少可以追溯至明代，可以说从明清以来就已经形成以海洋为媒介的国际网络。这是一个持续不断的历史过程，但是在不同的时代有不同的特点，可以看到一些明显的变化过程。大致说来，在明末清初，闽南人到海外属于季节性的谋生方式，他们并没有脱离原乡的社会文化网络，最多是在海外形成了同乡同族的群体。到了清代中期，海外闽南人形成了土生土长的"峇峇"群体，他们和原乡的联系是不稳定的，经常是隐形的。晚期民国时期，海外移民可以自由回乡，他们广泛参与原乡的各种公共事务，建立了多层次的国际网络。闽南地区现存的碑刻资料，清楚地反映了这一变化过程。

我们现在看到的比较早的资料，基本上是明末清初的，主要是顺治、康熙年间的碑刻资料。从清初顺治、康熙年间的碑刻看，那个时候海内外的联系是相当自由的。有一块碑刻，我记得是和常建华教授一起去看的，在漳州龙海角美镇的岱洲慈济宫，原来是村庄里的一个小庙。庙里原来有很多碑刻，后来被破坏了，现在重新竖起来，可是有些字已经认不出来。那次和常建华教授一起去看，认出了很多字，有很多新发现。其中有一通顺治五年的碑刻，谈到老家长期战乱，在菲律宾的老乡很紧张，然后有一百九十四个同乡筹款建立了一个基金会，专门用来维护老家这个庙的仪式活动。后来这个基金会不断发展，到乾隆的时候，他们做了一个决定，说我们的钱花不完，以后老家的人出来，需要买船票、办手续等，所有费用全部由这个基金会承担，也就是由这个庙来承担。附近有另外一个庙，就是现在很有名的厦门海沧青礁慈济宫，保存了一块康熙三十六年的碑刻。在那块碑刻中，谈到巴达维亚有十几个甲必丹，也就是当地的华人领袖，还有几十个保生大帝的信徒。他们说老家的庙毁掉了，要重建，但是没钱，所以当时在巴达维亚的这批保生大帝的信徒，就捐款回来建庙。在碑刻后面有一条特别有意思的记载，提到为了建老家的庙，他们决定把巴达维亚两年的缘金留下来，暂时不做仪式，先把钱拿回老家建庙。这两年的缘金一共有四百多两银子，可见当时在海外的信徒很多，每年做仪式的规模也是很大的。其实当地有相当多的庙，在清初都经历了类似的重建过程。附近有一个叫文圃山龙池岩的寺院，清初有一个住持和尚，为了重建这个寺院跑到爪哇，去了很多地方，筹了很多钱。他发现当地人很有钱，也很热心，就想留在当地，拖了很久都不回来。结果当地老乡把他赶回来，说你的钱已经够了，怎么还不回去建庙？等等。在那个时候，清朝对海外贸易的管理比较宽松，闽南有很多人经常去海外，也随时都可以回老家。

从康熙末年开始，到雍正、乾隆的时候，对海外移民的限制越来越多。最初是规定两年内必须回来，后来是放宽到三年内必须回来，如果超过期限，回来后会受到各种处罚。在清代的档案中，有不少案件是华侨回国后被告发，结果被抄家或者充军。所以这个时候有很多华侨在海外定居，开始形成相对独立的海外家族、同乡会，等等。比如越南南部的"明香社"、英属海峡殖民地的"峇峇"、荷属巴达维亚的"公馆"，等等，都是当时在海外定居的华侨群体，其中大多数是闽南人后裔。他们在海外建立了新的庙宇、祠堂、公共墓地，开始形成相对独立的社会文化网络，和老家的联系逐渐疏离。不过，当时厦门是合法的对外通商口岸，每年都有很多厦门人去海外，还有一些专门经营侨汇的"水客"和经常去海外化缘、做仪式的和尚、道士，等等，他们在东南亚各地来来往往，维持了海外移民与原乡的联系。我们在闽南地区找到不少清代中期的华侨碑刻，主要是捐款修建祠堂和庙宇的碑刻。比如，漳浦金鳌杨氏祠堂有一块乾隆四十六年的碑刻，记载族人杨景利在巴达维亚经商，乐善好施，经常资助老家的亲戚。他担心老家的祠堂缺乏祭产，特地寄回两千元，委托族人购置祭产，用于每年的春、秋二祭。海澄谢仓蔡氏祠堂有几通碑刻，记载了马六甲族人蔡士章和他的子孙捐款建立"祀典"的事迹。蔡士章是马六甲青云亭的亭主，他的子孙都是在当地土生土长的"峇峇"，他们虽然已经在海外定居，但为了祭祀自己的祖先，还是要回来捐款，维持和原乡的联系。我们还找到很多修建庙宇的碑刻，发现当时的主要捐款者是海外移民，甚至还有派人去海外募捐、筹款的记录。其中最典型的是厦门海沧一带的庙宇，在嘉庆、道光年间绝大部分有去海外募捐的记录。不过，当时海外华侨还不能自由回国，回老家做好事也不太敢声张，所以他们和原乡的联系是隐性的，通常要通过特定的代理人。

第二次鸦片战争之后，签订了中英、中法、中美天津条约，规定国民出入境自由，所以海外华侨可以随时回老家，甚至形成"两头家"的生活方式。晚清、民国时期，闽南很多祠堂和庙宇的董事会都有两拨人，一拨是老家的，一拨是海外的。有的时候是在老家有一个董事会，在海外有一个董事会。这一时期，海外华侨开始直接参与老家的公共事务，包括做各种公益事业，订各种乡规民约，开展移风易俗运动之类的。例如，晋江围头村有一块民国4年的《围江建屋碑记》，谈到村里人迷信风水，华侨回来盖不了洋楼，决定把村庄重新规划，建设华侨新村，还制定了很多建房子的新规则。民国25年，晋江池店的旅菲高登同乡会为了制止械斗，回乡组织了农会，树立了《废除强弱序》碑，还请石狮城隍爷回乡作证，等等。尤其重要的是，这一时期的闽南华侨遍布东南亚各地，他们和老家的祠堂、庙宇都有密切的联系，因此形成了多中心、多层次的国际网络。例如，光绪十二年厦门云顶岩的重修碑记，记录了新加坡、马六甲、加弼等地的200多名捐款者，还有300多名吕宋各地的捐款者名单。光绪二十二年厦门海沧青礁慈济宫的重修碑记，记录了石叻、香港、胜律、安南、廖内、暹罗、仰岗等地近千名捐款者和商号名单，其中最重要的捐款者是槟城五大家族。那么，这种以祠堂和庙宇为中心的国际网络，究竟是如何形成、如何运作的，这种国际网络对闽南侨乡和海外华人社会的影响，无疑都是值得深入研究的。

　　通过解读闽南地区的碑刻，我们可以很清楚地看到，从明末以来，闽南人一直都有去海外谋生的传统，和东南亚各地建立了密切的国际联系。当地的每个家族，每个村庄，基本上都是一部分人在国内，一部分人在海外。所以我们研究这个地区，不能只研究本地，还必须考虑海洋的因素、国外的因素。刚才黎志刚老师提到，在中国历史上，跟海外世界究竟是如何联系的，我们必须考虑货物、白银、船舶、人口流动，等等。其实还有一个很重要的因素需要考虑，那就是祠堂和庙宇。这就是说，我们做中国的海洋史研究，需要考虑社会文化的因素，需要研究如何通过祠堂和庙宇，把中国和海外世界联系起来。

2017 年 11 月，郑振满（右一）与李孝悌（右二）、刘志伟探望杨国桢老师

推动海洋研究，沟通中国与世界

隋福民[*]

非常荣幸能够来到厦门大学这么一个非常美丽的地方参加"海洋与中国研究"国际学术研讨会。本来是中国经济史学会魏明孔会长要来，但他刚好有一个别的重要事情走不开，因此，我就勉为其难地在这里谨以魏明孔会长的名义代表中国经济史学会做一个简短的发言。魏明孔会长也让我转达他对杨国桢先生的崇高敬意以及对本次大会的诚挚祝福。

我们知道，推动海洋史和海洋文化的研究，并在此基础上沟通中国与世界，对于建构中国的话语体系、增强中国的文化自信意义重大。党和国家对此也非常重视。习近平多次要求学术界加强中国历史研究、加强海洋研究、加强中国文化研究。杨国桢先生显然在这一领域做出了开拓性的贡献。杨国桢先生是从研究明清乡村社会经济史开始走上学术道路的。他最早研究过土地契约文书，后来在20世纪80年代，深感研究海洋社会经济史的重要，于是就将自己的学术研究重心逐渐移至中国的海洋研究上，并且在1996年率先提出了"中国有自己的海洋社会经济史"之学术思路。30多年来，杨国桢先生取得了丰硕的研究成果。《中国海洋文明专题研究》、"海洋与中国研究丛

* 作者系中国社科院经济研究所研究员、中国经济史学会秘书长。

书"、"中国海洋空间丛书"等相继出版，引起了学界和社会的广泛关注。

杨国桢先生认为海洋史研究应该以海洋为本位，这种"海洋本位"的研究方法为中国海洋史学研究奠定了牢固基石，也获得了国际史学界的积极呼应。杨国桢先生认为，"海洋本位"的研究方法需要把握住两个本位：其一，在地理基础上是以海洋空间为本位，要把握海洋活动流动性的特点；其二，在研究对象上要以海洋社会为本位，要突出海洋社会的核心是海洋活动中的人。把历史叙述的重心从大陆转向海洋，为历史学研究注入了新的活力，也有助于我们重新"发现"中国历史。

杨国桢先生在研究方法上还倡导"科际整合"，即打通不同学科之间的界限，让不同学科的资料和方法可以共享。这也是对厦门大学社会经济史研究历史传统的继承和发展。整合多种学科的资料和方法来共同推动中国海洋社会经济史和海洋文化的研究，这有助于我们在历史研究中构建多维视野，有助于我们在跨学科的融合中重新"解读"中国历史。

总而言之，杨国桢先生建立的以海洋为本位的思维模式以及打通不同学科界限的"科际整合"方法，对于中国海洋史学以及海洋文化和文明的研究具有重要的学术创新价值和现实指导意义。

讲好中国故事，包括讲好中国海洋故事。长期以来占统治地位的海洋话语体系是由"西方中心论"建构起来的，中国"海洋话语体系缺失"问题十分严重，我们的"海洋意识"到今天也依然有些淡漠。我们亟须积极建立以中国为主体的海洋话语体系。我们应该通过研究，发出中国的声音，让全世界人民能够重新认识中国。杨国桢先生及其团队在这方面已经做了很多积极的探索，并取得了莫大的成绩。时下，我们党和政府正在倡导进行"一带一路"建设，这"一带一路"就与海洋联系在一起。充分挖掘中国海洋的历史与文化资源，弘扬中华海洋文明的优秀文化基因，扩大国际交流与合作，表达和传播人类命运共同体理念，是我们当下学人义不容辞的责任。因此，我们这个会议也是恰逢其时，意义重大。

隋福民在大会演讲

杨国桢老师和清史传记编撰

潘振平[*]

　　十年前，我来参加杨老师七十寿诞，正值杨老师主持的清史项目初稿完成。我与杨老师认识已有三十多年，从 1985 年在福州召开的"林则徐二百周年诞辰纪念会"以后，一直有来往，深蒙杨老师的提携指点。近十五年来，由于杨国桢老师参加了清史工程，这种接触就更加地频繁。2004 年 3 月，我应戴逸老师的召唤参加清史工程的传记部分，一个月之后，中国史学会年会在西安召开，我即向杨老师请教，请他出面负责道光朝人物传记的编纂工作。

　　杨国桢在清史人物研究方面的成就，《林则徐传》就是最有力的证明。我认为他在清史项目的成绩主要有三个方面。一是重视史料。项目立项以后，他就马上组织学生搜集台湾"国史馆"传包相关人物的资料。但台北故宫博物院规定，传记不能全部复印，一次只能复印三分之一，这就对资料搜集造成很大困难。但杨老师团队克服困难，早于清史编委会规定时间的两年完成传包的搜集工作。对于其他史料，杨老师的团队也尽可能地搜集。如陈庆镛、陈金城的例子。二是重视合同、工作认真。现代大型学术工程的一大问题就是延期，无法在规定期限内完成。杨老师团队在他的严厉督催下，基本按照合同

---

* 作者系国家清史编纂委员会传记组组长。

规定的期限完成。在三十个传记项目中，最早提交全部初稿和资料长编。三是充分履行了项目主持人的职责，认真修改稿件。清史传记项目由于参加者众多，时间紧迫，许多主持人实际上是二传手，对成员的稿子没有做统一修改的工作。而杨老师花费大量时间审读其他成员的文稿，提出修改意见，甚至亲自动手修改补充，为此花费了大量时间。考虑当时杨老师已经全力以赴进行海洋史方面的研究，他加盟清史工程，当然是清史工程的荣幸，但也不可避免地会影响他在海洋史研究方面的投入，我真的怀疑当时自己的执着是否正确。

2004 年 11 月，潘振平（中）、罗明（左二）、赵珍（右三）与清史传记·道光朝项目组杨国桢、刘正刚、黄顺力、王荣国于厦门大学

2016 年 6 月，习近平主席对清史工程进行了重要批示：重视修史是中华民族的优良传统，对于传承文脉、资政育人、弘扬民族精神具有重要意义。清史编纂是一项重要的文化工程，中央对此高度重

视，寄予厚望，经过专家学者多方努力，现已取得重大进展，望加强统筹协调，坚持质量第一，加快工作进度，严格把关，精益求精，确保早日编出一部无愧前人、启迪后人的作品。

最后，祝愿杨老师心情愉快，身体康乐。

为杨国桢老师八十华诞献礼

陈　锋[*]

　　我提交的论文是有关清代海盐的生产管理，由于时间关系我就不放了，而且论文也印出来了，有兴趣的可以参考。我就借机讲另外一件事情。去年我接到这个盛会的邀请，一方面感到非常荣幸，另一方面也很纠结。纠结什么呢？纠结两个问题，一个问题是我对海洋史没有什么研究，怕写不出好文章来；另外一个，正值杨老师八十华诞，应该有所表示，应该带什么礼品给杨老师祝寿？当然我知道杨老师一向不收礼品，但八十华诞还是蛮隆重的，还是应该有所表示。另外在十几年前，杨老师亲笔写了一份东西，在我这里收藏，而且有几十位学者也在上面签名。这个收藏品就是一件契约。当时为在武汉大学举办的中国经济史年会，杨老师亲自撰写了一份契约，作为研究契约的著名学者写的契约，非常宝贵。同时，这份契约促成了经济史年会在武汉大学的成功举办，也说明杨老师作为经济史研究的前辈对中国经济史研究的重视、鼓励和关怀。我理所当然地应该带点东西给杨老师祝寿。后来想了半天，感觉有一件东西可以带来，我今天带来了，是这个贝币和龟币。贝币和龟币一方面与海洋有关，另一方面也与吉祥、钱财、长寿有关，寓意很好。选中了这个贝币和龟币后，我就想

　　* 作者系武汉大学历史学院教授、中国经济与社会史研究所所长。

同时写一篇文章，有关上古时期的龟币和贝币，结果写了半年多，没有写出来，但是有点感想。我在解说完礼品后，会讲一点我的想法，请各位专家指正。

陈锋在大会演讲

　　我带来了八九件贝币和龟币，其中有商周时期的绿松石仿贝币，尺寸很小。另外有比较晚一点的贝币，带了一件，我估计应该是战国到汉代的。另外龟币就比较有意思了，就是这个龟币，到目前为止，关于绿松石贝币和龟币，博物馆里没有展出过。民国年间，"民国四公子"之一的张伯驹先生曾经收藏过一枚铜仿贝币，视为珍品。现在铜仿贝币太多了，也有玉贝币，但绿松石的很少。王莽币制改革时曾经制作过四种龟币：元龟、公龟、侯龟、子龟。关于龟币，我认为没有用龟做币的，都是以龟的形态用玉或金等做币，绿松石也是玉石的一种。但是贝币就不太一样，有原始的经过加工的贝，这个在博物馆很多，铜仿贝币、玉仿贝币、绿松石仿贝币也不断出现，包括楚国的蚁鼻钱，我认为也是一种铜仿贝币，上面的纹饰所谓类似"蚁鼻"，没有多少道理。在中国传统文化中，任何纹饰都有其寓意，"蚁鼻"寓意什么呢？我认为所谓的"蚁鼻"是一种文字或符号，需要重新释读。这其中还有很多问题值得探讨，包括贝币的单位、大贝与小贝的兑换关系、龟币和贝币的兑换关系，等等，还搞不太清楚。贝币的单位是朋，这个"朋"的数量是多少？现在一朋有十个贝、六个贝、五个贝、三个贝之说，但到底是多少没有定论。《汉书·食货志》记载"元龟"值"大贝十朋"，说明贝币本身是有大有小，有"大贝""小贝"之分，就现在的收藏来看，仅绿松石仿贝币就有多种尺寸，最小的是一厘米左右，最大的则有四五厘米。这也说明龟币与贝币存在着兑换关系。像这些问题，我觉得都值得研究。我碰到中央财经大学孙翊刚老师，他对先秦货币制度有研究，认为这些问题非常值得写，但是我用了半年之久搜集资料和参考前人的成果，没有成文。资料太有限了，而且之前的新老专家写的有关货币史的东西，也存在诸多疑问。龟币与贝币不但值得财政史、经济史学者探讨，也值得海洋史学者探讨，借这个机会向与会的专家请教，同时也把绿松石龟币、贝币作为寿礼，赠送给杨老师，祝杨老师八十华诞愉快！

绿松石龟币、贝币

杨国桢教授的学术贡献及其启示

刘进宝[*]

  非常高兴能够参加杨先生八十华诞这个纪念会！我对厦门大学能够举办这样高规格的会议也感到非常高兴！

  我知道杨先生的大名是在 1980 年代。我是 1979~1983 年上的大学，那个时候学术界研究的热点之一是中俄关系史，我当时就看过杨先生的《林则徐传》、来新夏先生的《林则徐年谱》，其中谈到林则徐被流放到新疆后，到伊犁考察，后来提出"终为中国患者，其俄罗斯乎！"那时候就知道了杨先生。杨先生真正让学界刮目相看，是 1986 年被评为第三批博士生导师。因为大家知道，1981 年、1984 年、1986 年这三批博士生导师，人文科学方面都是年龄比较大的。当时年龄在 50 岁以下的中文、历史学科的博导，只有三位，杨先生是最年轻的一位。杨先生是 1940 年出生，当时只有 46 岁。国务院学位委员会当时批准杨先生作为博士生导师，就是对他前期工作的肯定和承认。在这一个阶段，杨先生已经从林则徐研究转向明清契约、明清文书研究，后来又转向海洋史研究。几十年来，杨先生从林则徐到明清契约、明清经济再到海洋史研究，不断开拓新的领域，而且能够站在国际学术前沿。那么我们再

---

  * 作者系浙江大学历史学系主任、教授。

看一看杨先生留存下来的东西，他的东西是能够经得起时间检验，能够留存给后代的。

我们现在处在一个功利化、浮躁的时代，人们都变得更实际、更实在、更实惠了。像杨先生这样全身心投入，把一生都献给学术的学者，可能是极少极少了。有时候我在想，老一代学者的退休、离世，不仅仅使我们失去了学业上的老师，更重要的是使我们失去了精神上的导师，使我们在为人、治学、做人、做事方面缺少了楷模。正是在这个意义上，杨先生的存在本身就是史学界的一个奇迹，厦门大学应该为拥有杨国桢教授而感到光荣、骄傲和自豪。在这里我盼望杨先生健康长寿！

我们可以把杨先生作为现代学术史上的一个个案进行研究探讨，这可能也会是以后史学界，尤其是现代史学史方向的一个研究题目。

我今天演讲的题目是《关于李希霍芬对"丝绸之路"命名的辨析》，由于时间关系，我简单说几句。我原来做敦煌学，后来也转向做一些"丝绸之路"的研究。关于"丝绸之路"这一个命题，说李希霍芬首先提出来，这是对的。但李希霍芬并没有专门研究"丝绸之路"，他也是偶然、无意间提出这一概念的。但是学界普遍认为李希霍芬首次在《中国》一书中把从公元前127年到公元前114年，连接中国与河中地区，以及印度之间，以丝绸贸易为媒介的这条西域交通路线，称为"丝绸之路"。我见到的四种相关研究论著，都注明是引自李希霍芬1877年出版的《中国》第1卷第454页。后来的研究者也没有做进一步的考订工作，基本引用日本学者长泽和俊或中国学者林梅村的著作。但是我因为想探源这个问题，找到了李希霍芬的《中国》第1卷，结果第454页根本没有出现这一段内容，甚至连"丝绸之路"这一个词都没有出现。后来再找，只有在第496页出现了"早期丝绸之路中这一条路径"的记述，而且全书只出现了这一次，也根本没有上文提到的那些内容。李希霍芬当年在中国东部考察以后，想去西部考察，到达陕西以后，因为当时的国内局势问题，没有到达甘肃和新疆。他在《中国》第 1 卷中还绘制了一幅中亚地图。在这张地图上，他用加粗的红线画出了一条基本上笔直的"丝绸之路"，但与"丝绸之路"的实际走向并不符合。因为李希霍芬并没有到达甘肃、新疆考察，他叙述和记载"丝绸之路"的材料主要是文本而非考察和考古，他想修建一条铁路，所以把古代中西交通的贸易路线也想象成一条直线。

李希霍芬在这个书里面没有提及"丝绸之路"的具体内容，以后他曾经做过一个演讲，演讲中提到了"丝绸之路"的概念，后来是德国学者赫尔曼把李希霍芬的观点做了引申和解释。因为《中国》一书有关中西交往的篇章是从第 454 页开始的，所以长泽和俊等学者就直接注明是引自李希霍芬的《中国》1877 年版第 454 页，从而造成了误会。

2004 年 11 月，杨国桢访问南京师范大学，刘进宝（右一）、
李天石（左二）、周裕兴陪同夜访江南贡院

"海洋与中国研究丛书" 新书首发式

"海洋与中国研究丛书"推介

邱少华[*]

很高兴今天我们在学术底蕴深厚的厦门大学相聚，共同出席"海洋与中国研究丛书""中国海洋空间丛书"首发式，在此我谨代表江西高校出版社向与会的各位专家学者、同人，及众多媒体记者表示由衷的感谢！

中国是一个大陆国家，也是一个海洋国家。中国建设21世纪海上丝绸之路的蓝图举世瞩目。海上丝绸之路与海洋文化研究是历史课题，也是现实课题。作为历史课题，这项研究已成为历史学的一个专门的学术领域。作为现实课题，21世纪是海洋世纪，中国自中共十八大做出建设海洋强国重大部署之后，经略海洋进入了新的阶段。习近平总书记指出，我国既是陆地大国，也是海洋大国，拥有广泛的海洋战略利益。经过多年的发展，我国海洋事业总体上进入了历史上最好的发展时期。这些成就为我们建设海洋强国打下了坚实的基础。我们要着眼于中国特色社会主义事业发展的全局，统筹国内国际两个大局，坚持陆海统筹，坚持走依海富国、以海强国、人海和谐、合作共赢的发展道路，通过和平、发展、合作、共赢方式，扎实推进海洋强国建设。所以，关于海洋领域的研究具有很强的时代性、前瞻性、科

---

* 作者系江西高校出版社社长。

学性、创造性和必要性。

由我社出版的"海洋与中国研究丛书",是在原来"九五"国家重点图书"海洋与中国丛书"(共 8 册,获第十二届中国图书奖)、"十五"国家重点图书"海洋中国与世界丛书"(共 12 册)基础上修订、新增、删减而成的,是全面呈现我国史学界研究中国海洋社会经济史和海洋人文社会科学成果的鸿篇巨制。

新版"海洋与中国研究丛书"(共 25 册)不仅深化了研究,也调整了丛书结构,加入了新的史料,发展了新理论,扩大了规模。该套丛书与当前"一带一路"的倡议相切合,对当前"一带一路"的实施具有理论意义和历史借鉴意义。其中新增的《瀛海方程——中国海洋发展理论与历史文化》《海天寥廓——明清中国沿海社会与海外移民》《东溟水土——东南中国的海洋环境与经济开发》等 10 册图书入选"十三五"国家重点出版物规划项目。

关于我们为什么要策划这套丛书,我想借用丛书总主编杨国桢教授在总序中的一句话:"中华民族面临复兴海洋发展的机遇和挑战。贯彻、落实海洋发展的基本国策,重振海洋大国的雄风,不仅是海洋界、经济界和政府部门的事情,同时也需要人文社会科学界的积极配合。"这样的高尚情操,这样的为国分忧气节,是非常具有感染力的。

"海洋与中国研究丛书"立足于海上丝绸之路与海洋文化研究,从时间和空间两个维度展示了数千年来中国海洋文明波澜壮阔的历史。它不同于以往单一层面的研究,而是以专题方式,由点带面,内外兼顾,宏观上对海洋文明的概念、基本形态、海洋人文社会科学及其理论方法展开系统的理论思考;微观上就海洋社会、海洋经济、海洋文明、海洋文化、海洋国土、海洋贸易、海洋交通、海洋移民等方面,多层面、广视角地探讨了中国海洋的政治史、社会史、经济史、文化史的前沿问题,客观地还原了不同时期海洋文明的历史面貌。

　　"海洋与中国研究丛书"全面梳理了海洋人文社会科学的兴起，细致解析了中国海洋文明的概念，其中既有对海洋文明历史的深刻思考，也有对现实问题的高度关怀。

　　"海洋与中国研究丛书"的核心价值在论证、阐释、弘扬东方的海洋文明、海洋文化。现代海洋亚洲的兴起，从亚洲"四小龙"，到中国、印度、东盟，迎来了亚洲海洋文明复兴的光辉前景。

　　可以说，这套丛书具有鲜明的时代性、科学性、前瞻性和创造性，它不仅在诸多理论上进行了有益探索，而且对于构筑中国海洋史学术体系、丰富海洋文明史的学术内涵、推进我国海洋经济发展、维护我国海洋权益等方面都有着十分重大的意义。

邱少华在大会演讲

　　"自强不息，止于至善。"这套丛书在我看来已经具有相当的学术水平和科研价值。我相信它的出版将有助于提高社会对中国海洋发展重要性的认识，进一步营造关心、支持、投入海洋发展的人文氛围,更好地响应"一带一路"倡议。在此,江西高校出版社再次感谢各位作者的信任和支持,同时向丛书总主编杨国桢教授、丛书特约编辑陈东有教授表示由衷的敬意,向所有参与这套丛书的编辑人员一并致以诚挚的感谢!

最后,祝"海洋与中国研究丛书""中国海洋空间丛书"首发式圆满成功!祝杨国桢教授生日快乐,身体健康!也期待这两套丛书走向国际,焕发出日益蓬勃的生命力和巨大的影响力!

用"科际整合"方法构建海洋空间体系

高朝君*

一元复始龙增岁，万物生辉燕报春。值此春回大地、万象更新之良辰，我们迎来了杨国桢教授八十岁寿辰，我代表海洋出版社祝杨先生福如东海、寿比南山、日月昌明、松鹤长春！也顺祝各位嘉宾心想事成、万事如意！

一个国家、一个民族的强盛，总是以文化兴盛为支撑的。党的十九大报告提出，坚定文化自信，推动社会主义文化繁荣兴盛，海洋文化是社会主义文化的重要组成部分。杨教授多年来充分发掘我国海洋的历史与文化资源，弘扬中国海洋文明的优秀文化基因，著书立言，孜孜以求，以海洋发展为本位，对我国海洋历史文化研究做了富有建设性的学术探索。近日，由我社出版的"中国海洋空间丛书"，即杨教授与他的弟子历时四年完成的又一批新作。

党的十八大报告做出建设海洋强国的战略部署；十九大报告提出，坚持陆海统筹，加快建设海洋强国。在这一战略思想的引领下，2016 年，《中华人民共和国国民经济和社会发展第十三个五年规划纲要》提出拓展蓝色空间的新命题；在今年的 2 月 12 日，联合国教科文组织政府间海洋学委员会和欧盟委员会，启动了全球海洋空间规划

---

* 作者系海洋出版社文化社科中心主任。

项目。该项目收集和管理海洋数据和信息，促进合理开发海洋资源，有效利用海洋空间，推动蓝色经济发展。海洋空间规划，成为当今国际海洋交流与合作的热点领域。在这一历史背景下，我国发展海洋经济，拓展蓝色经济空间，首先要搞清楚我国的海洋空间在哪里，我国的海洋空间是如何发展演变的，我国的海洋资源空间现状如何，我国的海洋空间如何拓展等一系列命题，"中国海洋空间丛书"在四年前就确定了选题，可以说具有时代的前瞻性。

丛书以"过去·现在·未来"的时空布局，给出了上述问题的科学答案。丛书运用人文社会科学"科际整合"的方法，按照人类开发、利用海洋的广度与深度规律，开展海洋对国民生存的历史影响和未来改变的理论研究，构建新的海洋空间体系。丛书以海洋社会学的角度，诠释我国独特的政治制度、社会制度和国情文化，为合理开发利用海洋、发展海洋经济提供了理论支撑，为海洋强国助力。

丛书分为四册，各册相互独立又彼此联系。《中国海洋空间简史》一书，打破王朝体系，根据中华民族海洋发展各阶段特征，将我国海洋空间划分为东夷百越时代、传统海洋时代、海国竞逐时代和海洋复兴时代四个时段，探知海洋空间发展演变规律。《中国海洋资源空间》和《中国海洋权益空间》立足现实，对我国海洋资源空间的现状、海洋资源空间的开发和拓展做了全面的解读，指出我国海洋权益空间之所在，论述我国维护海洋权益的伟大实践。《中国海洋战略空间》对我国海洋战略发展和走向做了分析，发出了各国共享海洋空间的倡议。

丛书从人类生存空间的角度诠释海洋，打通了海洋自然科学和人文科学之间的隔阂，填补了我国海洋空间整体研究的空白，对提升海洋强国软实力提供了必不可少的支撑。期待本套丛书能给读者带来新思路、新收获、新启发，为我国海洋空间规划、开发与管理提供借鉴。

高朝君在大会演讲

万顷纵我一苇如

陈东有[*]

今天，我们大家在此为杨国桢先生新主编的两套大型丛书——江西高校出版社出版的"海洋与中国研究丛书"与海洋出版社出版的"中国海洋空间丛书"举行隆重的首发式。这两套丛书的出版，再加上2016年杨先生主编、人民出版社出版的《中国海洋文明专题研究》，不仅告示学界前辈同人和广大读者，杨国桢先生近三十年来一直倾心的中国海洋人文社会科学研究有了更多独特的丰硕成果和不断深入的发展，一直坚持有关重视中国海洋人文社会经济史的研究和建立中国海洋人文社会学科的呼吁正在成为现实，一直努力培养的中国海洋人文社会学科队伍开始形成，而且为发展中国海洋人文社会科学学科、构建中国海洋话语体系奠定了良好的基础，为人们正确认识中国海洋的过去、今天和明天，为中国海洋的发展与人类命运共同体理论的建设及其实践的发展贡献了丰富的智慧。作为杨国桢先生的学生，作为在杨国桢先生带领下的学术团队中的一员、一名作者，为能够在杨先生的指导和带领下，参与这一具有重大意义的学术研究，感到由衷的喜悦和激动。同时，也深感自己的责任和担当。

---

* 作者系南昌大学教授、江西省委宣传部原常务副部长。

今天，面对不远千里万里莅临的国内国外学术前辈，面对给予了热情的关心和大力支持的各位专家和出版界的朋友，我谨代表全体作者表示最衷心的感谢和最崇高的敬意。在这个时候，我们倍加珍惜各位先生的学术关怀，倍加珍惜各位同人的学术鼓励，更加体会到尊敬的杨国桢老师开辟出一条学术新路的重大意义及其艰辛不易，更加珍惜我们大家在学术探索道路上的每一步脚印。过去的三十年，尊敬的杨老师从自己潜心独自研究中国社会经济史和区域海域社会经济发展史到放开眼界观察今日世界，从研究与民族命运密切相关的历史伟人到研究与民族命运密切相关的海洋问题，从个人著书立说到在国是会议上多次呼吁，从个人奋发努力到带领一个团队奋斗，从数本专著到数十本专著和若干套丛书，既可谓坎坷曲折、筚路蓝缕，又可谓硕果累累、影响巨大。

如果我们仔细拜读杨国桢先生在新出版的"海洋与中国研究丛书"中写的总序，我们就能更进一步了解杨先生执着的学术追求、博大的学术格局和坚定的责任担当。在这篇总序中，杨先生把先后三套丛书的主编思想表述出来，概括了他自己对重大学术问题的思考，我们可以看作他关于海洋人文社会科学构建的思想过程。当然，我们每一位学生、每一位作者也可从中看到，这也是我们接受杨老师的学术指导，写成自己的专著，并成为这个团队一员的学术成熟的过程。

20 世纪的 90 年代，也就是 20 多年前，正是我们大家跟随杨老师探索中国海洋社会经济史的初创之时，杨老师已经对中国海洋人文社会科学思考并研究了多年，他有一个预测："21 世纪将迎来海洋大发展的时代，世界各国都在调整自己的海洋发展战略，力图在新世纪抢占海上竞争的制高点。"今天，当 21 世纪已经走过约 1/5 时，我们看到，这是一个十分准确的预测。对于杨老师来说，这个准确的预测早就成了他决定从事发展中国海洋社会经济史研究的动力。

杨老师的学科建设思想首先的意义是学术层面的，是杨老师对中国海洋人文社会科学发展的贡献。在他的思考和学术实践中，既有对当时中国海洋研究的现实批判，更有对中国海洋研究学科的建设性意见。而我们这个团队正是在这种学科建设思想的奠基中起步，正是在这样的学术话语环境中学习和讨论我们这个团队关心的问题，这也正是杨国桢学术团队的灵魂所在。

　　三十多年如一日，多么不容易，然而这又只是一个开头。因此我们这个团队更应该领会杨老师的这样一句话："我们深知，上述内容在中国海洋历史文化领域还仅是沧海一粟，要完成最初的构想还任重而道远。"这句话绝不仅仅是谦虚谨慎，更是自知之明，是实事求是，是一位学者博大的学术胸襟和永远的追求。此刻，我又想到了我们每一位厦大人都熟知的校训："自强不息，止于至善。"

1999 年 11 月，陈东有与杨国桢老师在南昌大学

海洋万顷虽无垠，纵我一苇踏风浪。

我们向尊敬的杨国桢先生致以崇高的敬意和衷心的感谢！

并祝我们亲爱的老师八十寿诞生日快乐、健康长寿！

我们要谢谢培育我们成长的厦门大学！

我们要谢谢多年来一直支持我们的江西高校出版社！

我们要谢谢多年来一直支持我们的海洋出版社！

我们要谢谢给予我们倾情关心、指导和帮助的各位前辈、同人！

谢谢！

活动纪事

攻读研究生，是我们共同的经历，同学少年，青春的时光，我们追逐梦想，追逐爱情，决定了人生所走的路，和导师结下不解之缘，留下美好的回忆。一生知己又重逢，致敬老师八十华诞，"海洋与中国研究"国际学术研讨会再续前缘，喷发出激情的火光，演绎出华丽的篇章，成为人生一段美好的珍藏。和海内外著名学者的互动，也是学术史上的一段佳话。为此，特邀同门师兄师姐师弟师妹，每人从筹备、出发、抵达、相逢、相聚、离别中选择自己最值得回忆的时刻写一段或一篇感想，整理出来作为纪念。

一

2018 年 6 月，滨下武志先生"十年后再聚首"的约定正如期而至，组建承载这一约定的"海洋与中国研究"国际学术研讨会组委会及会务组适当其时。会议的筹备工作主要由会务组承担，分国内、海外两条"战线"配合联动，共襄盛举。

十年后再聚首

王日根

2019 年 3 月 30～31 日，厦门大学人文学院与中山大学历史学系联合举办盛大的"海洋与中国研究"国际学术研讨会。对于在杨国桢先生门下攻读博士学位的历届同学和再传弟子来说，这项活动具有特别的意义。早在十年前，我们借着给杨国桢先生七十初度贺寿的契机，发起并召开了"庆贺杨国桢教授治史五十年暨清史道光朝传记纂修研讨会"，相聚于芙蓉湖畔，"共忆海角情缘"，向厦门大学和杨先生的培育表示敬意。会上，滨下武志先生倡议十年后再聚首，得到大家的一致赞同。在那以后，一年又一年，大家一直期待着。这也成为老师和师母重要的人生期许。

　　两年之前，2017 年，江西高校出版社策划将杨老师往年主编出版的"海洋与中国丛书"和"海洋中国与世界丛书"修订再版，并吸纳丛书外一些绝版的书和新著合编为一套 25 册的大型丛书时，陈春声、郑振满、陈东有等学长倡议，利用这套丛书出版的机遇，筹办一次大型的国际性学术讨论会，汇聚国内外一流学者，回顾中国海洋史研究的发展历程，展望未来的海洋史学科建设，且一并为杨先生恭祝八十华诞。这一倡议得到厦门大学人文学院和中山大学历史学系的鼎力支持，会议筹办被提上日程。

　　一年之前，2018 年 6 月，正式组成了大会组委会，主任：朱菁；委员：王炳华、王日根、郑振满、张侃、林枫、陈春声、陈东有、谢湜、邱少华。下设由王日根、张侃、林枫、陈瑶组成的会务组。陈瑶为总联系人，先后征召博士研究生陈辰立、段芳、叶再兴、陶仁义、方圆、赵红强、胡舒扬、徐慕君、于帅、牛震宇，硕士研究生王磊、洪钰琳、何子沐、贾毅、杨丰宁参加各项会务工作。

　　首先是发出预邀请函，征集意见。参照 2009 年开会的时间 3月 21～22 日，即杨老师 23 日生日前的周六和周日，初步决定2019 年的会议时间为 3 月 23～24 日，亦是周六和周日。但由于一些同学有其他重要的事务，建议延期以便参加，杨老师期望找到一个让更多弟子都方便的时间，这样举行的再聚首才更加圆满，最终定为 3 月 30～31 日，恰巧较杨老师的生日晚了一个星期。7 月 26日开始正式发出会议邀请函（第一号）。接着，通过网络向教育部国际交流与合作司提交国际会议申请，并赶在会议召开前走完了一切程序。

　　为了更好、更全面地筹办此次国际会议，大会的筹备工作分两线进行，国内会务联系工作主要由厦门大学历史系陈瑶负责，海外联系工作由美国华盛顿大学历史系陈博翼负责。

会议筹办历程　见识无常人生

陈　瑶

2018 年 6 月 29 日，系里领导宣布本系将于 2019 年 3 月 30～31 日与中山大学历史学系共同主办"海洋与中国研究"国际学术研讨会，以庆祝杨国桢教授八十华诞。我收到系里草拟的会议邀请函（第一号）草稿一份，很荣幸地被列为会务联系人之一，由此参与到大会的筹备工作中。在杨老师的全程指导下，王日根老师、张侃老师、林枫老师、我与内援陈辰立、外援陈博翼等师友一起，体验了一把在新时代筹备举办国际学术会议的整套流程。就我个人而言，除了筹办过一次十多位青年学者参会的"中国水域史工作坊"，这是我第一次参与筹办大型学术盛会，压力很大，一脸懵懂。

收到会议邀请函（第一号）草稿当天，我就申请了 oceans2019@qq. com 作为会务邮箱，向会议组成员发出第一封邮件，就邀请函文本、回执项目、拟邀请境内外学者名单等内容征询意见。会议事务自此进入正式流程，oceans2019 也自此成为我与博翼、辰立的小号，每天必登录数次，收发邮件，处理各种会务事宜。

2018 年 7 月 16 日开始，我们陆续向杨老师初拟的邀请学者寄出会议邀请函（第一号）正本，一直到 8 月初，总共寄出 80 多封邀请函，加上杨老师通过电话、微信、邮件等各种方式联系的学界老友和杨门子弟，陈博翼联络的海外学者，我们初步估计会议规模大概在 150 人。我虽然参加的学术会议屈指可数，但看过不少学术研讨会的议程，组织举办如此大型的会议，在新时代的中国仍是凤毛麟角。

oceans2019 邮箱每隔一两日都会收到各方积极支持的回音。8 月 24 日、25 日，我们再次发送邮件提醒各位学者会议信息。至 9 月底，大多数受邀者回信表示希望参会，或者时间容许的话一定参会并提交论文。松浦章教授提出希望带几位自己的博士生来参会学习。

经过 10～11 月准备会议材料、确定参会学者名单和信息，我们初步完成在"中国教育系统学术会议云平台"上提交材料的工作，并同时在校内 OA 系统中提交材料。进入教育部审核流程和完成校内流程后，杨老师确定会议名称为"'海洋与中国研究'国际学术研讨会"，并命我于 12 月 4 日向拟邀请学者投寄第二号会议通知。各位老师都一一回复并发回回执、发言稿甚至整篇论文。还有一些学者是直接与杨老师联络，寄送回执或口头回复定来参会。

令人颇为唏嘘的是，12 月 6 日中午 1 点 5 分，我们收到马来亚大学原中文系主任苏庆华教授（他称杨老师为乡前辈）的回复："承蒙发来厦门大学'海洋与中国研究'国际学术研讨会第二号通知函，非常感谢！惟庆华未克前来参加会议，谨此致歉。预祝会议于明年 3 月成功举行。"遗憾的是，2019 年 1 月 25 日，我们在微信公众号上得知苏教授已于 22 日过世的消息，恍若隔世。曾玲老师悲痛地向杨老师转告了这个消息。

2019 年元旦，师友们纷纷给杨老师发贺信，王子今、王国斌、刘宏、苏基朗、赵珍、潘振平、科大卫、魏明孔、龙登高、陈锋、范金民、苏智良、李庆新重申一定参会。苏基朗来信说："国桢教授：承邀请出席贵校主办的盛会，不胜荣幸。届时又得再面聆教益，乐何如之？现在适从美国华府启程回家，一俟安顿下来，马上酌定发言大纲呈上。"科大卫来信："我一定参加，也已经把报告写好了。我现在在牛津。还是在以前住的房子。过两天回香港，届时把题目寄上。"魏明孔来信说："非常荣幸得到先生的邀请。先生系学界泰斗，能够参加先生庆寿活动，是后生的荣光！我一定参加盛会。"龙登高来信说："久仰您的道德文章，受益丰厚。惜很少有幸亲炙教泽，但与您的不少弟子相交甚密，也有所收获和开悟。先生八十华诞学术会议，历史学人心向往之。感谢先生与组委会惠赐学习的机会，不胜荣幸。当协调好时间与会，向您祝寿，并面聆教泽。"

宋怡明来信说不能确定："杨老师好！祝您新年快乐。目前还不能确定能否参加 3 月 30 日会议。3 月份哈佛校长要去中国，大概会让我陪同。具体时间安排一面要看校长，一面要看中国领导的时间安排。因此恐怕不会很快做最后决定。但是无论如何，除非时间完全配合，参会大概很困难，因为下个学期也要上课。很抱歉，请原谅。"葛剑雄表示无缘躬逢盛会："自去年收到会议通知后，一直在期盼三月的盛会，聆听先生高论，敬申贺忱，恭祝华诞。惟年前接文化旅游部对外联络局公函，通知参加 3 月 27 日至 4 月 2 日在德国和西班牙举办的国际汉学座谈会，并准备两次报告。校方以国家任务不能推却，要求确保。我询问对方日程是否最后确定，今日有回复称日程已定，不日当有批文下发，故已无调整日程得以两全之冀，无缘躬逢盛会，不胜歉疚，抱憾何如！身不由己，尚祈恕罪。"

　　2019 年 1 月 9 日，临近寒假，考虑到一开学就距离会议时间很近了，王日根、张侃、林枫老师召集我、陈辰立以及于帅、赵红强、段芳、牛震宇、胡舒扬、王磊、洪钰琳等开会，组建会务组，初步进行工作分配安排。根据会务安排，王日根、张侃和林枫三位老师负责最重要的工作：邀请校领导、筹集和确认经费、走校内会议流程。我主要继续确认参会名单和催收论文，计划 1 月 22 日、2 月 20 日通过邮件提醒各位参会学者提交论文，确定最终截稿日期为 3 月 10 日；于帅、赵红强、王磊、牛震宇、胡舒扬、洪钰琳分组协助催交论文。陈辰立负责安排接送航班，除了赵红强、于帅、王磊、牛震宇，后来叶再兴、贾毅、杨丰宁等系里硕博士生也加入了会务组。陶仁义、于帅、赵红强、牛震宇、王磊、叶再兴等承担布置会场的工作。段芳、徐慕君、胡舒扬、洪钰琳等确认住宿和承担接待任务。林枫老师带着方圆、何子沐收集发言稿、翻译英文稿、编辑论文集。张侃老师还细心地提出设立保健组，请一位医生驻会。为了这次会议能够平安顺利进行，一众师友在人文学院 317 室民间历史文献中心热烈地讨论了一个晚上，献策献计。

　　在 1 月底的催稿后，数位老师在农历新年期间仍然坚持写作，完成万言专论寄到会务信箱，令人感佩。有时收到某位老师凌晨寄来的文章，这种勤奋专注的精神，更是为我和会务组同学上了生动一课。

其中令我们师生都很有感触的是中山大学历史学系章文钦老师。章老师在奔波澳门开课的同时，还专为本次会议撰写文章，多次与我电话联系倾谈文章进展和近期的活动，表达十分重视这次会议。有两三个月时间，章老师勤力写作，手撰文稿两万余言，在会议要求的交稿期限之前快递给我和杨老师。厚厚一沓手稿，足现章老师与杨老师情谊之重。然而可惜的是，临近会议，章老师因事无法亲到现场。

过完新年回到学校，师友们开始紧锣密鼓地筹办会议的具体事务。王日根老师、张侃老师、林枫老师多次联系学校领导，筹集会议经费。我与会务组同学开始行动，各自与应承参会的老师们联络，一方面确保发言大纲和论文能及时寄回，以便林枫老师他们编辑会议论文集；另一方面是要确定参会老师的往返行程，便于安排接待和住宿。一些学者由于各种原因不能前来，他们都通知会务组或亲自与杨老师联络说明原因。1月31日，安乐博来信说，三月底四月初需要回美国办一些事，来不了了。2月17日，方志远写信给杨老师："一直期待3月31日去厦门为您贺寿，（但因私人事务无法推脱），十分抱歉，失去了一次见您和各位朋友的机会。"

21日，梁洪生给我写信说："（因家人生病）所以无暇也无心准备与会论文和报告内容，刚刚已给会务组回信说明并告假。在此也向你这位热心人说明并再次致谢！还有一句年前说过的老话：杨国桢老先生不忘后辈和故旧，在在提携，令人难忘。还请在方便之时，代我向他转致深深的谢意。"

转眼到了3月，离会议召开的时间越来越近了，一些学者发现无法成行，给杨老师和会务组写信。3月2日，王子今来信："暨南大学一个重大课题开题时间恰好和你们的会议冲突。我给他们提过一些建议，他们命我必须去。这样厦门的会我就只好请假了，请杨先生恩准。下次去贵校当面请罪。子今致歉。"6日，魏明孔来信："（因家中要事），我得请假，包括青岛会议也不能参加。"改派中国经济史学会秘书长隋福民参加。14日，李红岩因30~31日单位安排了他出差，表示不能去厦门赴会了。15 日，李伯重致函杨老师说："厦大会议日期日近，两周后本来就可以再睹尊颜，再亲交会了。这次盛会不仅是厦大历史学科的大事，也是明清史学界和经济史学界的大事。当年在厦大求学时，蒙您指教良多，我一直心存感激，因此深切盼望到会恭祝您八十大寿。因此之故，我很早就提交了文章，并订购了机票。但现在出现了新的情况，身体不适……也就无法如愿到厦门拜望并贺寿了，深感遗憾！因事出无奈，盼您谅解为荷。"

卞利老师不能参会最为可惜。卞利老师是我 2018 年 9 月应常建华教授邀请前去南开大学历史学院参加"生活与制度：中国社会史新探索"国际研讨会时，得知厦大会举办这次规模庞大的会议的。令我记忆犹新的是，卞利老师当时非常激动地向我这个晚辈诉说与杨老师的"无缘"：28 年前，由于安徽大学学校收发室的一次失误，他失去了师从杨老师读博深造的机会，使他的人生彻底改变。杨老师听说卞利老师愿意前来厦大参会，即刻命我发送邀请函。中间一切都很顺利。万万没想到，到 3 月 16 日，卞利老师告知杨老师、陈辰立和我，他在 2 月中旬一场大雪中摔倒，造成右脚脚踝骨裂，至此未愈，且肿痛严重，到 3 月中旬仍缠着敷药绷带治疗。虽然他极想到厦大为杨老师庆寿，却不得不抱憾告假。杨老师和我得知这个消息，觉得十分遗憾。不想与杨老师的"无缘"之谶，仍然缠绕着卞利老师。

倒是新竹清华大学的李毓中老师，原本因事不能前来，后又有可能出席，向会务组寄交论文摘要，询问"是否现在还来得及安排我的住宿？"最终李老师排除万难，来到厦大并在会议上报告了他最新的研究。还有一些学者原在计划邀请之外，得到会议信息，主动提出自理住宿，从吉林、山东、广东等地赶来参会。出席会议的人数不降反升，达到 170 多人。

回首整个筹备举办会议过程，蓦然发现，围绕是否出席会议产生的纠结，发生了很多事情，令人感慨相聚不易，人生无常。我们花了

10个月的时间精力来筹备和举办这次盛大国际学术会议，现在回忆会议前后四天的相聚和欢乐，与旧识师友见面畅谈，与早已闻名的学界前辈同侪相识，觉得之前所做的工作都很值得。韶华转瞬即逝，我们应当好好珍惜每次相聚的时刻。

筹办联络在海外

陈博翼

借着给杨国桢先生八十大寿贺寿的契机，2018年厦门大学历史系开始筹备"海洋与中国研究"国际学术研讨会。那时我还在美国，领导就让我负责联系一些海外学者，我也就有幸参与了大会的筹备工作。由于组织程序和涉外事务审核的复杂性，杨老师不顾年迈，多次打越洋电话给我亲自指导具体工作，让我得以解决诸多细节性关键问题，积累了很多组织和办会的经验。

首先是拟定可以邀请的学者，这一步相当考究。杨老师认为应该邀请的学者有两类：一是跟他或厦大历史系有渊源的；二是所从事的研究与海洋史及相关领域有关的，这样方才契合会议主题。我据此拟定了一些人选，杨老师觉得大部分可以，但提醒我由于经费和人力限制，应该邀请能懂中文的，以省去接待时翻译的人力成本。诚然，相比现在国内一些大会动辄上百万元的大手笔，我们需要在有限的经费下运作，同时保证质量，比如在没法为海外学者报销机票的情况下，势必就需要多沟通以增强对方的信心和意愿。我有两次都是基本一整天在写邮件，尤其是在询问意愿、协调时间的邀请初期，以及催促确定题目和提交论文或报告提纲的阶段——这个时候真想有个秘书或助手来帮忙处理啊！另外我也借着去第十八届世界经济史大会的契机当面与滨下武志老师、王国斌老师、苏基朗老师、吉浦罗先生、龙登高老师、李培德老师等确认他们的时间以及是否能来参会。虽然由于时间和经费限制，一些著名学者只好忍痛割舍，但在杨老师的指导下，大致保证了重要的机构都有代表前来出席，因而也成就了这次规模和质量空前的海洋史研究大会。最终，我们请到了美国、英国、法国、荷兰、意大利、澳大利亚、日本、韩国、新加坡以及中国港澳台地区多位著名学者，当然也有一些人由于各种原因不得不缺席的，略有遗憾：比如德国的普塔克老师因为心脏搭桥手术后需要休养，医生不支持他出远门；法国的苏尔梦老师年事已高且身体不好便未惊扰；奥地利的萧婷老师因为前后都已有会议，中间无法再安排；日本的岸本美绪老师本来跟杨老师渊源很深，很想来祝贺，答应尽量安排，但最终因为在东京月底刚好有自己主办的工作坊研讨，只能遗憾错过；美国的黄宗智先生是杨老师的老朋友，因近几年来限制自己一年只出门一次，表示次年要到 10 月中旬才回国一个月，因而无法参加这个盛会，黄先生回信说"我已经几十年没有接触过杨先生的研究了，看到他开辟、领导、组织了那么大规模的大题目的研究，十分欣佩，并自叹不如。请代我向他致敬"；越南国家大学的武堂伦答应参加，但因 3 月那边要答辩实在走不开；好几位美国和加拿大学者最后一刻也因各种原因取消访问计划。前期较为缜密的工作也保证了大多数答应前来的学者如期而至。另一方面，陈瑶以人文学院的名义向国内各大学、一流研究机构的一些学者发函邀请并得到热烈响应。在杨老师的号召下，主要机构的代表或负责人均前来捧场，保证了最后会议的胜利召开。

其次是 9 月初开始准备向教育部国际合作与交流司申请报批，其主体包括会议内容和与会人员两部分。杨老师亲自操刀，根据内容安排了相应的主题发言和讨论专场，虽然其后我们也根据与会人员变动进行了小调整，但大致框架并没有变动。杨老师特别教我如何在发言安排上兼顾主宾、辈分和代表性，同时也让审核人员觉得可靠信服，最后他敲定的这个会议议程便成为报批内容的一部分。当然，整个过程较为烦冗，陈瑶前前后后折腾了好几个版本，各种琐碎细节、边边角角都需要注意。即便如此，第一次申报也因为上级要求不能以学者机构所在地划分代表归属地、国籍问题需要重新查核而被打了回来，我也不得不略有冒犯地询问了一些学者的国籍。另外，原先以日韩学者为主体创建的海洋文化国际组织（WCMCI）也想将第九届年会放入与此次庆贺会一起进行，但因为国际会议的申办流程，截至申请时该组织学会负责人仍未能出示具体出席人员名单，只能与此次大会分开申办。由于负责人并未向全体会员澄清，致使到2019年2月还有会员教授发现有些人不在我们邀请函列表中并来函询问，经讨论由陈瑶拟定了一个详细的申报流程和经费预算明细文本，予以全面说明。报批的项目复杂，包括了会议说明和预期、出席人员具体信息以及资金预算、来源和使用细项。在计算国外和两岸四地学者具体人数时也兼及住宿安排的考虑，陈辰立为此跑了很多趟，确定了校内的几处招待住所。这期间由于会议邀请的最初版本在微信群中流传，有些未受邀请的人也自己提交了申请，如何甄别和取舍也是一个大问题。就这样各种事件和前后来来回回磋商，至最后完善名单和内容再提交审核，已经是12月。

敲定这些事后，便可以给大家发邀请函了。这时候步德茂老师突然来信说因为小孩脚骨要进行手术，需要自己在术后陪伴，所以大概不得已只能取消三月来华的行程了。听到这个消息，我们都觉得很遗憾。不过步老师的论文是直接评述杨老师学术史的，所以相当有意义，虽然无法参会，但我们也都希望他能提交论文。《中国社会经济史研究》刚好决定推出森正夫先生和赵世瑜老师的相关文章，杨老师于是问我是否可以翻译这篇文章凑成一个"中美日"代表小三角，我觉得挺有意思，就跟步老师沟通。如果要赶在2019年第1期刊出并分发给与会学者做纪念，那么就需要在2月提交成稿，走完审核校对的流程才有可能3月出版。当时我正在准备出个远门——南美洲23天的行程，算上之后回广州要1天，还要倒时差，再回汕头又要大半天，最快也要1月25日以后才能着手此项工作，于是便问步老师是否可以在此之前写完发给我。步老师一口答应，并且真的在1月中下旬赶出来了，令人感动。杨老师一开始听说要1月底才交来就急了，说早点保险，你途中还可以看啊。我说这途中累都累死了哪有心情心力干这事，还不如吃饱睡足后舒舒服服在家鼓足干劲有效率——事实证明旅途确实根本没空，我只开过一次电脑，回旅馆常常累得洗漱完就睡了。好不容易从南美回国，1月底我花了几天赶紧译完，杨老师一看这么有效率就很满意。其后我和步老师往返几通邮件确认几处修正，陈瑶帮忙校对，林枫老师随后也发来编审稿提出一些问题，我再就这些疑点修正沟通，终于在2月中旬定稿，顺利完成了这个任务。

　　1~3月的这段时期陈瑶、陈辰立和几位老师的研究生分担了回复各位与会学者问题的主要任务，随后我也接上，请相关人员把航班信息发来，以确定最优接待安排。另外，王国斌老师则来信询问有没有人可以翻译一下他的论文以便发言的时候能信手拈来。我们很快确定由林枫老师的博士生方圆来完成，再由我粗略校对一下，同时我也趁机跟王老师约稿将该篇论文扩展一下，我们也再精校一遍，放在下一期《海洋史研究》上刊出，以纪念广东海洋史研究中心成立10周年。由于3月中旬我还要回美国参加亚洲研究年会，而且还要回圣路易斯把大量行李搬回来，所以2月中旬到3月中旬撰写会议论文、做演示文稿、订各种行程计划琐事很多，加以还有几个投稿文章在折腾，所以也希望学者们都赶紧交论文，就怕节外生枝。幸而大局已定，整体平稳。有几位学者提出想多待几天，就由领导建议安排他们顺便做个讲座，对学生也是难得的机会。最后系里便决定请蔡志祥、刘序枫、吉浦罗、松浦章四位先生为大家做报告。3月的时候会前还要提前一周做相应的宣传工作，所以也会请一些媒体朋友在厦大官方发布会议预告和信息后帮忙推送。由于筹备委员会有几位老师掌舵，各项工作有条不紊地进行着。

真心、齐心、用心

张　侃

　　本次会议是中国海洋史研究规模空前的一次盛会，也是国际学界向杨国桢老师八十寿诞致敬的学术大餐。我作为会务负责人之一，亲历了这次盛会从筹办到举办的全过程。回想会议期间的台前幕后，有很多感触，以此文为记。

一

杨国桢老师自 20 世纪 90 年代开始，坚持不懈地向学界和社会呼吁，将一批批学生带到"海边"，推入"海中"，学会"游泳"，学会"抓鱼"，海洋史研究才由鲜为人知的领域成为蔚为大观的"显学"，厦门大学历史系也成为中国海洋史研究的重镇，被列为厦门大学"双一流"学科的建设方向之一。回顾杨老师的学术历程，他在每个领域都全力以赴，心无旁骛。作为海洋史领域的拓荒者，从无到有，筚路蓝缕，他更是倾力而为，精益求精。从 1996 年策划"海洋与中国"丛书开始，杨老师已经为海洋史贯注了二十多年心血与精力，真性情方有真学问，学界对此无比崇敬。也正是受这份真性情、真学问的感召，会务组向国内外的著名学者发出会议邀请时，他们很快欣然答应与会，提前安排行程。

2018 年 5 月，我陪同杨老师到韩国釜山参加釜庆大学人文韩国 PLUS 事业团举办的"东北亚海域与人文网络"国际学术大会。会议期间，金昌庆、松浦章、苏智良等教授收到邀请后，当场答应参会，以示他们对杨老师的诚挚敬意。

不少学者接到邀请后，开始精心准备论文或发言。北京大学吴小安教授就翻找他的老照片，撰写了《遇见与再见——我与杨国桢、翁丽芳老师》一文，并特地安排在 3 月 30 日的澎湃新闻上发表。随着会期临近，也有学者因各种公私事务而无法按计划行事。哈佛大学宋怡明作为曾受教于杨老师的外国留学生，接到邀请后就开始调整事务安排，以便赴会。但作为费正清东亚研究中心主任，他行政事务繁忙，尤其是当时正参与筹备哈佛大学校长巴科与习近平总书记会见事宜，无法成行。于是，他远在万里之外，写了一封信给杨老师，真诚地表达了自己的歉意和敬意，其中写道："数十年来，我有幸得到杨教授的谆谆教导。此外，翁师母对我的仁慈关怀，我也铭记在心。"一份真心，跃然纸上。

二

举办规模宏大的国际学术研讨会，上下齐心、内外协力是基本保障。2017 年决定举办这次会议后，人文学院领导就着手会议筹备，院长朱菁担任组长，由王日根（人文学院副院长）、林枫（历史研究所所长）、张侃（历史系主任）、陈瑶（历史系副教授）等筹备组成员负责相关事宜。这次会议是历史系近年来最大规模的国际会议，历史系只有一位行政秘书，工作人员极为有限，无力承担会务工作的统筹。为了有效展开并实时跟踪会议审批、经费筹集、食宿安排、学者行程、论文编印、会场布置、接机送机、媒体沟通、校领导联系等会务环节，筹备组组织了一大批研究生参与，陈瑶等人统筹安排具体事宜。在此过程中，杨老师亲力亲为，对诸多工作进行指导和安排，是筹备组的幕后英雄。会议召开前，事务更为繁忙，郑莉等年轻教师也被自动"征用"，成了筹备组成员之一。

正是上下齐心，我们才得以克服诸多困难，保证会议召开。比如本次会议因为是国际学术研讨会，审批程序远比普通学术会议严格。人文学院要通过厦门大学国际处向教育部提交各种材料，审查批准后才可召开。王日根老师负责此项事宜，结果报告三上三下，不断被教育部的"科丁"以各种理由驳回并重新上报。直到 2019 年 2 月底，教育部没有下达准予开会的文件。这种状况使得我们非常紧张和尴尬。为了追踪动态，人文学院负责外事的李文娟老师每天盯着此事进展，办公室哈飞飞主任提醒并与我们商议做好相关预案。王日根老师通过南海研究院的傅琨成教授与教育部相关单位沟通。3 月初，教育部批文下达——我们可以开会啦！

会议的顺利召开，除了历史系的师生共同努力之外，离不开校院和各个部门领导的大力支持。按照计划，会议经费主要由厦门大学历史系的"双一流"建设经费和中山大学的学科建设经费承担，但存在不小的资金缺口。为此，人文学院王炳华书记在会议筹备之初，代表人文学院表态，经费不足由学院兜底。厦门大学副校长叶世满、社科处处长高和荣教授知悉本次会议，立即从厦门大学"文科振兴计划"中拨出 10 万元予以支持。兵马未动，粮草先行，正是在领导支持和各方协力之下，我们才能秉承勤俭办会的原则，井然地进行会议筹备。

三

大型国际学术会议，来宾如云，事务杂多，非常容易出现各种差错。要想成功地举办学术会议，必须小心谨慎，必须用心处置各类可能出现的差错。对于我们而言，没有操办过如此规模的大会，尤其越是会期届近，差错和失误越容易出现，实在难免。但只要大家用心，互相补位，差错也可以马上得到弥补，甚至转化出意想不到的效果。

比如几次比较大的差错出现在告示牌上。一次是分会场的人文学院楼前的告示牌，会议前一天布置完毕，结果发现会议时间打印错误，"2019.3.29 – 2019.4.1"被印成"2019.3.39 – 2019.4.1"，幸亏发现得早，及时换下。

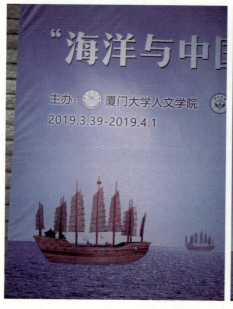

人文学院分会场正误两块告示牌

　　另一次发生在主会场的告示牌上，根据厦大广告张贴管理规定，事先要在宣传部登记备案广告时间和告示牌大小，才能张贴。结果，我们忙乱中疏忽了，等到去登记时，发现其他单位已登记了他们的张贴时间及告示牌大小，只留下一小块地方供我们张贴，与这次大会的规格极不相称。虽然我们希望另外立一块告示牌，但是没有获得允许。于是只好按照仅有面积制作会议宣传广告。

　　但我们并不气馁，觉得应该有机会将大广告张贴出去。我们一直关注主会场——科学艺术中心前的告示牌的张贴情况。29日晚上9点，我们就打电话给广告喷印室，重新喷印会议宣传，重新张贴。30日凌晨，大广告顺利挂上了主会场的告示牌。

科学艺术中心主会场大幅告示牌

　　回忆承办过程中的点点滴滴，趣事甚多，错漏也不少。但只要参与者真心、筹备者齐心、操持者用心，一切都是那么美好，一切都是成功的学术会议应有的节奏和音符。我们相信，等到杨国桢教授九十寿诞，我们只要秉持初心，一定可以再次举办国际盛会！再次相聚一堂！再次向杨老师致敬！

二

大会前一周，正值杨老师八十初度。刮面理发、添置新服后的杨老师精神面貌焕然一新。23 日晚，在厦杨门弟子于大丰苑为恩师庆生，师生畅谈，其乐融融。

西服定制背后的故事

潘茹红

随着会议日期的临近，为了让杨老师以全新面貌出席此次"海洋与中国研究"研讨会，我们便建议老师重新定制一套西装，老师欣然接受了提议。

既然是定制，总得先联系商家。偶然想起此前有听先生提过他一同学在厦门有自己的西装定制服务，赶紧咨询。了解面料价格后，跟设计师商量了上门服务时间。为了方便老师挑选款式，设计师需要了解老师的身高、体重，电话问询，老师幽默答道："我都好久没体检了，不知道体重、身高。"哈哈！"大实话啊！"只能大致跟设计师描述了老师的身材，并转达了老师对西服颜色的偏好。因碰巧有课，便由周五例行前往老师家上课的徐慕君、洪钰琳师妹和师弟们出面负责沟通事宜。想来也好笑，设计师上门服务时，老师家的门铃凑巧不能使用，听说因为这个，玩了一通"捉迷藏"！

尺寸量好后，老师挑选了自己相中的款式，交代设计师尽快制作，这样可以在正式场合亮相！记得过了两天，老师突然电话我，问我西装尺寸，要留档，我顿时懵了，赶紧跟设计师联系。回想每次上课时，老师谈起他的学术生涯都是侃侃而谈，时不时还从书房拿出一些"宝贝"供我们欣赏。一份量衣数据在我们看来就是很普通的材料，从来没想过它有什么用，但老师却这么重视，难怪在老师家里总能找到些关键性的"历史证据"。老师无意间给我上了一堂记忆深刻的课！

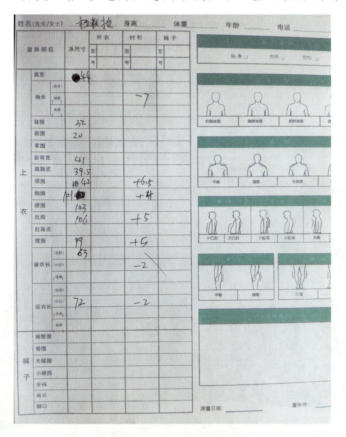

杨国桢老师西装定制尺寸表

离开会的日期又近了些。虎头蛇尾的我，只顾着量西服数据，忘了搭配的衬衫，只好再跟设计师联系，询问衬衫的定制。庆幸衬衫的制作时间相对较快，但数据与西服尺寸有差别，只好麻烦设计师再次登门。吸取上次的教训，尺寸量好后赶紧让慕君师妹拍照留存。看似刻意的举动，却也派上了用场！一日，在中山大学读书的刘璐璐师妹想着给老师添置件毛衣，问我尺寸，便把量好的尺寸照片发给她参考。大大咧咧的师妹看了尺寸帮老师挑了 XL 码，吓了我一跳！经过讨论，让商家重新发货。仅过两天，老师收到了毛衣，尺寸刚刚好，老师满意的神情说明不靠谱的杨门两姐妹总算靠谱了一回！

生日宴侧记

王日根

在厦弟子为杨国桢老师贺寿

由于国际学术研讨会的时间和杨老师的生日错开，在厦门的各位师兄弟姐妹觉得很是遗憾。为弥补这一缺陷，郑庆喜、潘茹红和我一起计划着在杨老师生日那天举办生日宴，与在厦门的各位师兄弟姐妹一合计，大家都积极响应。23 日晚，除了身在外地的郑振满、黄顺力之外，我们在厦门的 21 位师兄弟姐妹欢聚海韵校区的大丰苑，周翔鹤、曾玲、张和平、王日根、蓝达居、王荣国、李德元、林德荣、李德霞、郑庆喜、王鹏举、陈思、王昌、王文拓、潘茹红、王小东，加上在读的陈辰立、徐慕君、赵红强、于帅、洪钰琳都出席，曾玲师姐是从德国参加学术会议回程时直接由机场赶来的，历史研究所的现任所长林枫教授也专门赶来。

　　这天是星期六，天气难得晴朗起来。下午，杨老师特地理了发，由陈辰立、赵红强、于帅从家里接过来，精神矍铄，面容慈祥。郑庆喜筹办这顿晚宴，进行周到而细致的策划，他特地请著名书法家为杨老师寿辰作画、写寿联，还在餐厅的正面墙壁上挂上了充满喜气的"寿"字，营造出了喜庆的气氛。

　　既然是庆祝杨老师的八十华诞，蛋糕自然是少不了的。在郑庆喜同学的精心安排下，蛋糕做得好大，在烛光下，我们一起唱起了《生日歌》，张和平、我和杨老师一起吹灭了蜡烛。我们诚挚祝福杨老师福寿康宁，再为祖国的海洋史研究著书立说，培养更多的后备人才。

杨国桢老师吹生日蜡烛

　　杨老师一向以严师的姿态处世，他并不追求形式上的铺张和奢华，却特别珍视这次与毕业了的和在学的弟子们的欢聚。听到大家的工作近况以及对未来美好的憧憬，杨老师脸上绽放出畅快的笑容。

　　晚宴结束后，子弟们将杨老师送上车，深情地目送着杨老师，大家都有一个共同的心愿，希望杨老师天天活在快乐中，希望杨老师健康长寿，期待着为杨老师办更多的生日宴，让我们能经常聆听杨老师的谆谆教诲。

三

　　盼望着，盼望着，十年之约终于快到了。远在新疆的张晓宁，几天前还在尽量争取，"很想去，但不知道能否请上假"。突然得到从乌鲁木齐到北京出差的机会，欣喜若狂，决定办完事即从北京飞到厦门。3月25日上午，张晓宁从北京来，下午便由于帅同学陪同到杨老师家探望，倾吐她对老师和师母的思念。傍晚，应厦大叶世满副校长等的邀请，师生一起赴大丰苑餐叙。她还联系几个女同学提前来厦门相会。同日，《中国社会科学报》第5版发表徐鑫采写的《发展中国海洋史学　构建中国海洋话语体系——访厦门大学人文学院历史系杨国桢教授》。

　　第二个抵达的是台北的黄亦锡，26日上午启程，下午便由郑庆喜陪同来杨老师家相见。这时，陈瑶收到黄国信的消息："（因家事无法推脱），麻烦您代向杨先生道歉并致祝贺：祝杨老师身体健康，寿比南山，祝他开创的海洋史研究硕果累累！谢谢您了！"云南大学中国经济史研究所吴晓亮从昆明给杨老师发来贺电："在您八十大寿之际，奉上晚辈诚挚的祝福，愿你福如东海，寿比南山！您的学术造诣，是后辈享用的精神财富。今天我指导研究生时，您的大作都是我们的必读书目。"并报告近年整理完成《腾冲契约文书资料整理与汇编》，近期将由人民出版社出版的情况。仲伟民回复会务组："因为学校有一突然安排的事情，不能参与盛会，万分遗憾，更是万分抱歉。请代为解释。谢谢，并祝会议圆满成功！"晚上，会务组收到宋怡明从美国波士顿发来的贺信。

远方的祝福
宋怡明

　　值此杨国桢教授八十华诞庆贺会暨"海洋与中国研究"研讨会召开之际，我谨致以最诚挚的祝福。杨教授在中国社会经济史领域，特别是在土地产权制度和海洋史的研究上，做出了卓著贡献。数十年来，我有幸得到杨教授的谆谆教导。此外，翁师母对我的仁慈关怀，我也铭记在心。然而非常遗憾，由于我在费正清研究中心的工作原因，我无法参与本次会议。我对此感到十分抱歉。我相信此次会议能够成为热烈讨论、充分交流的盛会。再次向会议的组织者、与会成员以及杨国桢教授，表达我最衷心的祝贺。

学生宋怡明

哈佛大学费正清东亚研究中心

2019 年 3 月 26 日

　　27 日下午，吕淑梅从广州来，和张晓宁会合，陈辰立陪同她们来杨老师家。她说两个孩子寄宿读书，周六周日回家走不开，无法参加盛会，晓宁打来电话，才知道可以提前拜寿，就向单位请假赶来，开会前一天就得回广州。当晚一起同往品尚中心 A 座 3 层"左稻"餐叙。杨老师收到刘璐璐寄来羊毛衫。刚吃完饭，曾少聪从北京来，杨老师接电话后邀其到寓和大家见面叙谈。

晓宁师姐促成了我的厦门之行

吕淑梅

2019 年 3 月，恩师杨国桢先生八十华诞，师门相聚，多有不易，对我更是一波三折。

家有两个中学生要照管，我曾给杨老师打过电话表示可能因此难以脱身，缺席聚会。如若如此，我再单独找机会去看望他老人家。杨老师表示理解。

3 月底，新疆张晓宁师姐跟我联系，我的计划有了变化。

3 月 22 日，晓宁师姐微信联系我，说她在北京出差，问我去不去厦门看望杨老师。因我周末没有时间，要管小孩，晓宁师姐约我时，我刚开始有点犹豫不决。而且我刚跟单位请假一周去了北京参加培训，实在不好意思再请假了。

我也很想去见晓宁师姐和看望杨老师，实在身不由己，便跟师姐说了我的难处。晓宁师姐说让我再考虑考虑。放下电话，我跟张雅娟联系，问她的情况。雅娟说，她会去厦门，日期未定。

我又仔细想了想，现在大家都忙，见个面不容易，况且我和晓宁师姐已是十年未见，真的很想跟她聚聚。于是，我厚着脸皮跟领导请了假。单位竟然同意了我的请假。

25 日，晓宁师姐又来电，说她不去厦门要直接回新疆了。我给雅娟打电话说我也不去了，让她也不要着急。26 日，晓宁师姐又跟我联系，说她已经在厦门了。于是，我也订了 27 日上午的机票飞厦门，本来打算跟她见个面，看一下杨老师，28 日回广州。后来我跟雅娟联系，希望也能在厦门见到她，她说最早要 28 日晚才能到，让我等她。最后，我决定买 29 日早上的机票回广州。

在跟晓宁师姐和雅娟不断联系的过程中，我也跟倪月菊师姐和陈东有师兄联系过，可惜他们都要到 29 日下午才能到厦门，很遗憾这次没能跟他们见面。

27日中午，我到厦大，稍做休息后，在辰立师弟的陪同下，我和晓宁师姐一起去看望杨老师，并共进晚餐。

张晓宁（左）、吕淑梅相约到家中拜访杨国桢老师

28号上午，孙谦师兄带我和晓宁师姐游览了大嶝岛，并坐船近距离观看了金门岛。晚上我们跟黄顺力师兄、蓝达居师兄及厦大的几个好友在厦大西门小聚，当晚11点多，我与当天晚上到达厦门的雅娟师妹匆匆见了一面。

29日一大早，我乘飞机离开厦门回广州。

此次厦大之行，师生、师兄弟姐妹相见甚欢，浓浓师生情、师兄弟姐妹情让我感慨万千。我真的庆幸，我这次去了厦门，未给自己留下人生大遗憾。

拜望恩师杨国桢教授

曾少聪

考虑到会议期间，来自海内外的专家学者相聚在厦大，杨老师一定很忙，我就提早两天去厦门。我乘坐 3 月 27 日下午北京至厦门 MF8102 航班（16：05 起飞、19：10 到达），很不凑巧，在北京机场遇到航空管制，飞机比原定的时间足足晚了一个多小时才起飞。

当我走出机舱时，已经是晚上 8 点多了，在赶往厦门国际会展中心的环岛路上，就接到晓宁同学的电话："你到哪里了？晚上我和淑梅与杨老师一起在品尚中心吃饭，现在还在，你赶快过来吧。"我先是一愣，晓宁怎么知道我今天来厦门呢？我告诉晓宁我住在厦门国际会展酒店，离杨老师家很近，我直接到杨老师家。平时我到厦门都住在厦大，这次选择住在厦门国际会展中心，就是因为酒店离杨老师家比较近，去拜望杨老师比较方便，走路十几分钟就到。杨老师家在江山帝景，位于风光旖旎的环岛路旁。老师一直深爱着蔚蓝色的海洋，他对大海情有独钟，坐在自家阳台里，就可以注目凝视着浩渺无垠、碧波荡漾的海洋，沉浸于"闽在海中"的无限遐想，构思着中国海洋文明史的宏伟蓝图。

到了厦门国际会展酒店，我放下行李，来不及洗漱和吃饭，就直奔杨老师家。快到杨老师家的楼下，我赶紧抽了支烟，现在不好在杨老师面前抽烟了。原来，杨老师抽烟抽得蛮厉害，以前到他家里的时候，借着给杨老师点烟之机，自己也来一支，一起吞云吐雾。有时师母看到我们正在抽烟，出于对我们的关心，就说：少抽些烟。然而，抽了几十年香烟的杨老师，前几年突然戒掉了，说戒就戒，还戒得很彻底，让我难以置信，这需要有多大的毅力啊。对抽烟的人来说，戒烟谈何容易。杨老师学术硕果累累，享誉中外，在探寻学术的道路上也一定会碰到困难和挫折，需要坚韧不拔的毅力去克服，从杨老师的戒烟可见一斑。

　　我到杨老师家的门口，门是虚掩着，里面传来杨老师和同学爽朗的声音。我敲了门，看杨老师走过来，就自己把门打开进去了。晓宁、淑梅和辰立同学也在杨老师家，他们等着我一起聚聚。看到杨老师身体硬朗、精神矍铄，我非常高兴。

　　杨老师问我："你下午就出发，怎么搞得，到现在才到？"我把飞机延误之事说了。杨老师又关心地问我："会议有安排住宿，你干吗不住在厦大，那么傻，自己花钱住在外面。"我告诉杨老师，我是提前到厦门，怕给会务组添麻烦，就选择靠近您家近的地方住下来。

　　问候了杨老师和同学，我就敬上我给杨老师请来的"福"字。为参加杨老师的八十大寿活动，我一直琢磨着带点什么"礼物"。学生对老师最大的希望莫过于期盼老师健康长寿！为此，我特别请了北京印刷集团精制（限量版）的康熙亲笔题写的"福"字。据说当年康熙帝效仿古人为祖母请福续寿，沐浴斋戒了三天之后，便写出了这幅珍品"福"字，还加盖了"康熙御笔之宝"印玺。康熙御笔的这个"福"字，其字形窄而狭长，民间称"长瘦（寿）福"。此福字右半部正好是王羲之《兰亭序》中"寿"字的写法，被民间称为"福中有寿，福寿双全"。杨老师端详着这"福"字说："这幅字，大些就好了，可以挂起来。"看得出来，老师喜欢这个"福"字，我自然欣喜，只怪自己没有想到还应该请一幅大的"福"字。

　　接着我就和晓宁、淑梅、辰立海阔天空地聊起来，谈起这次会议将盛况空前，可以见到多年不见的师友和同学，欢喜之情溢于言表。接着谈到各自离别多年的工作和生活情况，有诸多的感慨。谈话间，晓宁称赞我儿子曾成很懂事，晚上他们正在吃饭的时候，曾成在外地出差，从江西给杨老师挂电话，祝杨爷爷生日快乐！路上我还在疑惑，晓宁怎么知道我今天下午来厦门，这时我终于明白了，是我儿子给杨老师挂电话时说的。曾成对杨师爷和翁奶奶有很深的感情，他小的时候，时常跟着我到杨老师家。杨老师见到曾成，对学生的"威严"没有了，高兴的时候还会逗着曾成玩，和蔼和纯真尽情流露。

翁老师则给曾成糖果等零食，有时还给他做牛排和猪排，慈祥的师母厨艺很好，至今曾成还记念翁奶奶做的牛排和猪排特别好吃。翁老师对同学向来关怀备至，到杨老师家，很自然地思念起师母。

今晚和同学一起在杨老师家相聚，机会难得，我提议跟杨老师一起照相，留个纪念，杨老师欣然同意，辰立师弟就成了"摄影师"。虽然是在晚上，光线不大好，但是我们拍到了相聚时的美好瞬间。时间不知不觉地过去，已经是晚上 11 点了，怕影响杨老师休息，我们只好依依不舍地离开杨老师家。每次到杨老师家，总有"回家"的感觉，既亲切而又温馨。

吕淑梅、张晓宁、曾少聪（右一）于杨国桢老师家中小聚

海洋出版社原定李正楼副社长出席首发式，22 日因为他临时身体出了点状况住院了，改为海洋出版社副社长、中国太平洋学会常务副秘书长赵萍参加。27 日，因分身乏术，再改为海洋出版社纪委书

记张志刚出席，又因会议冲突不能成行，最终由高朝君代表海洋出版社在首发式上发言。

四

28 日清晨的 6 点 30 分，来自法国的弗朗索瓦·吉浦罗（François Gipouloux）先生抵达厦门高崎机场。这是与会海内外嘉宾第一个到达的。上午，荷兰的包乐史先生、意大利的白蒂先生也提前到达。聂德宁老师安排他们会前两天先在南洋研究院学术交流。下午，又有一批同学提前抵达。陈明德、王重阳从高雄来，郭润涛、张梦娇夫妇从北京来，罗一星从广州来，而孙谦则开车自福州来，他们先后前往杨老师家拜谒并相遇。

从高雄赶来的王重阳（左）、陈明德

鹭岛再聚忆师恩

罗一星

2019 年 3 月 28 日，一早起来我拿上行李就直奔广州白云机场。我的机票是 12 时 10 分飞厦门，但白云机场地处花都区，离我家 50 多公里。路上塞车是常态，故而不敢拖延。家门口不远有地铁 3 号线，可直达机场北。地铁果然最保险，一路顺畅，准点到达白云机场。出发前一天曾与杨老师电话联系，约好 28 日下午与张和平到府上探望老师。登机坐在舷窗旁，想到很快就要见到杨老师和师兄弟们，心里充满喜悦！

13 时 30 分飞机降落厦门高崎机场，我提取行李后匆匆赶往出口处。前一天与张和平联系，他来接我。不曾想迎面见到张梦娇，她是 88 级博士生郭润涛师兄的夫人、厦门大学会计系 88 级硕士生，现在已是会计行业的全国专家库专家。稍许郭润涛冒了出来。郭润涛现是北大历史学系教授，此次携夫人一同回厦大参加会议。他们的飞机早一小时到，在机场等我一起去看望杨老师。我与郭润涛在凌云一 107 房共度过两年研究生的时光；也与住在 108 房的张和平做了两年邻居。和平兄的夫人陶玉玲也是厦大物理系 88 级硕士生。他们两对在厦大相识相爱，我见证了他们的爱情过程。此时机场大家相见，自然欣喜万分。

中午在张和平家喝茶小憩，下午四时一起出发到杨老师家。杨老师家客厅窗明几净，海景一览无余。我们到时，从台湾高雄来的陈明德、王重阳师弟已先到，旋即告退；俄顷，孙谦师弟从福州来，陪新疆、广州来的师妹游览大嶝岛后也赶到。杨老师见到我们几位早期的学生一起到来，十分开心。落座不久，学生提出与杨老师合影。恰巧潘茹红师妹送来定制的西服，杨老师当即换上新做的西装、衬衣，与学生留下了珍贵的合影。

左起：潘茹红、郭润涛、罗一星、杨国桢、张和平、孙谦、陶玉玲

　　茶叙之后，学生请老师晚宴，以表贺寿之意。当晚在九龙塘庄园餐馆宴请杨老师，许多菜肴只有在厦门才能尝到。大家回忆了1988、1989两届博士生曾经发生的校园故事。席间杨老师再次确认，除了润涛兄夫妇、和平兄夫妇在厦大找到了美满婚姻之外，还有学生本人，也在厦大找到了陪伴自己走完人生旅途的知心伴侣。浓浓的师生情谊，满满的厦大记忆。感谢杨老师的悉心指导和关心，感谢在厦大度过的美丽时光。

　　28日上午，张雅娟和夫君刘飞越带着出生两个多月的宝宝从杭州乘高铁前往厦门。下午，入住建文楼。晚上，与先行抵达的曾少聪、陈明德、王重阳及郑庆喜等师兄共进晚餐。当晚与张晓宁、吕淑梅师姐在林梧桐楼会面畅谈。

　　下午，郑炳林告知会务组，因赴北京参加国家教材委员会召开的"开展普通高中语文教材审查工作"会议，改派兰州大学敦煌学研究所副所长魏迎春出席盛会。

九龙塘庄园晚宴聚餐

五

　　29 日是会议报到的日子，各地来宾将于下午陆续抵达厦门。杨老师决定提前于下午 4 时住进逸夫楼，迎接大家。张雅娟一家利用上午的空当，到杨老师家探望。

拉家带口去赴约

张雅娟

　　十年前，恩师杨国桢先生七十华诞。那时我读博一，是同门博士同学中最小的师妹，聚会前后，我是会务的联络人。而今喊我师姐的师弟、师妹多了十几个。师门的大树愈发森茂的同时，我们被时间的白马驮着在岁月中呼啸而过。

　　2018 年 6 月，我怀孕。拿到检查结果的第一时间，我想到的是坐月子会不会跟聚会重合。医院给出的预产期是 2019 年 2 月 1 日，到 3 月底开会时，生产完两个月。于是，我就在心里盘算那个时候自己的身体和宝宝的状况是否允许我从杭州去厦门。

如果不能来的话，我会遗憾终生的。为了不让遗憾生成，整个孕期我始终关心生完孩子多久可以出远门这件事。

2019 年 1 月 13 日，怀孕 37 周时，我比预产期提前近二十天顺利产下一子。我给他起名刘和璋，小名润润。这个名字既融合我和先生刘飞越的姓，也寄托了我们希望他将来长成一个温润如玉、谦谦君子的美好愿望。

3 月 10 日，我在月子中心坐完月子回家。此时，距离庆贺杨老师八十华诞的日子还剩下 20 天。我在家天天观察小宝宝的生长情况，每天都在思忖能不能带他一起去，或者我自己去，母乳事先挤出来存在冰箱，将他和爸爸留在家里一天。

为此，我咨询了很多已为父母的朋友，他们几乎都给了我否定的答案。甚至有人严厉地跟我说，哪种方案都有点像是胡闹。听他们这么一说，我便不敢直接问父母的意见。后来，我想起家里有一张我三四个月大时在秦皇岛拍的照片。我就打电话问爸妈，那个时候我到底多大，怎么从唐山去的秦皇岛。怎奈，年代久远，照片上也没有记录日期，父母也说不清是 3 个月还是 6 个月。我妈只是记得好像是一百天的时候，可照片上我穿的衣服跟 100 天时的天气很不般配。我妈说，我那个时候还不会坐，爸爸在背后扶着我才拍了那张照片。当时，是她一个人带着我坐火车去了秦皇岛看望在那里工作的爸爸。

听母亲这么一说，我心里大概有了主意。"三翻六坐七爬爬"，照这个俗理，我妈带我去秦皇岛应该是在我 6 个月之前。如果她的记忆没错的话，那时的我很可能是 100 天。而到 3 月底，润润差不多七十多天，也应该问题不大。

先观察着，见机行事。我这么想着，聚会的日子一天比一天近了。

21 日，广州的吕淑梅师姐打来电话，询问我是否还去厦门。我答想去，但因为宝宝的问题还在迟疑之中。她说，自己的一双儿女都上中学，课业繁重，也难成行。

又过了两日，吕淑梅师姐打电话说，新疆的张晓宁师姐在北京开会，要提前去厦门，邀她提前厦门会面。吕师姐也希望我能提前抵达。

吕师姐打来电话时，我正独自一个人在家照看小宝宝。我跟她说，换作以前，我马上买张机票就走了。眼下孩子太小，已不能说走就走。同时，我让她问一下北京的倪月菊师姐是否提前抵达厦门。

吕淑梅师姐、张晓宁师姐、倪月菊师姐都是1990年代的博士生，我在入学年代上跟他们相差十几年。跟她们第一次见面是在2009年的聚会上。我们杨门女生少，所以姐妹情尤其珍贵。这些年，大家常有联系，感情越发深厚。我们都在心里期待着这次能见到彼此。

吕师姐去给月菊师姐打电话时，我电话咨询航空公司和铁路，是否允许这么小的宝宝登机以及注意事项，双方都是肯定的答复。过了一会儿，淑梅师姐电话说，晓宁师姐只在厦门待一天，她可能赶不过去了，让我也不要再着急。

又过了一日，吕淑梅师姐又匆匆来电，说晓宁师姐人已经去了厦门，她也准备去了，但29日就得赶回广州，问我怎么办。我答，你先去我随后就到。27日一大早，我收到来自吕师姐的微信，说她已在机场，准备登机去厦门。

此时，我已经不能犹豫去不去的问题了，而是要决定何时动身的问题了。我又跟先生商量，他自始至终都是支持我去的。我们商定好日期，28日坐高铁，买一等座。决定之后，我又跟河南的史伟师兄夫妇联系，询问他们抵达的日期，顺便问了很多带娃经验。

28日一早，我们一家穿戴整齐，将幼子包裹严实，给他带足尿不湿和换洗衣物奔赴厦门。高铁的一等座座位很宽敞，刚好可以横抱宝宝。宝宝一路也很乖，睡睡吃吃，四个半小时之后到了厦门。

一路顺利。下车后，郑庆喜师兄早已委托司机来接我们。庆喜师兄待我如亲妹，我视他如自家兄长。这些年，郑师兄照顾我很多，这个日后找机会详谈。

　　厦门的天气比杭州溽热。宝宝穿得多，加上天色已黑，有点哭闹，很快就好了。夜色完全笼罩了五老峰的时候，我回到了熟悉的母校——厦门大学，入住当年住过的丰庭宿舍隔壁的建文楼。从建文楼房间向外望去是南普陀寺和五老峰，香烟袅袅，树木郁葱，一切熟悉又陌生，求学时的点点滴滴又回到眼前。只是当年是独自一人在芙蓉湖畔，在白城，在图书馆流连忘返，而今是一家三口一起重温属于我的旧日时光。十年前，我以接待者的身份等待着全国各地的同门师兄师姐回家，现在我是被接待的师姐。逸夫楼大厅里和接待的同门同学会面办理入住手续时，人好像是恍惚的，好像不太适应被接待的身份。

张雅娟与丈夫携幼子看望杨国桢老师

当晚，与郑庆喜师兄、王重阳学长、陈明德师兄、曾少聪师兄等在逸夫楼餐厅共进晚餐。而另有淑梅师姐、晓宁师姐等邀我去厦大西村吃饭。我因为孩子尚小，不能分身，只能答应师姐晚饭后去房间与她会面。

当晚十点半，我和晓宁师姐、淑梅师姐终于在林梧桐楼会面。一别多年，三人聊到晚上十二点多。出来之后，我又给杨先生打电话，约明天上午去家中看望他。

29日上午，我们一家三口在郑庆喜师兄的保驾护航之下来到杨府。杨老师见到幼子，甚是高兴，还特意准备了初次见面的红包。我们坐在杨老师家宽敞的客厅内，面朝大海，抚今追昔，话题不断。润润宝宝被爸爸抱在怀里，也认真听着。这个小孩真是好福气，这么小的年纪就聆听史学大家的谆谆教导。

新雏耳畔老凤声

我们在杨老师家合影留念，并将照片传到"杨家将"的微信群。李长弓师兄看见杨老师抱着润润的照片后，作诗一首：

己亥春分题师尊抱孙照

沧桑八旬喜抱孙，一世文章始更成。

潮拍海上云根处，新雏耳畔老凤声。

　　下午，参会的嘉宾和同学相继报到。从那时起到 31 日，逸夫楼的 602 房间成了杨老师的临时接待中心。那几天，那个房间常常深夜了还高朋满座，里面充满着亲情、友情、恩情，显得格外温暖舒适。

　　陈辰立：会议召开期间，我负责统筹安排住宿和接送事宜。通过参会回执信息我了解到，重要与会嘉宾基本上在会议正式召开前一天，也就是 3 月 29 日下午抵达厦门。我原本计划当天在机场和火车站分别安排接机（车）的同学，待接到嘉宾之后，把他们送上预定好的专车直接驶抵下榻酒店，再由前台签到的同学招待。然而，这个初步方案被会务总负责的张侃老师否定，张老师认为这些重要嘉宾必须要有专门的同学全程陪同，才显得不失礼数，并且调拨他的博士研究生刘伟彦和苏颂同学协助我们接站组的工作。

　　人数最多的一次接机任务出现在下午一时半，有 16 位专家。车队调度杨师傅为了帮我们节约会务成本，便让我先行坐其他接站小车至机场，再由他安排机场附近的小巴直接前往接送。然而，那段时间恰逢厦大出入校门制度改革，我临时收到杨师傅发来的信息，作为校外车辆的小巴（超过七座）将无法仅凭校园卡进入校门，必须提前登记备案，而此时我已经坐上了前往机场的调度车。无奈之下，只能临时联系签到组的叶再兴同学代为帮忙，由他前往校保卫处办理手续，再至人文学院办公室盖章确认，待保卫处核实之后，将小巴的车牌号报备给校门卫登记，终于在接到客人之前完成了所有手续，算是有惊无险，顺利完成了接机任务。

　　刘鹏佛：29 日上午 10 点，从台北松山机场搭乘飞机前往金门，大约 40 分钟后抵金门。用完午餐后，搭乘 14 点的"小三通"渡轮前往厦门五通码头，大约 50 分钟后抵达。随后搭出租车前往厦门大学逸夫楼报到，当场看到杨老师正与好友们畅谈，完成报到手续后即进住建文楼 5 楼，至此总算安心了。

鉴于十年前，同门师兄妹 8 人前往厦大为杨老师祝寿，搭乘台北—金门—厦门"小三通"路线，沿途均很顺利，但回程到金门搭机回台时遭到挑战。金门浓雾太大影响飞行安全而停飞，数千人困守金门机场抗议而动弹不得。我们 8 人不得已，只好一面打电话回台向任教学校请假，一面四处寻找晚上落脚休息之处，如此教训印象深刻。兼以台湾 3 月下旬的天气大多阴雨天，在台师兄弟们纷纷告诫要搭直航厦门飞机，不要冒险走金门"小三通"路线。但我因同行男性友人没走过"小三通"，希望我为他带路，不得已只好舍命陪君子，幸好老天爷帮忙，来回均很顺利。

下午 4 点报到后，师弟郑庆喜即开车载我们几位台湾来的师兄弟到厦大内的后花园喝茶聊天，第一次到此后花园喝茶，感到特别新鲜。10 年前参加会议时，看到杨老师陪着师母及杨宇师弟一起与大家畅谈，可惜师母没能等到今天，已于三年前仙逝，杨宇又去加拿大探亲，只剩杨老师一人由师兄弟陪同，睹物思人，令人感慨万千。

崔来廷：下午 3 时许，甫一抵达高崎国际机场，我就给李德元与刘海峰打电话联系，约定在厦门大学逸夫楼碰面的时间。德元是我的"双料师兄"，对我后来走上学术道路产生过重大影响，无论是读硕士、博士（德元都是我的同门师兄），还是专业、学校选择，都与德元密切相关，即使不是德元决定的，但他也发挥了决定性的影响。作为几十年的兄弟，我对德元的感情无以言表，一切尽在不言中。下午 4 时许，到达厦大南普陀校门后，为门禁所阻，正准备办理出入手续，恰好海峰师弟来接，于是入住逸夫楼 503 房间，与海峰师弟天南海北地畅叙契阔。晚 7 时，与海峰师弟刚在逸夫楼一楼吃过自助餐，就接到了德元的电话，约在西门外的一家海鲜饭店见面。随德元一起来的有二人，一位李姓女士和厦门大学马克思主义学院的一名博士后——李健。李健博士是一位学界后起之秀，酒量极好，他带来了两瓶1000毫升装的58度金门高粱酒，我们几人推杯换盏，几乎把4斤高粱酒全部干掉，出了饭店门之后，我就喝断片了。翌日德元、海峰告诉我，后来，我们一起去拜访了曾少聪师兄，但我由于断片，完全没有印象，在师兄弟面前出丑，实在不好意思。但是，放浪形骸，毫不掩饰，一生中也仅有这么一次在师兄弟面前放纵一下，窃以为丑一点也没什么，也算是返璞归真吧。

刘璐璐：下午5点就抵达学校。刚从南普陀寺旁的校门进来，迎面就遇到笑容满面总是那么亲切的王日根老师，二人折回逸夫楼，惊喜的是杨老师与平时一起上课的师兄弟姐妹们正在一楼大厅。杨老师看到我就说，快把行李放了，等你。嘻嘻，于是我们一起来到逸夫楼杨老师的临时会客厅聊天，顺便向老师汇报近况。随后陆续有前辈学者与同门师兄师姐前来向老师送上美好的祝福。中途除去用餐，好几个小时大家都围绕在老师身边，或闲话家常，或回忆往昔，如此温馨时刻，就如同学生时代每周一次大家一起在老师家里上课，令学生感到一种"不出轩庭，坐知天壤"的魅力，又在言笑中不知不觉打开了一片广阔的天地。

史　伟：3月29日下午5点左右，飞机降落高崎机场时，阴云虽密，还只是溟蒙细雨；待我和小琴带着辰辰与西西入驻厦大建文楼时，大雨已然如注。望着窗前凤凰树上不停滴着雨水的瘦长叶子，欣喜之余，又感到好像第一次来到亚热带城市般的不适：这里太潮湿了。事实上，我在这里度过了八年时光，这里的一草一木都是那么熟悉，但唯有这天气像有着执拗的脾气，从来不曾接纳过我；关键是，刚七岁的辰辰和一岁五个月的西西能适应吗？好在天公作美，大雨只持续了个把钟头，傍晚时分已转为淅沥小雨，入夜后不知何时渐渐停了。

雨后，厦大清晨分外美，空气清新，树木葱翠，石路斑驳，令人心旷神怡。这或许是上天给杨师八十寿诞及"海洋与中国研究"国际学术研讨会最好的礼物吧。

张雅娟：倪月菊师姐也是这天下午5点多到的厦门。当日早上，淑梅师姐已经返回广州，她们错过了会面的机会。我与月菊师姐一起到杨老师的房间，与崔来廷师兄等聊到晚饭。晚饭过后，我又和师姐聊至深夜。虽然时常在微信上互动、聊天，几年未见，线下见面话还是格外多，怎么说都说不完。

陈辰立：当天傍晚开始下雨，不少人由于天气原因，航班延误，或改降他地，或半夜抵达。大雨倾盆，造成车队一辆七座轿车漏水以及一辆小车抛锚，可谓状况迭出。在车队负责人的调度以及接站组同学的共同努力之下，终于次日凌晨圆满完成了接站任务。

陈博翼：时光飞逝，很快就到了大会召开的日子。由于前一周刚在丹佛召开亚洲研究年会，加以教学任务不能耽搁，很多学者在3月下旬也是筋疲力尽。例如，王苑菲就匆匆赶回佐治亚批改发回作业，布琼任更是要先回伦敦批改试卷并到系里发还学生（这种"全球鹰"飞法感觉时差都不知怎么倒了）。我则是赶着回圣路易斯收拾行李搬家，所幸几位年轻学者最后都还是顺利赶到厦门。这次从美国回来其实也是我正式告别北美生活八年的旅程，所以疲惫之余还是有点小激动。八年前从北京飞来，也是在芝加哥转机并第一次见到浩瀚如海的五大湖，2012年结束在麦迪逊的学习之后就很长时间没见到这片"海"了。这次冥冥之中居然又是从芝加哥转回，又可以看到五大湖，而且还是到北京再转厦门，一路看着加拿大冰原、辽阔的西伯利亚、蒙古高原，不禁感慨无常人生中的有常。想来杨老师已至耄耋，这种感慨应该更多了。飞机上大致倒了下时差，北京入境候机几个小时，转机时稀里糊涂没留个心眼自提行李，导致三大箱100公斤的行李滞留，连正装都在里面，搞得有点狼狈。幸好于帅多准备了一套西装，次日得以借来应急。到厦门已经是深夜，师友们都已睡下不便再扰，就只陪某位说倒时差睡不着的青年教师聊了一下合作计划，凌晨三点前便赶紧睡下，以迎接次日的盛会。

　　周志明：3 月 29 日晚，我从宁德市踏上了前往厦门的动车。随着列车的前行、厦门的临近，求学期间的记忆片段一幕幕掠过脑海，恩师和师母的音容笑貌自动剪辑成了一部光影大片。在厦大海滨东区教师宿舍楼里，杨老师经常召集我们 2006 级、2007 级的学生，围绕一个话题在大家做好发言准备的前提下展开研讨，并因势利导、及时总结提升，给了我们一个发散思维、自由辩论的平台，一个相互借鉴、取长补短的机会，一个总结提升、提炼成文的机会，传道、授业、解惑尽在其中。在杨老师家中座谈研讨，除了学业知识的长进，让我印象深刻的还有翁师母精心准备的可口的茶点、水果；如果讨论比较深入，过了饭点，我们更有机会品尝师母早已备好的美味饭菜。杨老师深邃的眼神、犀利的点评，翁师母慈祥的笑容、贴心的关爱，同学们洋溢的朝气、跳跃的思维，让我不知不觉陶醉！抵达厦门站时是晚上十点，乘坐 21 路公交车到达厦大校园已近十一点，走访显得不宜，便直接在逸夫楼总台办理手续，入住克立楼。30 日清晨，伴随着阵阵鸟鸣声醒来，看着窗外熟悉的场景，温馨得有点不真实。简单洗漱后，在早餐前，绕过芙蓉湖，拾级而上再进南光楼、上弦场，十年前恩师七十大寿时同门师兄弟姐妹合影留念的场景再现眼前，同门间的亲切交谈、关心问候依旧在耳畔回响，求学期间的点点滴滴跟着涌上心头。于是，心血来潮间我穿过白城社区，走到海滨教工住宅区，并沿着后山凌云路，经过厦大植物园、情人湖，再回凌云学生公寓。走了一圈，回忆着杨老师对我论文写作的指导、调查研究的指引、选题范围的敲定，回味着求学期间的紧张忙碌和充实满足，我由衷地为能够成为杨老师的学生而感到庆幸和自豪！

　　29 日下午，原本晴朗的天空渐起大风，到了傍晚便大雨如注。"好雨知时节，当春乃发生"，正好为一路舟车劳顿赶到的学者们洗尘接风。亦因降雨的缘故，让从广州星夜赶来的陈春声、刘正刚由于飞机延误竟在次日凌晨的厦门机场不期而遇！

风雨无阻　感恩业师

刘正刚

2009 年，我参加了业师杨国桢先生七十寿诞国际学术讨论会。那时候翁师母与业师一起参加了会议的全过程。大家共同约定在 10 年之后，杨老师 80 岁寿辰举办的学术会议上再相会。地处天南地北的弟子们一直期盼着这一天能共同回到母校，愉快地聚集在业师和翁师母的身边，再向两位老师汇报毕业后各自在生活与工作中取得的成绩与不足，又可以聆听两位老师对我们的叮咛与爱护。

转眼就到了 2019 年，10 年前约定的日子终于到来。然而此时师母却已经与我们天人相隔。我们这些弟子在这次会议上再也不能目睹翁师母对我们的谆谆教导。此次为业师庆祝华诞的活动，召集天下各路研究中国海洋史的群贤，既是对业师杨先生八十华诞的庆祝，也是对业师一直关注的中国海洋史研究的回顾与交流。我本人于 2018 年上半年就已经收到了会议预通知，也非常兴奋，并投入时间开始撰写会议论文。同时，内心也在期待会议召开的日子早日到来。

然而，好事总是需要多磨。会议定在 3 月，正是春节后新学期的开始，各种与教学、科研相关的琐事相当繁杂。但我心中一直坚定的信念是：无论再怎么忙，都必须要按时参加为业师八十寿辰举办的国际学术会议。这不仅是我作为学生义不容辞的责任与义务，而且关键在于通过业师寿辰举办这么高级别的海洋史学国际研讨会，在国内还是第一次。于此也可见，杨老师对这次会议的精心安排。因此，参加这个学术会议，既可以一解自己时常挂念恩师的心情，又可以聆听海内外学者的高见。

由于 3 月刚开学确实太忙，我提前一周预定了 3 月 29 日晚上 9

点左右从广州新白云机场飞往厦门高崎机场的航班。29 日正好是暨南大学历史学硕士研究生入学面试，我作为古代史和历史文献学专业的面试召集人，从上午 8 点开始，一直持续到下午 4 点多，总算把严肃而认真的面试工作基本完成。天有不测风云，29 日上午和下午的不同时间段，广州下着间歇性的暴雨。本来想着到了晚上，雨应该会停止。面试结束后，我赶忙回家收拾行李，于 17 点左右打车前往白云机场。出门时天上又是乌云密布。待我到达机场，换好登机牌，机场方面才通知说，因为广州雷雨的原因，我购买的 19：25 南航从广州飞厦门的航班被迫延误，预计 21 点起飞；但快到 21 点时时，机场又通知说，飞机仍无法起飞；22 点以后，终于说航班将在 23 点左右起飞。这一意外，使原本想在晚上 9 点去面见杨老师的愿望落空了。

22：40 左右开始登机，23 点多航班开始滑行并起飞。但到达厦门机场时已经是次日即 30 日的凌晨了。出了机场，与在机场接机的厦门大学历史系主任张侃教授见面。一打听才知道，从广州白云机场起飞的陈春声教授的航班也晚点，而且比我的航班还要晚到。

这里要介绍一下，业师杨老师在广州工作与生活的六位弟子，因为各自工作的安排，分别在不同的时间赶往厦门。其中一星师兄、淑梅师妹已提前抵达厦门，刘璐璐小师妹坐动车去厦门，刘淼兄因身体原因此次没有参会。还有一位应该最忙的人——中山大学党委书记陈春声教授。大约在 3 月 30 日凌晨，原本在广州没有任何预约的我们，却因暴雨而在厦门机场会合，共同去母校为业师祝寿。据春声教授说，他原本搭乘 21 点的航班，并与杨老师约好 22 点后去看望业师。我们师兄弟都很遗憾没有在约好的时间内去看望业师。因为从厦门机场到达母校，已经快凌晨 1 点了。我被安排住在邵逸夫学术活动中心，陈老师被安排住在林梧桐楼。洗漱完毕，又加上等待晚点航班的身心焦虑，只好休息了。

六

一夜春雨过后，空气格外清新，太阳照常升起，温暖的阳光洒在科艺中心顶上洁净的黄绿色琉璃瓦上金光灿灿，高处望去，与白城海水的波光粼粼交相辉映。这一切，让学者们以饱满的精神和愉悦的心情出席盛会，也似乎预示着海洋史学经过新时代的洗礼而前景一片光明。

漫　步

谢　湜

2018 年 4 月 16~20 日，我应邀到厦门大学参加由联合国教科文组织和厦大人文学院等机构联合主办的世界人文学术会议。会议期间，有幸随陈辰立兄到杨老师府上拜访，得知厦大历史系准备举办"海洋与中国研究"国际学术研讨会，并庆祝杨国桢老师八十华诞。回广州后，我即向中山大学历史学系诸位同人转达了这一信息，大家都希望中大历史学系能作为共同主办方，为此次盛会尽绵薄之力，向长期关怀和支持中大历史学科发展的杨国桢老师致敬。随后，系里将会议列入 2019 年度工作计划，并与厦大历史系一起稳步推进会务工作。

近年来，杨老师大力倡导的海洋史研究得到越来越多学界同行的关注，许多和我同辈的青年学者，也得益于杨老师的鼓励、指导和提携，做出了许多富有创见的新成果。从杨老师主编的"海洋与中国研究丛书"中，我们就能看到这一方兴未艾的学术事业已渐显规模，一个研究领域能汇聚几代人共同为之努力，并经常展开深入的交流，不时举办专题的会议，沉下心来，漫步在海洋史广袤的未知空间，这在现今学术格局下，实属一大幸事。

此前几年，我与厦门大学历史系主任张侃教授、中山大学历史学系（珠海）主任吴滔教授一起举行了若干次浙江海岛及沿海社会的工作坊，自己也对海域空间与人群活动的关系很有兴趣。杨老师在《籍贯分群还是海域分群——虚构的明末泉州三邑帮海商》一文中指出的"海上社会组织的边缘认同是以海域为单位的，有别于陆地社会组织"这一论断，一直给我很大的启示。由此，我也更能理解春声老师所说的"作为社会史研究分析工具的'区域'，是与人的活动联系在一起的"所蕴含的深意。我希望通过自己对明清浙江海岛的研究实践，对东南海域动态社会和流动人群的历史能多一些体悟和理解。

2019 年 3 月 30~31 日，会议如期举行，来自欧洲、美洲、亚洲、大洋洲 9 个国家，中国 18 个省、市、自治区及港澳台地区的近 200 名学者出席。我入住的逸夫楼客房刚好与杨老师的房间斜对面，从 29 号晚开始，到会的师友纷纷登门拜访杨老师，客房里洋溢着欢声笑语，大家都忘记了旅途的疲惫，杨老师也一直兴致很高，跟大家叙旧，济济一堂，其乐融融。若不是会务组提醒白天要开会，杨老师需要休息，温馨茶叙可能要通宵达旦了。

30 日早晨，我刚好和几位厦大的会务组同人与杨老师同一桌用早餐，又有几位学者前来与杨老师问好叙旧。会议开幕在即，几位同人先行前往会场安排。我一看时间已经不早了，杨老师其实还没换衣服，也没带任何会议资料，于是提醒杨老师需要准备出发了，赶紧一起上楼回房间。会务组同人全部去会场了，房间里只有我和杨老师，换上正装后，杨老师想起要吃几粒药，我不知道药放在哪里，只能请杨老师自己找，自己赶紧去倒杯水。后来又发现领带还没系上，我赶紧四处寻觅，找到了领带。杨老师微笑着对我说："谢湜你能不能帮我戴上？"我一向不会打领带，以为这下难堪了，已经做好百度的准备。幸好一看是系好的领带，松了一口气，笨手笨脚地帮杨老师系上领带，感觉效果还行。此时离会议正式开始时间只有十分钟了，一时调配不了用车，于是，我牵着杨老师的手，两人直接步行赶去会场。从逸夫楼到科学艺术中心，距离并不长，但我一来生怕杨老师劳累，二来觉得已经赶不上 8 点半准时到了，当时唯一能做的，就是扶好杨老师，控制好步行节奏，保证顺利抵达会场。

晨光中，左侧的湖面平静如镜，静谧恬淡，杨老师只跟我讲了几句话，对我鼓励有加，他紧紧握着我的手，以稳健的步伐慢慢步向会场。到达开幕会场门口，春声老师和王日根、张侃等老师已在恭候，他们迎上前来，看到精神矍铄的杨老师顺利到达，都十分高兴，不由自主地鼓起掌来。那一刻，我感到特别温暖。

30 日上午，"海洋与中国研究"国际学术研讨会在科艺中心音乐厅如期召开，厦门大学党委书记张彦莅会致辞，海内外嘉宾做了精彩的大会演讲。此外，研讨会上还举行了由杨国桢教授主编的两套海洋与中国研究丛书的首发式。其中"海洋与中国研究丛书"（25 册）由江西高校出版社出版，"中国海洋空间丛书"（4 册）由海洋出版社出版，其理论价值和社会价值受到与会嘉宾高度肯定。

听了大会致辞和演讲，大家感触良多。

陈博翼：在会上见到很多熟悉的师友倍感亲切。陈春声老师的主题演讲让我好像回到了十几年前，我一直很喜欢他的这个潮州普通话口音，感觉听起来轻松愉快。王国斌老师的发言则充满了温情的回顾，与之前帮他翻译校对的学术论文明显不同，但要点都用不同的方式融合在回顾中点出，很值得学习。《中国社会经济史研究》拿到手，看到给步德茂老师的译文也倍感欣慰。我很多年没见到郭润涛老师了，赶紧也趁机在出去拍集体照的时候拦下寒暄几句，告诉他终于要到厦大历史系入职了。苏基朗老师虽然刚刚高升去澳门大学当副校长，政务繁多，但波士顿一别大半年后如约而至，令人感动。钱江老师自从数年前香港一别没有再见，更是有千言万语要说。师友们会聚更是让人在茶叙时寒暄都寒暄不过来，此刻感觉也没啥时差了。也终于有机会跟吴滔老师谈了下珠海校区发展和进人的事宜，简直不亦乐乎。午餐的时候还跟郭师母聊了一下。八年未见，她说"哎呀你现在大学者了"，我说"哪有哪有，在你们这里小学生罢了"。可惜未及多聊，由于行李需要再去厦门机场自取，只好赶紧叫上辰立利用午餐后的间隙陪我再跑一趟高崎机场搬运，搞得又累又狼狈。当然，第一天的各种主题报告都很精彩，兴奋很大程度上消除了疲劳。

陈明德：会场内展示由杨老师主编的两套大型丛书"海洋与中国研究丛书"（25 册）与"中国海洋空间丛书"（4 册），举行隆重的首发式，这是杨老师近三十年来，致力于中国海洋史学科构建的丰硕成果，共同见证杨老师崇高的学术成就和国际声望，而缜密多元的学术贡献，带给史学界暨杨门后学，是更多的体悟和启发，具有重大学术意义。

令倪月菊印象至深的却是"南强"厦门大学对学问的敬畏之情，对大师的敬畏之心。

敬畏学问　敬畏大师

倪月菊

大会演讲中，来自海内外的专家学者就海洋史的理论方法、海洋中国制度框架变迁、中国海洋史学科体系、学术体系和话语体系创新等问题各抒己见，所获自不待言。然令我印象至深的却是"南强"厦门大学对学问的敬畏之情，对大师的敬畏之心。

致敬大师本应是社会应有之风气，以恩师的学术贡献享受尊重更是当之无愧之事。然而，在官本位高于一切的现实中生活太久，我竟然被南强人"致敬大师"的举动感动得热泪盈眶。在会议开幕前，当恩师杨国桢教授步入会场，走向主席台，被请坐在厦门大学与中山大学两位校党委书记中间时，200 余名与会者全体起立，爆发出长时

倪月菊与杨国桢老师重聚，笑容满面

间的热烈掌声。厦门大学党委书记张彦在致辞中，充满了对恩师的崇敬之意，一句"山不在高，有仙则名"，更是对恩师学术贡献的高度评价。来自海内外的学界精英在主题演讲中，无不把"尊敬的杨国桢教授"放在开场白的第一句。听惯了按官位排名的开场白，我对此着实感到有些"震惊"。震惊之余，为母校依然保持着敬畏知识、敬畏大师的良好风气感到欣慰，更感到自豪！

愿这种对知识、对大师的敬畏之心永存，因为这是实现中国梦之源泉和根本所在！也衷心祝愿恩师的学术之树长青！福寿安康，健康长寿！

我与松浦章教授不期而遇

王荣国

30日上午第一场大会演讲后的"茶歇"，我与松浦章教授不期而遇。

我在职师从杨国桢教授读博士研究生时，才知道日本关西大学松浦章教授，那是在撰写《明清时代的海神信仰与社会经济》博士学位论文时，拜读了他的《中国商船的航海日志——关于咸丰元年来航长崎的丰利船〈日记备查〉》。此后，我在博士学位论文基础上修订并出版《海洋神灵——中国海神信仰与社会经济》一书。

2004年4月29~30日，复旦大学历史学系和日本高野山大学共同主办"空海与中日文化交流"国际学术讨论会。我收到韩昇教授发来研讨会邀请函，应邀前往复旦大学赴会。此次研讨会，松浦章教授报告《清代沙船与长崎贸易》论文，我则报告《空海与福建佛教》论文。茶歇期间，我和松浦章教授有了第一次接触，虽然，他的汉语只能讲几个字，断断续续，但连听带猜，能知道他表达的简单意思（我虽然学过日语，听说都不行，他比我强多了）。他的意思是说，到过厦门大学，认识厦门大学历史系杨国桢教授。我说杨国桢教授是我的导师。我随即送他《海洋神灵——中国海神信仰与社会经济》一书。

第二次与松浦章教授相见是在2017年在福清市召开的"黄檗文化与海上丝绸之路高级论坛"上，由于会议主办方事先将电子版会议指南通过微信发给我，我获知浦松章受邀参加论坛，而且大会安排他和我做第一场主旨发言。我将这消息告诉导师杨国桢教授。杨老师说，正好刚出版的《碧海金晖——翁丽芳纪念集》画册中有松浦章的照片，你到林枫的办公室取一本带给他。我按照杨老师的交代到林枫办公室取了《纪念集》。5月16日上午，首届"黄檗文化与海上丝绸之路高级论坛"在福建师大福清分校召开。前面是各方代表、嘉宾讲话，约11时20分才进行第一场主旨讲演，松浦章教授报告《江户时代的唐船贸易与福建商人》论文，配有幻灯片，加之要翻译，自然超过规定的时间。好在我向来不爱"说长话"，大约用 10 分钟报告《隐元禅师东渡弘法与日本华侨华人社会——以长崎华侨华人社会佛教信仰为中心》论文的摘要，报告结束即进入午餐（在该校学生餐厅用餐），双方没有见面互动。至晚宴前我和他互动，代杨老师向他问好并将《纪念集》交给他，双方简短交谈并照了相。

如今在厦门大学举办的"海洋与中国研究"国际学术研讨会，我再次与松浦章教授不期而遇，和他握手寒暄，因为彼此都有久别重逢的熟人要见，也就没有多谈。虽然，我与松浦章教授的相识、相见都属不期而遇，但背后都有导师杨国桢教授的原因。

松浦章和王荣国（右）会场外合影

七

群贤云集，各抒己见，主题发言在科艺中心有条不紊地进行着。上午茶歇间隙，参会人员合影留念。

因为事先没有安排，竟然忘记杨家将来一个大合影。张雅娟当场建议，下午四点会议茶歇时，杨门师兄弟姐妹来一张全家福，由她的夫君刘飞越为大家拍摄。他是职业摄影师，拍这个不在话下。

中午，张彦书记宴请会议重要嘉宾。下午，继续大会演讲。四点茶歇时，大家如约在厦门大学科艺中心门前合影。除了大合影，大家还分头要么跟老师单独合影，要么和读书时要好的同学合影。那时的场景，就像一大家子人逢年过节聚齐了，有说不完的话，免不了的调，其乐融融。

杨家将 · 老少皆欢全家福

杨家将，全家福

陈东有

现在的生活中，最容易的事莫过于拍一张照片。人人都有手机的

《杨国桢教授治史五十年纪念文集》主编陈春声（左）、
陈东有与恩师合影

时代，人人都会是一位了不起的摄影师。随时随地随人，都可以轻易地拿起手机，给自己，给亲人，给朋友，或者是给别人，拍出一张或若干张满意的照片来。

　　但是，我们这张照片拍起来就不那么容易。导师杨国桢先生辛苦了三四十年，带出了一届又一届的博士研究生、硕士研究生，真可谓学生海内外，桃李满天下。每一次不同的聚会，大家都想拍一张全体的合影，很难。因为每一次都不可能来齐所有的同门师兄弟姐妹。但是拍一张大家都自豪地称为"杨家将"的全家福，是每一个人愿望。

　　这一次，在母校举办"海洋与中国研究"国际学术研讨会，研讨由杨老师在三十多年前带头发起的海洋与中国的历史和发展问题，祝贺老师取得的一系列重大学术成果，同时也恭祝敬爱的老师八十大寿。到会者有海内外学者专家 170 多位，其中就有杨门弟子 40 多位，应该到齐了吧。我点了点，这应该是到得比较齐的一次，但是认真算了算，还是有十几位，因为种种原因不能前来。有的因为工作的原因，提前到了几天，看望了老师，又匆匆地走了。但无论如何，让我们感到遗憾的同时，又让我们感到高兴，毕竟这一次是师兄弟姐妹来得最多的一次。

　　那天开大会，下午会间休息，我们抓住这个时机，拍了一张合影。

　　厦门的仲春是最美的季节，春日的厦门大学校园，是世界闻名的美丽花园。阳光灿烂，百花盛开。杨老师也盼着拍一张全家福，他最早来到了拍照场地，专门等着我们这些弟子。老师八十高寿，满脸笑容，精神矍铄，站在那儿看着我们一个一个、一对一对、一伙一伙地从会堂里走出来，走下台阶，走到他的身旁。大家也特别高兴，因为这场胜友如云、大咖满座的学术研讨会，也因为师生欢聚，要拍这张全家福照片。

　　我们把杨老师拥在了最中心的位置，如百花簇拥。阳光下，杨老师西装笔挺，白衬衣，红领带，英姿不减当年，令人景仰。站在杨老师一左一右的两位大高个是陈春声和郑振满两位师兄。

　　陈春声师兄因为在来的路上遇到广州下大暴雨，头天晚上午夜之后才到达，刚才在会上代表主办单位之一的中山大学做了发言，也就是代表我们全体同门师兄弟姐妹向杨老师表达了一番心意。

　　郑振满师兄仍然是那个老样子，严肃而又青春依然。我称呼他"师兄"那是委屈了他，他给我，给我们很多的师兄弟姐妹上过课，我要尊称他为老师才对。严肃，因为他是我们的老师；青春，因为他也是杨老师的学生。

　　不可能一位一位地介绍了，好在我们每一位都有这张"全家福"合影，大家可以去看，去想，再一次地回味那幸福的一刻。我算了一下，一共来了44位师兄弟姐妹。我只能认得出并记得住一半人的名字，还有几位是第一次见面。这一次合影，应该全要记住了。还有三位没算到44位当中去，他们是我们"杨家将"的下一代。一位顽皮的小孩，六七岁吧；一位不到两岁的娃娃，抱在妈妈的怀中；还有一位最小的，才出生不久，几个月，正享受着人生第一个春季的阳光和我们这个大家庭的温暖。

杨老师是一位严谨的学者，是一位严肃的导师，但也是一位慈祥的长者。在他的慈祥中我们常常得到的是慈父般的关爱，当然，在师兄弟姐妹当中，大家得到的关爱也有不同，我们的师姐妹就特别幸福。这次合影，老师没有忘记对自己女弟子的关照，专门与她们合了一张影，而且还要王日根师兄和我一边站一位，为她们保驾。

幸福与欢乐就在这一刻收进到了镜头的历史记载中。

我们大家都在铭记这个幸福日子的同时，敬祝杨老师健康长寿！

"杨门女将"

难忘三幕场景

林　枫

30 日下午是大会第六场演讲，诸位教授演讲精彩，沁人心脾；武汉大学陈锋教授用心用情，尤为暖人心扉。主持演讲结束，陪着杨老师一路走向林梧桐楼，同行的还有倪月菊、王小东、张彩霞，看着上午大会合影，聊着会场幕间种种。经过芙蓉三的时候，张彩霞抓拍了这张照片，喜乐由衷。小树林的所在是已经被拆了的竞丰餐厅。拍照的位置，是 1993 年秋季某一天，邂逅杨老师，聊了一个多小时的地方。记得那天早上，我从竞丰餐厅出来，打算去图书馆，手里抓着中午要用的餐具、准备路上吃掉的馒头油条，遇上穿着人字拖、夹着纸烟的杨老师，言笑晏晏，诲人不倦，此情此景，历历在目。

杨国桢老师和倪月菊、王小东（右二）、林枫（右一）前往林梧桐楼的路上

1994 年秋，奉业师之命，我往敬贤寓所，旁听杨老师给博士生开设的海洋社会经济史课程。虽已入学一年，但于海洋社会经济史却不太熟悉，数次听讲，海洋史的内容大多是后知后觉之后的恶补，当年课上听了些啥，没有印象，脑海中时时闪现的是翁老师的咖啡、师兄师姐的慧言慧语、敬贤寓所的种种温馨，喟叹物是人非。

1999 年 9 月 22 日，在台湾研究院五楼会议室，杨老师主持了我与陈瑛珣同学的博士学位论文答辩，记得当时的校外专家邀请了福建师大的唐文基教授，校内专家有杨际平教授、林仁川教授、郑振满教授。时值 9·21 集集地震之后第一日，陈瑛珣来自台湾，这场二十年前的答辩，现在能记得的是委员对大震之后陈瑛珣的抚慰、我对答辩委员的"顶嘴"，如何被"收拾"，倒没印象了。

夜幕降临，在大会晚宴上，杨老师举杯与诸位师友共忆旧时光，一时觥筹交错，好不热闹。

陈春声与郑振满（右）敬祝杨国桢老师

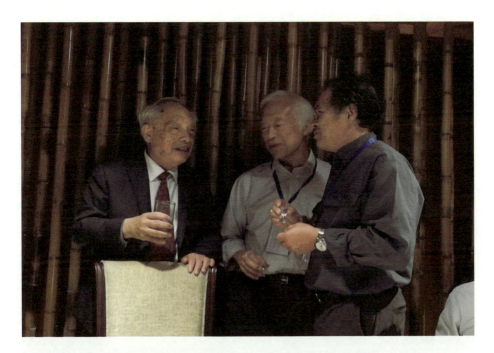

杨国桢老师与滨下武志（中）、王国斌相谈甚欢

朱德兰与杨国桢老师

左起：杨国桢、陈锋、赵世瑜、常建华、朱菁

有缘来相聚

于运全

　　吾师八十寿诞是杨门的一件大事。去年会议筹备组就发来邮件通知相关事宜。对我而言，虽然离开师门后没有继续从事历史研究工作，但对于恩师的学术成果和生活状况一直很关注。

　　今年初，厦大历史系的老师来京相聚，得知杨老师十分重视此次研讨会，大小事务亲力亲为，尤其是关键环节，更是反复斟酌。

　　重大事件总是接踵而至，3月下旬，为了配合国家领导人访问活动，我们研究院承接了一场重要的国际智库交流活动。因此，2月我便给老师打电话报告相关情况。电话里，老师说到活动筹备，十分兴奋，他屡屡提及十年才办一次这样大的纪念活动。因此我能强烈感受到，老师十分珍惜这次机会，也很在意大家能否一起团聚。说起一些师兄弟的境况，他如数家珍，对弟子们的关切之情，溢于言表。我也郑重地向老师保证，只要时间允许，我会尽力从国外赶回来，赴厦门相聚。但是看目前时间安排，大会开幕当天，我才可能赶到。

　　最终我们的研讨会定于 3 月 26 日在法国巴黎举办。27 日下午回到北京，在家稍做休整之后，28 日到单位将会议的后续事宜和相关工作安排妥当，29 日晚前往福州。福州当天晚上大雨瓢泼，许多航班取消或备降他地。好在我的航班较为顺利，在深夜降落在福州长乐机场。第二天中午坐高铁前往厦门，从厦门北站到厦大，没想到周末堵车严重，尤其是在白城海边一堵就是半个多小时，原来以为能赶上杨家将的大合影，但最终没能赶上。较为幸运的是，我赶上了大会发言的最后两个环节，听了几位学者的大会发言，收获颇丰，尤其是关于考证丝绸之路概念由来的发言，将历史和现实，将海洋史研究与"一带一路"联系起来，与我目前从事的工作关系较大。听各方代表和一些知名历史学教授的发言，可以感到大家对杨老师的尊重。大家都回忆起与杨老师交往的点点滴滴，以及受教于杨老师的鲜活故事。面对此情此景，我也不由得回想起当年自己求学的情景，老师的耳提面命，谆谆教诲，同门师兄间的相互切磋，共同进步，满满的收获，满满的幸福感。散会后，陪老师一路走向晚餐的地点，老师长时间走路虽有些吃力，不时气喘吁吁，需要休息几分钟，但精神状态很好。一路上不断总结白天会议安排的一些需要完善的环节，对后续会议安排需要注意的关键细节一再提醒，叮嘱大家要照顾好参会的客人。老师以要求严格著称，无论是自己做学问，还是指导学生写论文，每一个细节都要求做到精益求精，正是这样严谨的治学态度，才展现了一代学者的风范，开创了中国海洋史研究的先河。晚宴开始时，老师很是激动，即兴讲了一番话，我以从事新闻工作的敏感性，迅速拿起手机给老师拍了一段十分珍贵的视频。老师在讲话中强调，今天能来的亲朋好友都是有缘人，结交大家很幸运。此情此景也让人感叹，回首自己厦大求学的近十年时光，忝列师门，也是有缘人，更是幸运。虽然现在的工作与海洋史研究关系较少，但是老师传授的治学态度和方法、为人处事之道，则终身受益。作为杨门弟子，我引以为傲。期待下一次的学术盛宴和杨门聚会！祝愿老师健康长寿，笔耕不辍！

张雅娟： 拍照结束，我想最好能在大家走之前将照片送到大家手上，于是上网找能快速冲洗照片的地方。很巧，刚好有一家就在西村附近。飞越君一路导航飞奔过去，将照片交于他们。晚上八点，照片冲洗完毕送至宾馆，当晚晚餐结束后，每个人都拿到了合影。看着大家拿到合影时吃惊和开心的表情，我心里高兴极了。那一晚的晚餐，在林梧桐楼，也是老师的祝寿晚宴，老师也很高兴。他说：

今天我们大家在一起，这么多朋友过来捧场。我觉得是一生的最大的荣幸。没有你们，我们想深入研究也很难搞起来。有你们的支持，以后的海洋史发展应该是前途无量。我觉得大家从这么远的地方来，就是有缘来相会。困难重重，甚至有的人半夜三更才到，明天白天马上就走。没有缘分怎么可能呢？我这辈子交了你们这些朋友很值得，值得我一生来珍惜。

杨国桢老师在晚宴上致谢词

老师高兴，我们大家自然也会高兴。高兴之余，我心里想起去世的师母。想起十年前的她在杨老师七十华诞宴会上的音容笑貌。一切仿佛就在昨日。没有她在场，心有遗憾。此行太匆忙，未能抽空去太平岩寺悼谒师母也是一桩憾事。

崔来廷： 晚上 9 时许，与刘海峰、张连银等人相约一起去逸夫楼 602 房间看望恩师，因访客众多，打了个招呼就离开了。晚上 10 时许复至 602 房，只有恩师与潘茹红师妹在，于是我出来联络众人拜访恩师，刘海峰师弟电话关机，应是已经休息。很快，杨强、张连银师弟来到 602 房间。这里还有一个小插曲，我与杨强、张连银、刘海峰等人联系时，在五楼电梯门口，巧遇拜访恩师走错楼层的台湾大学的刘鹏佛师兄，刘师兄与德元一起入杨门学习，至今仍清楚地记得 2004 年 5 月底刘师兄博士论文答辩的情景，其论文题目是《清代湘乡曾氏家族与经济社会》。随后，庆喜、辰立师弟也来到恩师下榻处，兄弟姐妹们与恩师相见，非常高兴，遂一一与恩师合影留念。恩师与大家相见甚欢，谈古论今，从为人处世到治学，话题涉猎甚广，语言犀利，谈笑风生，不时爆出金句。晚 11 时，当大家要告辞时，恩师谈锋正健，众人只好继续坐下来聆听恩师的教诲。午夜时分，张连银师弟提议第二天上午到厦门植物园太平岩给翁师母扫墓，得到了杨强、郑庆喜诸师弟以及潘茹红师妹的一致同意，最后，由恩师确定由庆喜与辰立二位师弟及潘茹红师妹三人开车，带大家一起去。

八

31 日为小组讨论，分为六个主题，学者们根据各自的兴趣选择参加的小组。其间，大家或就自己关注的问题展开热烈讨论，或与昔日同窗好友畅叙友情。

陈博翼： 第二天是专题小组讨论，所以很可惜只能六场选二。中间虽然可以换场，但毕竟不方便，想听的题目可能时间上也有冲突。考虑再三，上午我选择了第三组"南中国海贸与海防"，以及下半场后半部分听了第二组的报告。总体而言，题目均有一见之长，收获不少。例如，刘正刚老师的题目让人回忆起以前读《皇明条法事类纂》时没有注意到的可以与海洋走私相连的部分；邱澎生老师将晚明海防"严禁"和"弛禁"的讨论放入国防与经济考量的框架；杨培娜师姐我一直以为对她的研究很熟悉，但没想到她在雷州半岛碑刻整理上已有这么多成果；黄友泉关注的月港士绅谢彬对我的研究是很好的启发；周鑫师兄提出的"舶口"变动问题让人耳目一新，是明代新的珠江口南海海洋网络形成的重要但被人忽略的环节；赵珍老师研究的清代水师会哨与我以前关注的明代江海防会哨有共通之处，其所举的澄海县的彩色分层次防御界定图更是让我很惊讶关于老家还有这种"好货"；布琮任研究的营汛图跟赵老师的题目正好接上，内外洋的讨论变得更加充分。他使用的大英图书馆收藏的这批高清彩图更是鲜明体现了清廷内洋—外洋的治理概念，也反映了区域性的制图特色；毕旭玲的徐州港口群、涂丹的香料造假与鉴假报告也很有意思。

　　下午我的报告在第五组"海洋史学视野下的中国与东南亚"，所以也不可能去其他组了。聂德宁老师关于海外贸易航线的报告相当出彩，其特别点出的康熙开海后"东南洋"的部分值得留意；曾玲老师发现的新加坡社团账本堪称数字实录，对理解海外华人组织"分中有合、合中有分"的格局也意义重大；尼古拉先生运用马来文媒介做的很专门的报告深刻表明了马来人如何通过重新建构占婆历史来彰显马来文明在东南亚大陆的法统；牛军凯老师结合神敕实物，生动地展示了宋杨太后信仰在越南的流传状况；周翔鹤老师特别剖析了印度洋赤道逆流对古代帆船向南洋东部航行时的影响和后者的操控应对；李毓中先生用杨慧玲在德国发现的珍贵的菲律宾唐人手稿展示了难得一见的华人记在账册上的交易商品内容，从而得以窥见相关商业运作模式；李德霞先生系统回顾了南海维权的历史；我则介绍了一批环南海的稀见文献并提出影印和整理研究的初步构想；夏玉清先生介绍了二战时国民政府对侨团的管理；徐慕君对海上丝绸之路的研究做了初步回顾和评述。李一平老师主持了全场讨论并予以相应评述。许多学者也加入我们专场并且提出各种问题，报告人之间也互问互答，讨论气氛相当热烈，收获很大。

王重阳：观察"海洋与中国研究"国际学术研讨会内容的安排，诸如"台湾海峡与海洋史"、"中国东南区域海洋社会经济史"、"南中国海贸与海防"、"东北亚海域与海洋史"、"海洋史学视野下的中国与东南亚"与"海洋生活与文化传播"等议题，充分反映恩师对于海洋文明与文化的高度概括。这种与时俱进的海洋知识系统，除了引导我们求知视野与研究发展方向之外，更能为国家提供发展海洋强国理论的参考。

曾玲（中）与李长弓、罗一星再聚首

另外在本次会议研讨心得方面，比较关注海洋文明与文化的多元性。因此，我分别到"东北亚海域与海洋史"、"海洋史学视野下的中国与东南亚"与"海洋生活与文化传播"等分组旁听学习与做笔记。其中，对于近代西方海洋文明与东方文化关系的论述，较感兴趣与收获甚丰，实有助于我的教学与研究。

曾　玲：作为杨门弟子，此次盛会不仅是我们向恩师和与会专家学者学习的好机会，亦使我们这些来自海内外四面八方的"杨家将"学术大家庭成员可以相聚与交流。盛会期间，我非常高兴与多年未见的师弟郭润涛、李长弓、罗一星欢聚畅叙，那份珍贵的同学情谊无法用言语形容！亲爱的杨师与师兄弟姐妹们，大家多珍重，期盼再聚！

曾玲与郭润涛夫妇

并不斑驳的记忆

李长弓

　　1988～1991年，负笈厦大师从杨国桢先生攻博，是我这辈子最后一个学历段，也是南橘北枳水土不服的三年寒窗。所谓寒者，一是孤悬千里之外，举目无亲，妻儿音信难通；二是闽南话筑起的交流障碍，除了几个师友，几于置身世外；三是靠海吃海的饮食习惯让我每每三餐不适。多年之后，出访布鲁塞尔，一驻外使节"好山好水好寂寞"的慨叹，恰如我厦大三年的心境。当年鲁迅先生来此执教的心境如何不得而知，然两地书往返频频，恐也与身处海角孤岛的故乡明月之思如涛拍浪涌有关。伟人也是人，这大概不会是什么荒唐无稽的妄度蠡测。

　　人其实是活在自己心境的春夏秋冬里。心境如冬的三年，有些记忆就显得格外温馨，历久弥新。

　　来到厦大后的第一顿家宴是杨先生夫妇为我这远道而来的学生摆的。自古只有学生谢师酬师，哪有先生请学生的道理？先生非同寻常的礼遇，让我受宠若惊，惴惴不安地敲开先生的家门，先生和师母笑脸相迎，此前未曾谋面的生疏和拘谨顿时荡然，一种回家的感觉油然而生。菜是师母亲自下厨做的，趁师母忙活，先生与我促膝而谈，言语中没有我所熟悉的学者威严，而透着比我年长一轮兄长般的质朴、平实和亲切，由是我认定先生和师母是我身在异乡可以放心放松倾诉的人，先生的家是我于异乡有安全感的温暖所在。那年月通信条件差，整栋学生宿舍只有一部电话，而又经常被聊起来没完的本科生所占据，上城里打长途路远价贵，只好隔三岔五跑到先生家与妻儿通话一诉离情。先生那顿家宴吃的什么已不记得了，然师生三人围坐的温馨，几十年来一直春晖长存。师母厨艺一流，我这一生吃过的最美味的闽南菜是师母做的，不是美味之一，而是唯一美味，是最开始的一次，也是最后的口福。惊悉师母仙逝的噩耗是在深圳西行的高铁上，未能扶棺执绋，愧无以言。两年后与一星、和平兄陪先生上太平岩寺祭奠师母，不禁悲从中来，言不足表，不善诗而诗：

> 五老峰未老，春风去不归。
> 挽翁拾级上，喘息伴流水。
> 青丝易白鬓，焚香哀低回。
> 海上云根处，物是人已非。

厦大三年，没有电视，没有手机，连收音机也没有，我一般都蜷缩在凌云—702宿舍里看书，除了上课吃饭很少下楼，除了几个师友很少与外界接触，而那时的校园一度因北方春夏之际的政治风波而躁动不安，我虽未随大流起伏，但也难以充耳不闻波澜不惊。先生关心学生的动态，向师弟郭润涛问及我，郭说，老李呀，除非天打雷轰不会下楼。先生始才放心。继先生询问之后，师姐曾玲也予以难能可贵的关心。一天清晨，师姐把我叫下楼，到楼边小树林里郑重其事地告诉我，"老李，你是博士，年龄较长，一定要注意保持清醒冷静稳重，不要受一哄而起的氛围影响"。师姐中肯的提醒犹如雪中送炭，醍醐灌顶，在风云乍起的关键时刻给我一剂清醒剂和镇静剂，避免了书生意气而容易出现的失误和偏斜。毕业之后的廿八年，我一直未见到曾玲师姐，今年春，遵师命回到阔别许久的校园，才向她当面表达这穿越几十年岁月姗姗而迟的感谢。

厦大紧邻南普陀寺，寺设闽南佛学院，一些还未剃度正式出家的准和尚、准尼姑在此学习。有一次，记不得经什么人介绍让我给准和尚大专班学员讲了一次课，什么内容记不大清楚，无外乎中国历史沿革之类。学员听后反应不错，于是径直来找我，说李老师，想请你给女大专班学员（也就是准尼姑）也讲一次，佛学院领导想与你见个面谈谈。待我如约来到佛学院领导办公室，身披袈裟的教务长瞥了我一眼，便连连摆手而言"不行不行"，我尚未落座，劈头盖脸的"不行不行"让我不知所措，一头雾水，教务长也自觉失言唐突，抱歉地解释道：李老师，你课讲得好我听说了，我说不行不是别的，是因为女大专班的学员还未正式剃度出家，有些凡心未了、尘缘未绝，去年我们就处理了几个违规学员，你一表人才要是去一讲，我们整肃校纪寺规的压力就会增大。接下去缓和气氛的闲聊，我得知这位教务长系浙医大的工农兵大学生，湖北黄梅人，是我知道的湖北省一位老领导的外甥，出家前还曾在我姐姐的单位工作过。这段有几分荒诞滑稽的趣事，几十年后想来还颇觉好笑。以弘一法师当年的风采出家，尚未被拒于佛门之外，不堪如我者怎么讲一次课都不行？此生既与佛门无缘，就只好踏踏实实做个凡夫俗子了！由是我也悟到，人生在世，出家也罢，在俗也好，做人做事不仅在信念的抉择，更在于信念的坚持和坚守。

杨先生是成就斐然的学者，是当时最年轻的历史学博导和国务院学位委员会学科评议组成员，但来厦大之前，说实话，我对明清经济史研究的关注更多地聚集在傅衣凌先生的著作上，而对杨先生的学术成果知之不多。直到认真拜读先生的大作《明清土地契约文书研究》，深为先生精到的研究视角和精辟的见解识断震撼，更为先生行云流水般明白晓畅的学术表达所折服。坦率地讲，中国经济史的著作有些不太好读，讲究无一字无出处，有大段大段的引文，使读者如我颇觉吃力，不无艰涩感，不通读完全篇不足以知全豹，不细嚼慢咽再三反思则难免挂一漏万，而先生的表述则令我耳目一新，使我明白学术论著可以也应该这么写。联想到我的硕士导师张舜徽先生所言：书是写给人读的，古来存心不想让人读，不想让人读懂的，只有西汉的扬雄和他的《太玄经》。我的硕士师兄作《〈太玄经〉校释》，任继愈老说填补了中国哲学史上的空白，之所以长期空白，大概也出于舜徽先生所论扬雄故弄玄虚玄而又玄的缘故。出于对先生大作的感念膺服，我以《开拓契约文献学研究新领域》为题，写了一篇书评，为

《古籍整理》刊载，所论虽不足道先生学术精粹于万一，但作为弟子，从先生的论著中吸取营养获致教益的肤浅心得留在了白纸黑字间，也留在了感念师恩的不泯记忆里。

　　蒙先生不弃，邀我回校参加先生以耄耋之年组织召开的"海洋与中国研究"国际学术研讨会，高朋满座，胜友如云，我中道易辙愧无学术成果可献，只能用这经年往事的拉杂回忆聊作花絮谨呈，是为记。

李长弓与郭润涛夫妇

　　上午，在杨老师的陪同下，众多"杨家子弟"来到太平岩寺，祭拜师母。

　　崔来廷：3月31日上午9时，我与于运全、杨强、张连银等来到逸夫楼恩师下榻的602房间，边聊天边等其他同门，分别同杨老师留下了珍贵的合影。约9时30分，与恩师一起在逸夫楼下集合，众人分乘两辆车向厦门植物园太平岩驶去。首先，众人来到太平岩寺，在寺外，倪月菊师姐、于运全、杨强、张连银等一边听恩师介绍太平岩寺的人文掌故，一边等待郑庆喜、潘茹红等人，等大家到齐后，在寺内请了祭奠师母的贡品，在功德堂和海会塔祭拜了师母。在祭拜师母时，不禁想起了在厦大的岁月，每次与德元学兄、余丰师妹到恩师家去，师母都会热情地嘘寒问暖，备茶与点心招待，这一切的一切，宛如昨天。没想到，转瞬间师母离开我们已经近三年了。祭拜师母之后，经延平郡王郑成功读书处、"石笑"、"海上云根"以及王震副主席所题"饮茶康乐"处折返，不禁有物是人非之感慨。

杨门子弟前往太平岩寺祭拜师母

己亥年祭拜师母小记

杨　强

时隔三年，再次来到鹭岛，参加业师杨国桢教授的八十华诞暨"海洋与中国研究"国际学术研讨会。而在我心中，还有一夙愿：祭拜师母。

师母之于我，亦师亦母。想当年，蒙杨老师不弃，我负笈东南读博。从一个钻研前四史的历史文献学硕士，转换轨道研习中国海洋史，其中艰辛苦寂可想而知。求学期间，师母在我和杨老师间默默搭起一座桥梁，使我们更易交流。每次去杨老师家，师母都会给我们泡茶，拿点心，适时安抚彼此的情绪。偶尔，师母还留下我们在家里吃饭，一享她的厨艺。每每想来，当时的幸福感又满满在心头。

3月31日，在杨老师的带领下，杨门弟子十人共赴太平岩寺，祭拜师母。师母的骨灰安放在太平岩寺海会塔，牌位置于功德堂。在山门外下车后，仍需攀爬一段距离。杨老师身体不太好，每每行走一段路程，都需要稍事休息，可他仍坚持带领大家走完这段路程。这就是爱的力量吧。

这是我第一次来太平岩寺祭拜师母，但很快，在杨老师的小提示下，我在功德堂里找到了师母的牌位。遗照里，师母依然恬淡温婉、坚定大气。师母，弟子来看您了……久久地，一首小诗酝酿于心里，将它移录如下，送给我尊敬的亲爱的师母：

己亥丁卯杨门弟子祭拜师母

己亥丁卯，杨先生与十位杨门弟子共赴太平岩寺祭拜师母。台阶陡峭，先生仍坚持攀爬，让人动容，心中感叹不已。

精庐隐青嶂，莓苔掩碧流。
眼中沧海净，心头慈爱映。

我辈自四海，齐聚吊遗踪。

款款似再生，拳拳欲相逢。

弟子杨强谨识，时在己亥丁卯

杨国桢老师和杨强（左）、于运全于"海上云根"处小憩

祭拜师母

张连银

　　2019年3月29日，农历己亥年二月廿三日，我从兰州中川机场乘机抵达厦门，再次回到母校厦门大学参加"海洋与中国研究"国际学术研讨会，并庆祝恩师杨国桢先生八十华诞。虽因雷雨天气，途中在郑州新郑机场耽误三小时，但丝毫没有旅途劳累之感。晚上在厦

门大学会议中心见到了杨老师。这次会议的规格明显高于十年前，虽然滨下武志、包乐史、吉浦罗、科大卫等参加会议的海内外学者接踵而来与杨老师重叙友情，畅谈海洋史学，但总是感觉气氛与十年前不一样。十年前师母尚在。十年前，应邀参加杨老师七十华诞的程美宝老师回忆起她在英国留学与杨老师、师母的交往，曾讲起师母给她剪头发、做饭的情形，留下了美好的回忆。此次，程美宝老师再次与会，但师母已离我们远去了。

十二年前攻读博士学位期间，每次我跟刘海峰师兄去海滨东区杨老师家，总能感到杨老师春风化雨般的教诲，我们坐在杨老师家的客厅里，品尝着师母为我们准备的茶点，天热时师母会递过来面巾纸让刘师兄擦去脸上的汗水。此次会议召开临近清明，来自厦门岛外的师兄弟都想去太平岩寺祭奠师母，杨老师走路已气喘吁吁，仍欣然同意陪众弟子前去祭拜。

3月31日上午，杨老师偕倪月菊师姐，于运全、杨强、崔来廷、郑庆喜师兄，潘茹红师妹一行10人分乘两部车从厦门大学出发，车子穿越钟鼓山隧道，从植物园正门右边的大路随山势向东北行了七八里之后，从大路右边伸出岔路左转而下。太平岩寺就隐藏在大路左边的山谷中，山谷中竹林婆娑，溪水潺潺。大家下车后就坡走一段路就来到了庄严、静谧的太平岩寺。由于是清明前夕，寺里的信众、前来祭拜的亲友云集，大殿里香火缭绕。翁师母的牌位摆放在功德堂最高处。在杨老师的指引下，众弟子摆放好贡品，放白菊花、点蜡烛、焚香，默默轮流叩拜。祭拜完后，众弟子从正殿顺台阶而下，经过由"石笑"三块巨石形成的天然小门，来到地宫"海会塔"前，师母的骨灰就安放在墙内的地宫里。众弟子再次将白菊花立在地宫前的墙边，并在地宫前的香案前焚香叩拜。地宫前的花坛内鲜花盛开，墙内外阴阳相隔，师母的音容笑貌宛在眼前，众弟子却再也见不到师母忙碌的身影，品尝不到师母的茶点、美食，感受不到慈母的爱怜，只能借此机会祭拜师母以寄托哀思之情。祭拜即将完毕，刘璐璐小师妹闻讯师兄弟祭拜师母，从厦门大学会场打出租车赶来祭拜。

祭拜完毕后，杨老师、众弟子回到"石笑"，左边就是几块巨石，自然天成，是郑成功读书处，前方下山的小径逐渐收窄，小径右边就是"海上云根"石。杨老师、众师兄弟依次坐在"海上云根"石左边的石凳上小憩，众弟子聆听杨老师追忆自己的学术生涯与"海上云根"石的渊源。师母去世后安葬之地几经选择，最终安息于"海上云根"之处。杨老师从明清史研究转向海洋史研究离不开翁师母的默默付出，今天，东亚最大的海洋史学会议在厦门大学召开，是对杨老师学术成就的肯定，也是对师母默默付出的肯定。师母在天国能看到今天学术会议的盛况，定然会欣慰！

左起：张连银、崔来廷、杨国桢、于运全、潘茹红、倪月菊、徐鑫

车到山前必有路

刘璐璐

　　3月30日晚上有师兄师姐商量第二天去太平岩寺拜祭师母，当时被师姐的感冒病毒传染的我头昏昏的，忘了询问具体时间。翌日上午第一场报告完毕已经十点，我才发现手机里的消息，大家已经在太平岩寺了，我才莽莽撞撞匆忙打车前往植物园正门。到了正门才知道的士不让进入，而且这条路线的旅游观光车这日停运。原本自厦大往太平岩寺路线有二：一是从凌云宿舍上面自植物园后门走路过去，不用半个小时；二是从正门有车道上去，若步行则估计会超过一个小时。此时接到茹红师姐消息说大家已在"郑成功读书处"，如果来不及上去改天师姐她再陪我一起吧。话虽如此，但改天又不知何日才过来，心想再试试问一下有没有其他人的车顺路吧。于是我跟门口维持交通的保安大哥说了一声，几位大哥二话没说就帮我一一询问进植物园的私家车，没几分钟就有一辆车，是部队的人员正好要经过太平岩寺的路口，保安大哥强烈要求帮忙搭一个人，所以我也就顺利上去了，到路口时好心的司机大哥还问要不要送到寺里边呢。待一路小跑到太平岩寺，看到"黄日纪诗刻"不远处老师正站在师兄师姐中间，老师对我说："去上香吧，不用着急。"然后茹红师姐就陪着我一起到功德堂师母牌位前点香拜了几拜，希望师母保佑大家都好好的，再到下面"石笑"岩石一侧师母骨灰安放处的海会塔也点香拜了几拜。此时我想起了一首歌 Eversleeping，钢琴伴着深情的歌声，是感伤又永恒的旋律。再次回到"黄日纪诗刻"前与大家会合准备下山时，老师说拍张照吧，要不以后怎么知道你来过了？于是一行正好十人，在这块印刻着老师的深情记忆而有特殊意义的诗刻前合影。事后回想其中的小插曲，或许冥冥中自有安排，正心诚意前往的时候，车到山前必有路。

杨门子弟于"黄日纪诗刻"前合影

九

31 日下午，分组讨论在热烈愉快的气氛中继续进行。讨论之余，黄顺力老师读完杨老师为"海洋与中国研究丛书"撰写的总序，他不仅被杨老师敢为人先的气魄和风范所折服，更为杨老师的书生意气和家国情怀所感动而铭记永远。

感动瞬间　铭记永远
黄顺力

此次会议，专家学者做了多场精彩的主题发言，分组研讨也气氛热烈，高见频出，个人深感获益匪浅。但会议期间令我印象最深的是31 日下午利用分组研讨的空余时间，仔细拜读了恩师为新版"海洋与中国研究丛书"（25 册）所撰写的总序，真可谓感动瞬间而铭记永远。

恩师在总序中开章明义说："我平生在元旦写下学术研究心愿和追求只有三次，第一次是 1980 年元旦为《林则徐传》写自序，第二、三次是 1998 年和 2003 年元旦分别为《海洋与中国丛书》与《海洋中国与世界丛书》写总序。……今天是 2018 年元旦，要写第四篇序……"虽然仅短短的数十言，却显示了何等的书生意气和家国情怀！我想，如果说，1980 年代《林则徐传》的出版奠定了恩师在近代史学界的学术地位，那么，1998 年、2003 年和 2018 年"海洋与中国丛书"、"海洋中国与世界丛书"、"海洋与中国研究丛书"（再版）及"中国海洋空间丛书"的陆续面世，则因恩师的引领而开创了具有独特风格、气派和特色的中国海洋史学科！这是学者的学术关怀与国家民族事业同心同步发展的结果，更是学术研究由"量"的积累到"质"的升华。

因为我们都知道，《林则徐传》是恩师在"文化大革命"浩劫期间，"不管风吹浪打，胜似闲庭信步"的研究成果，而"海洋与中国丛书""海洋中国与世界丛书""中国海洋空间丛书"等则是恩师在花甲之年毅然从原有的历史学科主流走向多学科结合的边缘，筚路蓝缕，敢为人先，创立中国海洋史学的奠基之作。这又显示了恩师何等的学术定力、韧劲和追求！显示了何等的风范和气魄！

宋人陆象山有云："为学患无疑，疑则有进。"此为治学之道之箴言，而对于创立一个新的学科而言，恩师身体力行的引领及其弟子与再传弟子的共同努力，可谓"为学患无心，有心则进！"

参加完分组讨论后，史伟夫妇、李冰夫妇来到杨老师寓所，看望老师。时光倒流回 2010 年 5 月，郑庆喜、史伟、周志明、李冰四人一起进行博士论文答辩，到老师家里和老师、师母合影留念，一晃已九年，史伟、李冰再次拜望老师，郑庆喜恰巧同在，缘分是注定的！同一位置再留合影，可师母已驾鹤仙游，周志明因故提早赶回，当年六人之中，如今重聚四人，回忆老师和师母的恩情，千思万绪萦绕心头。

第二次合影

史　伟

31 日会议即将全部结束，上午我们与李冰夫妇约好，下午讨论会议结束后去杨师宅邸拜望。

杨师家紧邻美丽的环岛路——无论什么天气，一条从没让人失望过的路。路边随处一站，便有微咸的海风和满眼的葱郁扑面而来；抬眼远望，蓝天与沙滩、阳光与碧海，尽收眼底。从厦大到杨师家的这段环岛路或是美中之美的。大家早已迫不及待准备踏上这段美路。可是小琴还在会上宣读论文，在会上受到与会专家的好评，也提了中肯的意见。我们得等她。她一结束后，我们一家四口便直奔厦大白城与李冰夫妇会合。忙中出错，刚走上三家村的大斜坡，我想起礼物落在建文楼，遂让小琴领着孩子先走，我折回房间。好在体力还行，等我赶回过了白城天桥，小琴和李冰夫妇刚会合，正带着孩子们在沙滩上玩耍。

本想叫一辆"滴滴"载大家走，但司机坚持有小孩只能再载三个大人。于是，我和小琴带着孩子先走，李冰夫妇再叫一辆"滴滴"跟上。一路上，辰辰问东问西。他在厦门玩了两天后，梦想已经变成了留在厦门天天玩沙。

我想起了十年前包括翁师母在内的我们的合影。那是 2010 年 5 月 30 日上午，我和志明首先进行博士论文答辩，次日上午为庆喜师兄与李冰答辩。我二人答辩顺利通过后，庆喜师兄安排我们和答辩委员会成员一起去杨师家拜访。我记得答辩主席是南京大学范金民教授，成员包括中山大学黄国信教授、暨南大学刘正刚教授、厦门大学王荣国教授、厦门大学吴春明教授。正是这一次，杨老师、翁师母、庆喜师兄、李冰、周志明、我，从左右两个角度，一起照了难忘的合影；随后，我和小琴单独与杨老师和翁师母合影，至今成为我们宝贵的记忆和纪念。

我们很快就到了杨师家。庆喜师兄已先到一步，他为我们开了门。甫进门，杨师家的楼梯、餐桌、沙发等，熟悉的场景让我一下子忆起十年前来上课的感觉。庆喜师兄招呼我们一起到熟悉的观景台上与杨师一起看海喝茶。这里曾是我们上课的地方，恐怕也是国内少有的集观海、望金门、品茶和学习于一体的教室吧。不一会儿，李冰夫妇也来到杨师家，落座，人齐了。

有庆喜师兄在的地方，就有不歇的欢声笑语，这次也不例外，更何况还有了一个顽皮的辰辰。庆喜师兄用一个小魔术彻底引爆了辰辰的小宇宙，两人你来我往好不热闹。杨师家的茶还是那么香，大家在孩子消停后随意聊着这几天的见闻和感触，笑声不时响起，心情明亮舒畅。真不曾想到，十年后，还能有机会再与杨老师、庆喜师兄、李冰同在阳台上喝茶看海聊天！

喝完茶，大家来到客厅沙发合影留念。我们依着从前的模样，让李冰爱人从相同的角度，为我们留下了珍贵的第二次合影。只是情况有了一些变化：李冰从一人变成了两人，我与小琴从两人变成了四人，庆喜师兄添了白发；杨老师风采依旧，精神依然矍铄；可师母已驾鹤西去，成为大家心头永远的隐痛。

保重，杨老师！

十年前，博士论文答辩后，我们在此分别

2010 年，郑庆喜、周志明、李冰、史伟博士学位论文答辩后，相约至杨国桢老师家中拜望师母

十年后，海洋史会召开时，我们在此重聚

2019 年，当年毕业的郑庆喜、史伟、李冰再次相聚于杨府

时光·拾光

李 冰

31 日下午，我与我的爱人跟史伟夫妻一起约好去杨老师家拜访，原本周志明也要去的，可是单位有事，不得已赶当天的火车先回去了，颇为遗憾。

一进门，郑庆喜师兄也在。听着杨老师与郑师兄之间犹如父子的互动，我们仿佛一下子又回到了过去在厦大读博的无忧时光。当杨老师拿起纪念翁老师的《碧海金晖——翁丽芳纪念集》给我看为师母写的挽联"犹记执手问消息，他年消息告何处"时，我的眼睛突然模糊了起来。

说实话，翁师母的纪念集我一直不敢打开。杨宇师兄在翁师母的告别仪式上讲的话一直在我脑海里："每次母亲提到银行卡密码甚至后事的时候，我总是刻意把话题引开，因为我没有勇气，抑或可以说怯懦地去逃避，逃避面对可能来临的死亡。"我也同样是懦弱的，想着也许不去打开那本纪念集，师母就还在世，我们还能再见面，还能听到师母亲切问我近况，聊我们开心的时光。看着老师给我指着我们当时的照片，我突然对我自己的懦弱感到羞愧，愧对老师和师母对我的关怀爱护……

"我们再按照这张照片拍一张十年重聚照吧，"杨老师对我们提议，"史伟，你坐这边，李冰，这边。可惜你们翁师母不在了，庆喜这边，周志明没来下次补上，小琴坐这边。"杨老师竟然把十年前我们拍照时的位置记得如此清楚，足见杨老师对翁老师的深深思念以及对我们这些弟子的关心。我们按照杨老师的安排坐好，由我的爱人为我们拍下了这时隔十年的重聚照片。

时隔十年，杨老师精神依旧矍铄，我们都已经有了自己的小家，史伟和小琴已经有了两个宝贝，郑庆喜师兄的头发也白了……时光还偷走了我们可爱可敬的师母，带走了我们的青春年少，不过它偷不走的是我们与杨老师之间珍贵的师生情，我们师兄弟姐妹之间珍贵的手足情。

离开杨老师家后，坐在郑师兄的车里，听着郑师兄睿智风趣的话语，我们仿佛又回到了十年前。我好想让时光再慢点，再慢点，我愿意用我的一切换取今天，换取老师的岁月长留。

时间总是过得那么快，回忆着校园内的韶光岁月，特别是与杨老师的旧日时光，这场盛会有了别样的色彩。随着会议落幕，在告别杨老师与师兄弟姐妹后，大家余韵未尽。纷纷写下与会感言。

罗一星：会议盛景，历历在目，恩重情长，传颂久远。

李长弓：大会众口一词非常成功！会议的成功举办充分显示了先生超凡的学术影响力和独具的人格魅力，作为学生，为此深感骄傲！唯望先生善自珍摄，多加保重，以延鹤年，让学生仰而有望，心有所归。

刘正刚：从大会的安排、出席的人数来看，再次见证了业师在海内外研究中国海洋史学的学术界崇高地位不可动摇。我期待着业师90寿诞时，能与各位杨门的师兄师弟师姐师妹们再聚首。

欧阳宗书：这次国际学术研讨会名家荟萃、盛况空前，充分展示了您开启并奋力耕耘的海洋社会经济史研究硕果累累、蔚为壮观，充分展示了您把握历史规律、认清世界大势的独特学术眼光和人格力量。

黄顺力：祈望恩师健康长寿，学术之树常青！中国海洋史学事业繁荣！十年之后，我们再相聚！

黄亦锡：杨国桢老师，堪称研究中国海洋史的权威。他一步一脚印的为中国教育奋斗不懈，用智慧面对人生所有的难题，坚持善念地执行理想。以八十岁的年纪杨国桢老师而言，他认真、要求完美的精神以及过人的记忆力，让人惊叹。未因年龄增长停止学习，还是勇于挑战新的事物，而且更能精确地掌握改变的成果。尽管已是高龄，依然自高处从容俯瞰所见，细心处理各方面的事务。他的波浪壮阔一生，一页页的旧事，有见证大时代的苦难，更有惊心动魄的片段。其一生其实是一本有意义的书，一个仁者风范的真实故事。他的故事深刻感动你我，也期望他的义行，让我们深刻动容而共襄盛举，让中国能真正成为"海洋强国"，落实放眼南洋迈向国际的理念。感谢大家支持，耑此。在杨国桢老师80华诞志庆时刻，我也敬祝所有老师和同学健康喜乐！万事如意！

王重阳：回顾这十余年来的厦大生活，每次回到母校之后，总有两种深刻的感触：一是看到了恩师生活环境的改变，让我们时常关注与挂念；二是觉察恩师的爱国爱校、关怀学生与求知奋进的精神始终如一，无形中已成为门生学习典范与楷模。恩师一生的饱学经纶、学术成就与桃李天下之势，完全体现在此次的盛会之中，另也感受到师兄妹们相见欢，充满洋溢温馨与喜悦心情。看到这种情境，深深打动人心并常在吾心，亦期盼下次再聚与再学习的机会早点来到。

张雅娟：匆匆一别，再见经年。好在不管中间隔了多少年，时间都不会冲淡大家的感情，只会让情谊弥坚。2019年3月的聚会，是十年前就说好了的约定。大家克服各种困难都来了。忆往追昔，更感师恩浩荡，同门手足情深。2019年的聚会还没结束，大家已开始期待杨家将的下次聚会了。但愿，下次相聚不远。祝福恩师杨国桢先生福寿绵延，师门欣欣向荣，繁盛昌茂。

蓝达居深有感慨：海洋史学之学人由个别而为团队，海洋史学之书写由零星而成丛集，海洋史学之作用由学术发展而为家国发展之命运。

由附庸而为大国

蓝达居

在庆祝吾师杨国桢教授八十大寿期间，由厦门大学历史系和中山大学历史学系联合主办的"海洋与中国研究"国际学术研讨会在厦大校园举行，学术群贤毕至，宾客云集，师友相聚，欢声笑语。见证吾师开辟倡导之中国海洋史学，起笔发凡，筚路蓝缕至于今日，已经洋洋乎蔚为大观，雄雄然已成大国，影响广泛而深远。有幸参与盛会，感触良多。

感触之一，海洋史学之学人由个别而为团队。1994 年我从厦门大学人类学系跨系跨专业在职读博，开始拜随杨先生研习中国古代史。当时感到，20 世纪 90 年代初，中国社会普遍对海洋缺乏认识和了解，厦大主流的史学还是偏重陆地的社会经济史研究，杨先生敏锐地认识到海洋史的重要性，将自己的研究领域转移到海洋社会经济史研究。当时能够自觉地站在海洋史学的角度看待中国社会历史的人很少，虽然在历史学界关注和研究海外交通史的学者不在少数，但却缺乏中国海洋本位的视角，无法纳入自觉的以海洋为本位的史学研究范畴。研习过程中，想要深入系统研读海洋史学方面的专著和文论几不可得。虽有良师指点，前路亦是彷徨。但是，经过杨先生多年的呼吁、提倡和推动，如今杨先生倡导的海洋史学已经形成了完整的学科框架和较为完善的学科理论体系。最明显的发展是杨先生带出了一个相对壮大的多学科的海洋史学研究队伍。这次盛会，从全国各地，也从国外来了很多从事海洋史学研究的学者专家，其中许多人得到了杨先生的指导，然后从厦大走出去，在更广阔的海洋天地里探索、拓展。从中，我感受到一种海洋史学学科团队蓬勃发展的态势，令人深受鼓舞！

感触之二，海洋史学之书写由零星而成丛集。这次盛会的一道夺目风景线是举行"海洋与中国研究丛书""中国海洋空间丛书"首发式。由江西高校出版社出版的"海洋与中国研究丛书"是在原来"九五"国家重点图书"海洋与中国丛书"（8 册）、"十五"国家重点图书"海洋中国与世界丛书"（12 册）基础上修订出版，是全面呈现中国史学界研究中国海洋社会经济史和海洋人文社会科学成果的鸿篇巨制。新版"海洋与中国研究丛书"共 25 册，不仅深化了研究，也调整了丛书的结构，加入了新的史料，发展了新理论，扩大了规模。拙作亦忝列其中，不免惶恐，但更欣慰。而丛书新增的《瀛海方程——中国海洋发展理论与历史文化》《海天寥廓——明清中国沿海社会与海外移民》《东溟水土——东南中国的海洋环境与经济开发》等 10 册图书入选"十三五"国家重点出版物出版规划项目。回望二十几年前，杨先生初创中国海洋社会经济史学之时，我们能够读到的重要的海洋史方面的论述大抵只有杨先生写的《中国需要自己的海洋社会经济史》和《关于中国海洋社会经济史的思考》等少数几篇原创性、纲领性的论述。让人惊叹的是，正是杨先生在海洋史学初创时期这些为数不多的、极具原创性和纲领性的论述，号召凝聚了一大批人，引领感悟了一大批人，这个团队在杨先生的指导下，扩大了海洋史学的视野，从而使我们在广阔的历史海洋中纵横驰骋，劈波斩浪，不断开辟中国史学新的海洋空间。

感触之三，海洋史学之作用由学术发展而为家国发展之命运。中国海洋社会经济史和海洋人文社会科学研究，初创之期，用力在于学术思想"重陆地轻海洋"之纠偏，在于质疑中国史研究的"中原中心论"，也有针对台岛社会之"文化台独"学者所谓"台湾属海洋文明而大陆非海洋文明"之谬论。随着中国海洋史学学科体系和理论体系的构建和完善，其学术之影响日益扩大，由海内及于海外。其社会功能作用更及于国家发展战略层面，由维护国家统一到为建设海洋强国之中国海权之争取与维护，更扩及"一带一路"倡议之现实运作，影响广泛而深远。此其由学术思想而及于国家社会发展乃至构建海洋命运共同体的宏伟目标的提出，彰显了中国海洋史学的伟大前景。我觉得，这着实是激动人心的学术伟业！有机会参与盛会，能够加盟此一学术伟业之中，与有荣焉！

　　幸哉！感谢吾师，愿吾师健康长寿！感谢中国海洋史学，顺颂伟业千秋！

1996 年蓝达居（中）、吕淑梅与杨国桢老师共度佳节

学术忆往

1983 ~ 1985年与杨国桢先生
学习交流的报告

森正夫[*]

1983 ~ 1985 年，我与杨国桢先生在中国的厦门大学、日本的名古屋大学以共同研究会的形式进行了多次学术对话，学习了许多见解，受益良多。追忆三十多年前的这段不平凡的岁月，重温当年所写的研究报告，备感亲切，堪称中日学界交往的一段佳话。

一 1983年厦门大学共同研究会，杨国桢先生的封建土地所有论

1983 年 4 月至 1984 年 1 月，根据日本学术振兴会与中国教育部的协定，我受派遣作为长期研究员，以 "中国明代土地制度研究" 为总课题，在中国的复旦、厦门、武汉、南京以及北京五所大学学习。1983 年 9 月在厦门大学的一个月间，我与傅衣凌、杨国桢二先生及历史系研究生举行过六次共同研究会。1985 年，根据我的笔记、研究会上郑振满等研究生的录音记录，我在《东洋史研究》第 44 卷第 1 号上发表了《围绕 "乡族" 问题——在厦门大学共同研究会上

---

[*] 作者系日本名古屋大学名誉教授、原副校长，日本爱知县立大学原校长。

的讨论报告》。这份报告的内容，已经整理成三份文字，在《中国社会经济史研究》陆续刊发，① 主要介绍了我与傅衣凌先生、杨国桢先生关于"乡族"以及农民土地所有的讨论。其中对于杨国桢先生的封建土地所有论，报告中做了比较完整的评说。现引介绍如下。

厦门大学共同研究会时的森正夫与杨国桢

1963 年，厦门大学历史系和福建省历史学会，在福建省南平县的南平阶级斗争展览馆抄录了数千份契约文书。1974 年，厦门大学历史系在福建省北部的建瓯、邵武等县收集了 3000 余份契约文书。1979 年，杨国桢先生对这批以土地买卖和租佃契约为主体的契约文书进行整理，抽出典型案例进行研究。厦门大学以历史研究所中国经济史研究室为主创办有《中国社会经济史研究》杂志，1982 年杨国桢先生在该杂志第 1～3 期连续发表了《清代闽北土地文书选编》。

---

① 森正夫：《围绕"乡族"问题——在厦门大学共同研究会上的讨论报告》，《中国社会经济史研究》1986 年第 2 期；森正夫：《关于"乡族"——重温一九八三年厦门大学共同研究会的报告》，《中国社会经济史研究》2001 年第 4 期；郑振满、郑志章整理《森正夫与傅衣凌、杨国桢先生论明清地主、农民土地权利与地方社会》，《中国社会经济史研究》2009 年第 1 期。

在此前后，他还在《中国史研究》1981年第1期发表了《试论清代闽北民间的土地买卖——清代闽北土地买卖文书分析》，在《中国社会经济史研究》1983年第3期发表了《清代浙江租佃契约一瞥》。

"文化大革命"以前，自傅衣凌先生在《明清农村社会经济》中进行这项工作以来，几乎没有资料系统介绍过旧中国农村民间一般土地所有者的土地买卖契约以及租佃契约文书，也几乎未见从社会经济史的角度对这种文书的解读。因此杨先生的一系列辛苦工作意义重大。并且，他以上述工作为基础，就旧中国的土地所有，即所谓"中国的封建土地所有"的整体特征，大胆地提出了自己的理论观点。那就是1982年10月他在广州召开的"中国封建社会经济结构学术讨论会"上提交的论文《试论中国封建土地所有权和地主制经济结构的特质》。对此论文，我进行了全文翻译和解读，向日本史学界介绍。[①] 杨先生的这篇论文显示出来的是在使"乡族"概念普遍化方面所做的尝试。

首先，杨先生对马克思主义理论予以独特的探讨，指出作为西欧、东方通行的封建土地所有的一般性质，都是共同所有和个人所有相结合，根据中国固有的史实，中国的"封建社会"，存在着作为"大共同体"的国家和"小共同体"的乡族。据其认为，秦汉以后至清代的集权性专制国家"是在阶级对立上建立起来的，代表着地主阶级的利益"，但同时又具有全国规模的一大共同体这一侧面。"中国封建社会始终存在着地缘和血缘相结合的乡族共同体。"这样，杨先生基本上继承了傅衣凌先生的"乡族"概念，但其特点在于将"乡族"明确规定为"共同体"。

其次，与此相关联，提出了所谓"乡族所有"这一新概念。杨先生根据上述对于马克思主义理论的理解，认为"中国封建社会"的土地所有，由共同体所有和"私人所有"——他用此词语表示个

---

① 载《历史的理论和教育》第61号，名古屋历史科学研究会，1984年11月。

人所有乃至私人所有——组成。而共同体所有又由国家所有、乡族所有两种形态构成，"私人所有"则由地主所有、自耕农所有两种形态构成。作为构成这种所谓复合性土地所有形态的一环，他举出了"乡族所有"。据其所述，"私人所有"的两种形态相对于共同体所有的两种形态居于主导地位，而在"私人所有"中，地主所有具有绝对领导权。不过，他又指出，地主所有又总是与其他所有形态有着密切的联系。例如，中国的地主所有并不一定与西欧领主所有的那种稳定的身份特权相结合。因此，地主所有与同样属于"私人所有"的自耕农所有之间总是相互转移。还有，地主所有和自耕农所有同属"私人所有"，因而受到国家所有、乡族所有这一共同体所有的制约。杨先生还关注另一方面，即这一共同体所有，反过来受到地主和自耕农构成的"私人所有"的制约和抵抗。那么，在如此互相关联的土地所有形态中，如何为"乡族所有"定位呢？作为共同所有的"乡族所有"，其概念所含的内容在现阶段还很难说得到了充分归纳整理，但杨先生的相关观点涉及两个方面。一是指出在"乡族共同体"内部存在着"私人所有"。他说："正如海内外学者的研究成果所示，在乡族共同体内部，却又存在着对于个人活动和个人对土地财产的支配，还有私人所有权。"二是关于"乡族共同体"对于"私人所有"的制约问题。他指出，"与私人土地相关的权利受到乡族共同体的制约和支配。这在私人继承、转让、买卖土地时最能明确表现出来。……得不到乡族的同意，私人处置其土地往往是困难的。……这是由于乡族共同体对于私人所有的土地又有着某种程度的所有权的结果"。在一天晚上的聊天中，厦门大学参加研究会的历史系研究生用"权利之束"来表现杨先生对中国封建土地所有权的见解。杨先生的"乡族所有"当然也包括族田、祠田、义田等一般同族共有地，但是如以上所述，好像主要还是指对与"私人所有"纠结而存在的"乡族共同体"土地的权利。

这篇论文进一步指出中国封建经济存在着三对现象：（1）土地

［所有权］的相对运动性和相对稳定性；（2）商品经济和自然经济；（3）经济先进地区和落后地区的存在。它们性质相反，但相互共存、胶着，像橡皮筋那样反复伸缩、消长。杨先生通过这三对现象分析说明了"中国封建经济结构具有弹性的特点"。论文还提出了"阶级构成的半身份制性质"，认为这是使土地所有权和身份制的相对分离不断产生的主要原因。这一观点也很令人注目。以上论述都将傅衣凌先生的见解理论化，显示了"乡族共同体""乡族所有"存立的条件，意义深刻，在此不再细述。

傅衣凌先生提出"乡族"概念并多有阐发，而在傅先生门下学习过的杨国桢先生继承傅衣凌先生的"乡族"论以及构成此理论一环的非身份制土地所有的观点，致力于旧中国土地所有制的研究。杨国桢先生从共同体所有与个人所有的结合，探寻封建所有的一般性质，以此为出发点，将"国家共同体"、"乡族共同体"以及"私人"——地主、自耕农——设定为所有主体，将"国家所有"、"乡族所有"以及"私人所有"——地主所有、自耕农所有——设定为所有形态，试图由此将傅衣凌先生的"乡族"定位于"中国封建社会"的经济性社会结构之中，对这一概念加以系统性阐明。很遗憾，我不能对杨国桢先生的个别论点一一加以讨论，不过给我留下深刻印象的是，他在使理论一般化方面所做的努力，还有他通过对土地所有的分析所表现出来的对旧中国社会结构多元性、复合性的切实关心。这种关心的根本，在于对旧中国固有的私人所有，即他所说的"私人所有"广泛展开的深刻认识。

这次参加厦门大学共同研究会，我感受到"乡族"论中还含有被战后日本的明清社会经济史研究和至今的宗族研究所容易忽略的视角。例如，作为血缘与地域复合在一起的社会关系，"乡族"本身就是作为社会性域场而设定的。还有，并非中央而是地方，并非直接关系官僚制、行政机构的领域而是亦可称作民间的领域，并非有身份特权的社会阶层而是没有身份特权的社会阶层，得到重视。因此，土豪的存在被作为支配、领导阶级受到关注。再有，以战乱为主，在特殊状况下发生的移居、开垦、建立堡寨等活动受到关注。而义集、义渡、义井等有关地域共同利益的各种自发性事业，也得到了细致考察。以往明清社会经济史研究没有捕捉到的历史所具有的全新意义，以及事物被隐藏的相互关系，通过"乡族"论的这种视角，正在得到阐明。

1983 年，在泉州考察东西塔。左起：杨国桢、小野和子（京都大学教授）、森正夫、傅衣凌、陈泗东（泉州历史研究会会长）

二　1985年名古屋大学共同研究会，与杨国桢先生关于土地文书的讨论

　　1985年4月至7月初日本学术振兴会邀请厦门大学历史系教授杨国桢先生在日本各地进行学术交流。杨国桢先生6月11～16日在名古屋，跟名古屋大学文学部东洋史研究室的师生进行了交流。那个时候，杨国桢先生着重向我们介绍了清代和民国时期福建土地买卖和租佃关系民间文书以及有关研究成果。当时，我们名古屋大学东洋史研究室安排了有关土地文书的讨论会、"福建农村的遗俗与遗物"讲演会、跟东洋史学研究室本科生和研究生的座谈会、历史遗迹的参观，以及跟研究日本历史文书的专家们的座谈会等一系列活动，因此杨国桢先生在名古屋的日程非常紧张。不过，杨先生按照中国"客随主便"精神，从开头到结束，始终没有表现疲倦的样子，进行了活动。杨先生善于言谈而坦率，我们除了上述活动的机会以外，可以直接自由地提问。例如有一次吃饭的时候，问先生研究历史的目的在哪儿，先生当场回答"是恢复'原貌'"。

　　恢复"原貌"本身不只是简单工作。在跟东洋史学研究室本科生、研究生的座谈会上，先生介绍最近厦大博士生等青年研究者的研究方法和特点。先生说，他们的研究方法表现出积极关注传统历史学以外的学术领域的态势，例如他们向社会学、经济学和统计学等学科吸收成果。先生指出，这样的目的是继承傅衣凌教授的学风。先生把傅衣凌教授学风特点概括为两点：（1）历史学、社会学和经济学的结合；（2）重视民间资料。我们认为杨国桢先生整理的傅衣凌教授的学风特点大概也就是杨国桢先生自己的研究方法。杨国桢倾注旺盛精力致力于过去未曾开拓的民间文书的收集、整理和保存。1982年10月，杨国桢先生于广州"中国封建社会经济结构学术讨论会"提出《试论中国封建土地所有权和地主制经济结构的特质》，基于民间

1985 年名古屋大学共同研究会时的杨国桢和森正夫

文书研究的认识，发表关于前近代中国土地所有的独特见解——国家所有权、乡族所有权、私人所有权多重并存这样的看法。从中我们可以明白杨先生所谓恢复"原貌"并不是单纯地罗列历史上一些事件的。

关于土地文书的讨论会，当时名古屋大学东洋史研究室的大学院博士生中村达雄、山田贤、稻田清一根据记录和录音整理成文。① 我引用此文，介绍现场问答的一些片段。

1. 名古屋大学师生提出的问题

去年（1984）后半学期，在森正夫老师的讲课里，我们阅读了一篇杨国桢老师所写的论文《试论清代闽北民间的土地买卖——清

---

　① 本部分根据 1986 年 8 月『名古屋大学東洋史研究報告』11 号，稻田清一、山田賢、中村達雄『囲坐杨国桢先生身旁谈一谈——关于土地文书的讨论会』改写。

杨国桢与东洋史研究室研究生讨论清代土地文书问题

代闽北土地买卖文书剖析》①。之后，要更完整地了解论文的内容，我们开了两次研究会。虽然各参会者的关心有所不同，如乡绅、宗族、农村社会、经济结构等，但是接触杨老师的论文，按照每个人的关心，大家都觉得很新鲜，受了很大启发，并且特别对论文里所介绍的资料之丰富，感到惊讶。然而，说觉得新鲜，也意味着有点陌生。在读论文的过程中，往往出现有些难解的地方，我们认为自己的理解

———————

① 《中国史研究》1981 年第 1 期。

还不充分。幸而今天能见到老师，趁此机会，请多多指教。

（1）"乡族所有权"的上层结构、支持"乡族所有权"的精神基础是什么？

在"乡族共同体"内部进行土地买卖时，是由什么人，在什么场所下最后决定？

具体来讲，"乡族所有权"表现在土地买卖契约中的哪些地方？

把土地卖给同一宗族内的人与卖给宗族以外的人，该地的价格有没有差别？

以宗族为单位统一纳税，曾经有过这样的纳税形式吗？

（2）当"中人"的人是什么样的人？

土地买卖契约中往往出现"情愿托得知识人"这种句子，这个"知识人"是什么？

（3）从全国的范围来看，土地所有和土地买卖的形态上有什么不同的地方？

（4）土地买卖时，有使用银两和使用铜钱两种方式。普遍的是哪一种方式？对卖方或者对买方有利的分别是哪一种？

一般来讲，买卖什么样的土地？比如荒地买卖得多，还是熟地多？福建的土地价格相当于该地几年的收获量？

2. 杨国桢先生回答和师生发言的基本部分

杨（杨国桢，下同）：首先就所谓"乡族所有权"的上层结构讲，其本身就有"乡族"组织。形式上形成一个社会组织的乡族结合，应该有其相应的精神上的纽带。这个精神上的纽带是在宗族内部作为族规出现的。我们虽然不一定直接跟这个问题（即所有权）联系讲，但是往往论及族规。例如，某族规定族内的土地不能卖给外姓，只能在族内买卖。这样，有的族规约束力较强，不能卖给外姓。也有另外族规允许卖给外姓，但必须先得到族人的同意。还有，比如关于族田的规定，约束力更强。这些都有条文的规定，都表现"乡族所有权"。族谱上会有的。

至于"乡族所有权"的具体表现，按照土地的种类而不同。一个是宗族的土地，这个是可以说"乡族所有权"本身的表现。族规上有明确规定的，这是个共有地，不能买卖。另外一种是族内各个人（的所有地），被束缚于族规的。这个表现在买卖时的先买权。"乡族"内部的先买权，即便土地不属于宗族而属于私人，该地也受到族权的干涉。这个干涉，可以说，要使土地只能在"乡族"内部流动。土地，族内人不要，才能卖给外姓。

"乡族"内部的土地买卖，主要是私人土地的买卖。在村庄，私人要买卖土地，先要卖给族内人。买卖是"先问房亲，后问地邻"。房族内部也要先从最亲近的人开始问你要不要买，哥哥不要，然后问弟弟，弟弟不要，那问伯伯，再问他儿子。房族内都不要买，还要问同族的第二房、第三房，等等。这些人都不要时，才问到地邻，就是田地四周的人，这个时候也有先后。各个地方习惯不一样，有的地方是从东边开始，然后西、南、北，也有南—北—东—西的。所以，买卖的决定权是现在问到谁，谁有决定权。

例如这样，你要卖土地，你首先要出示该地的价格。假如，你的地按照一般价是一百元，那么你说一百元。哥哥想买，说出七十元。（这个时候）即使外姓的人说可以付一百元买你的地，你也不能卖给外姓人，因为你哥哥有先买权。如果你认为七十元太便宜，不想卖，那么你的地完全不能卖掉了。因为你不能越过哥哥卖给外姓人。

山田贤：那么，中国的土地买卖，大部分是在宗族内部进行，是不是？

杨：不一定。宗族内没有愿意买的，就卖给外姓。要买土地，必须有一定的经济基础。族人很穷的话……有权也不一定买得起。如前所说，买卖是先问血缘，后问地缘，沿着"乡族"的关系进行，有地缘关系的人，也不一定是同族人。所以，有的时候卖给外姓。

稻田（稻田清一，下同）：卖给外姓，就是卖给村外吗？

杨： 是的。卖给外姓可以，外地人也可以。

稻田： 有没有具体的例子？

杨： 这是跟后面的提问有关，就是，请"知识人"等第三者从中介绍买方。这样的"中人"可以联系村外人，也有官员可以买村内的土地。所以，买卖时不一定限于宗族内部的，就是宗族的权力控制私人的土地，私人不能随意买卖。

森（森正夫，下同）： 杨老师，所谓"找""贴"等的后续要求，如果卖方住得离买方很远的话，是不大可能的。还有，我们认为，"找""贴"的次数很多，即要求"找""贴"很多次的话，愿意买这种地的人会很少了。您看如何？

杨： 一般来讲，有"找""贴"的，就是活卖的地，可以说，买卖时的价格非常便宜。有原来价格一百元的土地，五十元出卖，保留赎回的权利。可是不一定能赎回来。没有钱赎回的话，卖方会这么想：现在涨价了，那块地可以二百元卖掉，当时五十元，太便宜了，可以要求稍微"补贴"，而买方也会这么想：稍微给"补贴"，比当时付一百元买便宜多了。所以买方也不认为负担过重。

森： 您的话我懂，但是以"补贴""找价"为前提低价买卖的话，卖方、买方双方应该住得很近，不然的话，要找价是不是很不方便？

杨： 确实，习惯上，土地买卖能越过"乡""图"，不能越过"县"境。当然有大地主买卖外县的土地，但是普通农民的买卖，大部分在乡的范围内进行。有的乡相当大，乡和乡之间有几十里路。要买土地自己耕种，如果住得离该地太远的话没有办法管，还是附近的人或邻村的人买。

下面回答土地契约中"乡族所有权"的具体表现何在的问题。明以前，把土地卖出之前，要写单子，上面把土地的位置、面积、播种量、税额、四至都写清楚。这个单子，从兄弟开始顺序转递到伯父、他儿子，然后递到地邻，这些人都不要的话，请凭"中人"卖给外姓。原来这个程序遵守得比较严格。

到了明清时代，一般不用这种单子了。有的地方还保留习惯写单子，把它叫作"草契"，意味着契约的草稿，但是一般地说，都变为口头问下去就是了。尽管如此，也可以看出来先买权的表现，即最后写土地契约时，明写先问亲族，然后顺序地问到地邻。如果委托"中人"卖给外姓的话，（契约上）要明示事先获得了乡族的同意。这样，"乡族所有权"表现在土地契约上面。

清代以后，乡族对土地所有权的控制，没有以前那么严格，慢慢地弱化。在私人（权利）比较强大的情况下，"乡族所有权"只为一种习惯，不会经常发挥很大的控制力。但是，到了土地买卖中的重要局面，它还是有一定的影响力。

杨国桢先生对名古屋大学师生的回答非常亲切而周到，大家得到很多的启发。但是由于篇幅的限制，这里不能一一介绍，觉得非常不好意思。

杨国桢教授对海外学者的长期影响

——以社会经济史研究为例

步德茂[*]

作为长期受益于杨国桢教授的研究并倾心佩服者，我很荣幸有机会评论他数十年来对中国社会经济史研究的影响。在讨论他的学术成就之前，简单讲，还需特别注意其作为一位热忱的学术导师和中美学术合作有远见的推动者的角色，尽管一篇小文很难公正地展示他令人印象深刻的成就。我知道他的学生对其作为一名教师怀有最高的尊重和最深的钦佩，不过很遗憾我没有获得"特权"，在杨教授的指导下正式学习。我相信在"海洋与中国研究"国际学术研讨会上会有许多衷心的感谢和致辞，而我也要向杨教授的帮助致以最诚挚的谢意。多年来，我从他的智慧和忠告中获益匪浅。换言之，本文将首先简要鸣谢杨教授在20世纪80年代中美学术交流开幕式中的主导作用，然后对他涉猎广泛的研究在美国的影响进行有限的评估。由于缺乏杨教授博学的深度，我只能理智地评论他在社会和经济史领域作品的影响，毕竟我对明清时期中国土地所有权和佃户－地主关系有一些研究经验。

---

* 作者系美国塔尔萨大学历史系教授。

20世纪80年代中美学术交流的开放

中美学术交流开放的关键转折点是 1980 年 10 月 26 日至 11 月 1 日在北京举办的"自宋至 1900 年中国社会和经济史"中美学术研讨会（Sino – American Symposium of Chinese Social and Economic History from the Song to 1900）。此次研讨会的重要性不容小觑：这是中美历史学者的首次联合作业。在双方最负盛名的学术组织的赞助下，[1] 中美学者共同参与了此次活动的策划、组织和执行。中国和美国的与会者聚集了来自两国最杰出的历史学者，他们第一次有机会就其学术观点进行开放和热烈的交流。当然，杨国桢是代表中国参加研讨会的二十位杰出历史学者之一。在 10 月 27 日上午的第一场研讨会上，杨教授报告了他的《试论清代闽北民间的土地买卖》（A Preliminary Study of the Unofficial Land Sales in Northern Fujian during the Qing Dynasty），并于稍后评论了张富美的《明清之际地主佃农关系试探》（A Preliminary Analysis of Tenant – Landlord Relationships in Ming and Qing China）。

同样重要的是，这个学术论坛在与会者之间建立了相互信任，并在中国和美国的重要学术机构之间开辟了沟通渠道，进而启动了其后数十年的联合研究和学术合作。就个人而言，我很幸运地在中美学术交流处于前所未有的合作与协作的开端之际进入中国史领域。像我团队中的许多美国研究生一样，最大的好处是有机会在中国长期跟随许多杰出的参加过中美历史论坛的中国史学者学习。作为一名研究生初

---

[1] 这些学术组织包括美国与中华人民共和国学术交流诸委员会（美国国家科学院、社会科学研究委员会和美国学术团体理事会），以及中方的中国社会科学院和中国科学院。参见 Albert Feuerwerker, Chinese Social and Economic History from the Song to 1900: Report of the American Delegation to a Sino – American Symposium, Beijing, 26 October – 1 November 1980, Ann Arbor: Center for Chinese Studies, University of Michigan, 1982。

学者，我刚刚开始沉浸在学习中方与会者的作品中，并且从没想到我竟很快就能在中国学习期间遇到很多这些学者。除了杨国桢教授，稍迟我很荣幸能遇见彭泽益、王戎笙、罗明、刘永成、叶显恩、鞠德源和韦庆远等先生并向他们学习。像许多 80 年代在中国学习的美国人一样，我与我的中国老师们建立了持久的学术和个人联系。1985 年在北京进行研究时，我特别感谢鞠德源帮助我浏览了解中国第一历史档案馆的馆藏。我更感谢韦庆远教授，他成为我在中国人民大学的"非官方"学术导师并一直指导我，直到 2009 年故去。就个人而言，我将永远感谢杨国桢教授的慷慨和热情好客，以及在过去几十年里其他与我一起学习且至今仍使我受益匪浅的所有中国学者。

中国经济和社会史研究的发展

人们可以合理地主张说，1980 年的中美历史研讨会标志着明清时期中国社会、经济和法律史研究在中国和西方学术史上的新时代。随着国际关系的改善和学术交流的激增，中国社会经济史研究迅速发展。到 80 年代中期，美国教授和研究生定期在中国学习、教学或研究。同样，中国史学者也越来越多地作为访问学者和演讲者来到美国的大学。通过访问中国的图书馆和档案馆，外国学者可以进行深入的实证研究，大大提高了我们对中国历史的了解。由于中美学者逐步采取了更依赖实证经验观察的方法来审视过去，冷战时代的争论让位于信息丰富的学术研究。这些结果对双方都大有裨益。随着更多的知识纷沓而至，对中国历史一些过分简单的、与冷战时期对资本主义与共产主义发展的政治二分法有不少共鸣的解释进一步获得更大的修正。中国学者有更多自由来修正马克思主义看待历史的方法论；而广泛的历史证据排布呈现则对美国历史学者提出了挑战，他们逐渐克服了西方傲慢残存的影响，这种傲慢曾渗透于外国对中国历史的概念化固定理解。对于我这一代的美国学者来说，这是一个激动人心的时刻：我们是第一批在从事博士研究课题时就能直接访问中国大陆档案资源的人。中国档案馆和图书馆的开放对在清代社会和经济史研究上有抱负的学者来说尤其具有变革性。例如，由于（北京）中国第一历史档案馆的丰富馆藏，外国学者可以追求在 1980 年之前无法实现的一大批广泛的研究议题。国际学术合作的重要性再次显而易见，很少有（如果有的话）80 年代在中国工作的外国学者能够在没有中国导师和同事协助的情况下浏览驾驭新的可资利用的档案记录馆藏。

　　同样重要的是，随着这种学术复兴的展开，中国历史学者为实现自身智识目标而开始在以前无法进入的省级和地方图书馆展开工作。更进一步而言，像杨国桢这样的学者也扩大了社会和经济史研究的边界，其文献搜集超越了档案机构的限定范围而更包括了私人来源。杨教授对土地契约和所有权的开创性研究，是这些将历史研究扩展到现有制度约束之外的创新努力中最显著的成果之一。尽管从 80 年代开始获取一手材料容易了，但没有任何外国学者拥有必要的资金、语言技能或资源来着手收集、编辑和分析散乱的、未编目的和复杂的文献记录，而这些文献记录支撑起杨教授土地契约的研究。[1] 杨教授对土地契约及与地权和佃户－地主关系相关的其他文献的广泛调查是一项独特的成就，[2] 直接刺激和推动了美国的社会和经济史研究。但他的贡献并不仅限于收集数据和编整史料，杨教授对史料的分析和解释也以诸多重要的方式挑战了该领域已有的知识。除了在收集和传布实证经验资料方面外，杨教授的分析性洞见也推动了明清时期社会和经济史这一领域内的学术争论。

---

[1]　参见《明清土地契约文书研究》，其首版在 1988 年出版。

[2]　杨国桢教授关于产权、契约和佃户－地主关系的代表书籍和文章有《明清土地契约文书研究》，人民出版社，1988；《明清农村社会经济》，收入《中国史学名著评介》第 5 卷，山东教育出版社，2006；《中国封建土地所有权史研究断想》，《中国经济史研究》1999 年第 1 期；《论中国永佃权的基本特征》，《中国社会经济史研究》1988 年第 1 期；《试论清代闽北民间的土地买卖——清代闽北土地买卖文书剖析》，《中国史研究》1981 年第 1 期。

对美国社会经济史研究的智识贡献

　　杨教授的作品为理解中国历史做出了多方面显著的贡献，包括一部林则徐的传记、明清时期中国土地所有权的详细分析、中国海洋文明的综合研究。事实上，很少有学者能够与他的综合知识相匹敌，很少有历史学者有资格完全总结其作品长久的影响或广博的涵盖面。限于自身的学识和能力，我将专注于他在社会经济史领域的卓越成就来谈。

　　在过去的三十年中，美国历史学者虽对明清社会经济史有着大相径庭的观点和解释，但仍然依靠杨教授对佃户－地主关系、土地契约和所有权的前沿研究找到了共识。最重要的是，对于西方研究明清时期中国社会、经济和法律史的学者而言，杨教授将许多中国独有的土地所有权和财产权概念置于历史脉络下界定和定义，例如"永佃权"（permanent tenancy）、"一田两主"（one－field－two owners）和"田面权"（surface rights）。通过收集明清中国不同地区和时期的土地契约和租赁合同样本，杨教授不仅为后来的调查人员提供了一份慷慨的一手材料，更重要的是他的分析和洞见阐明了如何"以中国为中心"理解土地所有权，拨开了西方历史悠久的法律产权概念所笼罩的迷雾。鉴于杨教授研究坚实的实证经验基础，西方同行们三十多年来一直引用他的作品便不足为奇了。无论他们相去甚远的主题和个人结论如何，杨教授的研究对于本文所附参考书目中的每一种英文书籍和学术文章都是必不可少的引用。

　　中国晚期社会经济史学者都从杨教授那里学到了许多宝贵的经验，最重要的经验便是土地所有权的多样性和灵活性。法律史学者麦柯丽（Melissa Macauley）注意到杨教授"喜欢重复一句流行的俗语：卖而不断、断而不死（Land is sold but it is never alienated；it is alienated but it never dies）"。① 虽然土地所有权的这一基本特征在中国很普遍，但实践中存在区域差异，并且不同空间和时间变化的实践也以一系列令人眼花缭乱的术语来描述。几十年来，社会、经济和法律史学者的作品一直在讨论和辩论这种明清时期土地所有权异乎寻常特征的重要性。一次又一次地，杨教授对土地所有权纵向分割的认真重建，为许多最好的明清时期社会和经济专题研究提供了基础和跳板。

人们总会发现，杨教授对土地所有权的复杂特征的犀利见解以及对习惯法灵活性的解释，已经为步德茂、黄宗智（Philip C. Huang）、艾仁民（Christopher Isett）、梁临霞、麦柯丽、马立博（Robert Marks）、周绍明（Joseph McDermott）、濮德培（Peter Perdue）和宋怡明（Michael Szonyi）等学者的工作提供了资料。无论这些学者是否阐明了一田两主土地所有权的复杂性，是否讨论了国家、宗族与个人土地权利的交点，或分析了土地活卖和收回的冲突、佃户－地主纠纷、垦地（land reclamation）问题或形形色色土地所有权的概念，他们每个人都在知识产权上欠杨国桢一笔。

中西经济史比较研究

在对 1980 年历史性的中美历史研讨会的反思中，费维恺（Albert Feuerwerker）有先见之明地指出了中国和西方对中国经济史诠释的概念缺陷。在研讨会上，中国和西方学者关注的是中国和西方经济发展轨迹之间明显的差异。大部分的中国学术作品集中在寻找明清时期的"资本主义萌芽"，而西方学术作品往往以工业革命为基准。费维恺教授摒弃了中国停滞与西方进步的二分法，观察到经济停滞是"直

---

① Melissa Ann Macauley, *Social Power and Legal Culture*: *Litigation Masters in Late Imperial China*, Stanford: Stanford University Press, 1998, p. 235.

到最近大多数人类社会的共同情形，并且未能实现工业现代性（远未成为一个主要知识谜题）是由多样的文化、政治、经济和社会解析决定的，这点已由近几十年来许多国家的学术研究所详述"。① 此外，当他坚决主张中国的前近代经济增长和中国文明的卓越文化成就绝不能说是"不发达"时，费维恺可谓西方对社会和经济史再定位的先锋。

到了 1990 年代，关于复杂商业化和大规模手工业的证据越来越多，中国史学者越来越摒弃封建停滞的陈词滥调，而外国学者则摒弃了越来越被认为无力理解中国特殊历史情境的西方理论模型。到 90 年代末期，曾经投入大量精力去识别中国经济发展所谓的文化、政治或法律障碍的西方学者越来越多地采用了更加细致入微的、"以中国为中心"的、不予西方经验以特权的经济发展模式来看问题。随着越来越多的英文研究成果使中国的社会和经济史在美国获得更多受众，中西比较研究也蓬勃发展并变得不那么"欧洲中心"了。毫不奇怪，杨教授的工作也为过去曾受到西方经济发展理论不恰当影响的比较研究提供了信息。王国斌（R. Bin Wong）和彭慕兰（Kenneth Pomeranz）等历史学家提出了一种修正的中国经济史观，承认中国和西欧经济在 19 世纪之前的显著相似性。在不同程度上，最近的研究将欧洲和中国的前近代经济之间的分流归因于自然资源限制、产权制度以及战争作为城市化和资本密集型产业投资刺激的重要性等因素。黄宗智、艾仁民和罗伯特·布伦纳（Robert Brenner）等历史学家与王国斌和彭慕兰往往意见相左，前者基于"内卷增长"或"内卷商业化"理论提出他们对中国经济史的重新解释，这种理论区分了每单位土地上高强度劳力的使用和每单位土地上劳动力的收益减少。尽管这些历史学者之间有时存在争议性的交流和矛盾性的结论，但这可

---

① Albert Feuerwerker, Chinese Social and Economic History from the Song to 1900: Report of the American Delegation to a Sino – American Symposium, Beijing, 26 October – 1 November 1980, p. 9.

谓对杨国桢教授实证经验研究的基本价值和持久意义的致敬。虽然有些人不同意杨教授的解释，但他的彻底研究和公允评估提供了一个如此可靠和有说服力的证据资源，由此论辩双方都拥抱他的成果作为他们以不同方式去理解中国经济史的基石。

杨教授研究的持久影响

除了繁荣兴旺的学术交流和更多可用的、有些已经数字化并且现在可以在线获取的一手材料，中国过去四十年惊人的经济发展已迫使历史学者和社会科学学者重新考虑根深蒂固的经济和社会史理论。随着中国走上自己独特的经济现代化道路及相关英文学术研究质量和数量的蓬勃发展，越来越多的比较历史学者更容易进入中国社会和经济史领域。因此，随着1980年已见动摇的欧洲中心主义理论被抛弃，更加平衡的比较方法逐渐成为中国和西方学术界的标准。解释性论辩仍在继续，但至少欧洲经济发展模式不再是现代经济增长的假设基准。

最后，开放中西国际学术交流的另一个重要遗产就是越来越多的中国年轻学者在西方获得高等教育学位。最新的这一代学者将对西方社会科学和历史的更广泛和更深入的认识与母语技能相结合，极大地丰富了我们对中国社会和经济史的理解。例如，该领域最有前途的年轻学者之一的张泰苏重申了文化规范和制度差异在理解中西比较经济史时的重要性。他指出"亲属关系网络的支配性"经营着"在广泛的'儒家'社会规范下运作的社会阶序"。张教授令人信服地说明了"因果关系链运转……从文化规范到地位分配模式，到产权制度，再到宏观经济结果"。[1] 张氏论点的核心是有条件的土地典卖回赎习俗（the custom of redemption of conditional land sales）。与杨教授的研究相

---

[1] Taisu Zhang, *The Laws and Economics of Confucianism: Kinship and Property in Pre-Industrial China and England*, Cambridge: Cambridge University Press, 2017, pp. 252 – 253.

呼应，该研究确定并阐明了支撑明清时期中国经济的特殊经济制度。有趣的是，这种对中国和英国的比较经济史富有洞察力和创新性的把握以回赎的实践作为其关键。张教授指出"支配了土地售卖和抵押的中国习惯法"保护了低收入个体的经济利益，"远比同类的英国制度更为有力"。① 在不减少其论点的重要性或独创性的情况下，人们可以清楚地察觉张泰苏从杨国桢早期实证经验研究中汲取的思想，这些研究照亮并列举了中国土地所有权的显著特征。

结论　实事求是

中国的成语"实事求是"（seek truth from facts）对历史学者来说有一种特殊的共鸣。我们最好的学术，将不可避免地来源于对史料做出详尽查验和明智利用、对我们的论证所依据的假设展开明晰的陈述、对鼓舞我们努力的理论模型形成批判性的理解，以及对支持我们结论的证据进行权威且有说服力的组合排序。只有对历史记录公允的报告和对理论模型的批判性评估才能使历史学者超越极端的争吵。虽然我们都同意农业商业化和人口增长是帝国社会和经济史背后的驱动力，但我们无疑仍将继续争辩和辩论我们的诠释系统。正如费维恺在1980 年中美历史研讨会反思中所明智指出的那样："对过去的评价适当地姗姗来迟了，而且确实只有中国人，在最后的分析中，可以对自己的历史做出判断。但首先有必要理解经验性与分析性术语，就是清晰展示了中国非凡千年的前近代经济增长的复杂的市场制度事实上是如何运作的。"② 学者们不可避免地提出对历史证据多种多样的（如

---

① Taisu Zhang, The *Laws and Economics of Confucianism*: *Kinship and Property in Pre-Industrial China and England*, p. 1.

② Albert Feuerwerker, Chinese Social and Economic History from the Song to 1900: Report of the American Delegation to a Sino – American Symposium, Beijing, 26 October – 1 November 1980, pp. 9 – 10.

果不是相互矛盾的）解释，但是，尽管他们观点截然相反，当历史论辩竞争激烈的双方都利用相同的实证经验证据来支持他们的立场时，这明显是有分量的标志。鉴于集体历史智慧的稳步推进和学术理论的变幻无常，我们对过去的阐述可能会转瞬即逝；但作为学者，我们应该始终要求我们自己和我们的同事诚实和透明地介绍我们的材料和方法。按照这个标准，杨国桢教授是明清史领域真正伟大的史学家中最有成就、博学和影响力的学者之一。正如他的长寿，杨国桢教授的研究成果也是所有后辈学术作品不可或缺的引证，这已无可争议地证明，杨国桢的研究必须被认为是对我们理解明清时期中国社会和经济史的最有影响力和最持久的贡献之一。

（陈博翼译，陈瑶校）

1986 年 3 月，杨国桢、步德茂于密歇根大学

附 西文学术著述所引杨国桢教授研究参考书目

Brenner, Robert, and Christopher Isett, "England's Divergence from China's Yangzi Delta: Property Relations, Microeconomics, and Patterns of Development," *The Journal of Asian Studies*, Vol. 61, No. 2 (May, 2002), pp. 609 – 662.

Buoye, Thomas M, *Manslaughter, Markets, and Moral Economy: Violent Disputes Over Property Rights in Eighteenth Century China*, Cambridge: Cambridge University Press, 2000.

Chen, Shuang, *State-Sponsored Inequality: The Banner System and Social Stratification in Northeast China*, Stanford: Stanford University Press, 2017.

Cohen, Myron L, "Writes of Passage in Late Imperial China: The Documentation of Practical Understandings in Minong, Taiwan," in Zelin, Madeleine, Jonathan K. Ocko, and Robert Gardella, *Contract and Property in Early Modern China*, Stanford: Stanford University Press, 2004, pp. 37 – 93.

Feuerwerker, Albert, Chinese Social and Economic History from the Song to 1900: Report of the American Delegation to a Sino – American Symposium, Beijing, 26 October – 1 November 1980, Ann Arbor: Center for Chinese Studies, University of Michigan, 1982.

Huang, Philip C, *Code, Custom, and Legal Practice in China: The Qing and the Republic Compared*, Stanford: Stanford University Press, 2001.

Isett, Christopher, "Village Regulation of Property and the Social Basis for the Transformation of Qing Manchuria," *Late Imperial China*, Vol. 25, No. 1 (June, 2004), pp. 124 – 186.

Li, Bozhong, *Agricultural Development in Jiangnan, 1620 – 1850*, New York: St. Martin's Press, 1998.

Liang, Linxia, *Delivering Justice in Qing China: Civil Trials in the Magistrate's*

Court, Oxford: Oxford University Press, 2007.

Lin, Manhong, *China Upside Down: Currency, Society, and Ideologies, 1808 – 1856*, Cambridge: Harvard University Asia Center, 2006.

Macauley, Melissa Ann, *Social Power and Legal Culture: Litigation Masters in Late Imperial China*, Stanford: Stanford University Press, 1998.

Marks, Robert, *Tigers, Rice, Silk, and Silt: Environment and Economy in Late Imperial South China*, Cambridge: Cambridge University Press, 1998.

McDermott, Joseph Peter, *The Making of a New Rural Order in South China*, Vol. 1, 2013.

Naquin, Susan, and Evelyn Sakakida Rawski, *Chinese Society in the Eighteenth Century*, New Haven: Yale University Press, 1987.

Perdue, Peter C, *Exhausting the Earth: State and Peasant in Hunan, 1500 – 1850*, Cambridge: Council on East Asian Studies, Harvard University, 1987.

Pomeranz, Kenneth, "Land Markets in Late Imperial and Republican China," *Continuity and Change*, Vol. 23, no. 1 (2008), pp. 101 – 150.

Rawski, Evelyn S, "Research Themes in Ming – Qing Socioeconomic History—The State of the Field," *The Journal of Asian Studies*, Vol. 50, No. 1 (Feb., 1991), pp. 84 – 111.

Rosenthal, Jean – Laurent, and Roy Bin Wong, *Before and Beyond Divergence: The Politics of Economic Change in China and Europe*, Cambridge: Harvard University Press, 2011.

Szonyi, Michael, *The Art of Being Governed: Everyday Politics in Late Imperial China*, Princeton: Princeton University Press, 2017.

Wong, Roy Bin, *China Transformed: Historical Change and the Limits of European Experience*, Ithaca: Cornell University Press, 1997.

Zhang, Taisu, *The Laws and Economics of Confucianism: Kinship and Property in Pre-Industrial China and England*, Cambridge: Cambridge University Press, 2017.

自山而海：杨国桢先生的学术理路

赵世瑜

　　在现代中国社会经济史研究的传统中，厦门大学是极具特色的一方重镇，与中山大学的社会经济史传统并称双姝，但又各有特点，这是国内外史学界的共识。厦大的这个传统是傅衣凌先生开启的，而杨国桢先生则是其身后重要的承上启下者。

　　关于东南数省的地理特征，民间有个说法，浙江和广东是"七山二水一分田"，而福建更甚，是"八山一水一分田"。因此，研究东南沿海地区的社会经济史，离不开对山区、沿海，甚至海洋的重视。傅衣凌先生特别重视山区的研究，他曾认为中国农业中的"资本主义萌芽"是"大致先从山区发展到平原，从经济作物发展到稻田生产"的。[①] 杨国桢先生早期遵循傅先生的理路，做过一些山区的研究，从20世纪90年代开始着手海洋史研究，所以从傅衣凌到杨国桢的研究，也可以称为"自山而海"的研究；其后陈支平、郑振满的研究，也大体具有这样的特点。换言之，他们是从发扬傅先生的研究，渐至各自走出自己的新路。

　　这便是本文题目的由来。

---

① 　傅衣凌：《明清社会经济史论文集》，人民出版社，1982，第145～157页。

一

　　傅先生及其弟子研究福建山区的部分成果，可见傅衣凌、杨国桢主编之《明清福建社会与乡村经济》一书。[①] 虽然许多文章没有明确结合山区特点确定主题，但从内容可以看出他们讨论的主要是山区的材料，比如傅衣凌关于耕畜租赁和买卖的研究、杨国桢关于土地所有权的研究、郑振满关于闽北乡族的研究等；而杨国桢、陈支平关于山契和福建山地私有化的研究，徐晓望关于闽浙赣山区经济的研究，以及陈支平、林仁川、郑振满对华安仙都和浦城洞头的调查，都集中于山区的主题。

　　傅衣凌先生对福建山区经济的研究，必须放到当年"资本主义萌芽"问题讨论的框架中去审视。后来有学者认为，明清山区经济出现的许多新特点，是山区地理环境直接影响人们的生计模式所致，而与"资本主义萌芽"无关。如果我们忽略这个概念的学术政治因素，可以知道这种看法是不全面的，因为所有新的经济因素的萌芽，即使是欧洲的"资本主义萌芽"，也都是人们生计模式改变的结果，否则为何千年之前的山区，没有出现后来山区出现的那些变化。至于晚清民国时期山区经济活力的衰退，则是另外的问题，并不能完全否定前辈学者的判断。更为重要的是，我们要知道傅先生师徒的研究，是试图将关于"资本主义萌芽"的讨论引入区域史研究的分析框架中，而不是为理论做注的泛泛而论。我们现在的一些研究，因为比老一辈学者那个时代看到的材料多了，分析更具体了，研究更深入了，是很自然的事。不能借着这样的优势，就去指摘前辈学者的某些具体结论，而看不到他们开风气之先的发轫之功。我一直认为，发现中国历史上的重大问题或者是意图进行方法上的转换，要比考订得出的具

---

① 傅衣凌、杨国桢主编《明清福建社会与乡村经济》，厦门大学出版社，1987。

体结论意义更大，就像顾颉刚的"疑古"那样。

傅衣凌团队当时对福建山区的重视，显然是发现了明中叶以降山区经济扮演的重要角色。早在《明史新编》一书中，作者就专列了"山区开发与商品生产"一目，其中写道：

> 明中叶的流民活动，在引起农村社会变动之外，还带来山区开发和商品生产发展的客观经济效果。……流民进入山区，利用山区的自然资源开展经济作物的种植和手工业生产，再加上山区往往是封建政治控制力量相对薄弱的地区，这就造成了中国封建社会晚期商品经济发展的一个重要特点，即在比较偏僻的边远山区，商品经济的成分反而有可能得到相当的发展。到了明代后期，闽、浙、赣边区，皖南山区，川、陕、湖边区的商品经济，都在明代的社会经济史上占有重要地位，这不能不与这一时期山区的开发有着直接的联系。①

在本目之后，直接连着关于叶宗留、邓茂七起义的一目，暗示这二者之间存在着某种因果联系。

这样一种看法，在 20 世纪 80 年代后期就已形成，90 年代初进入这本教科书式的著作，但绝大多数人（包括我本人在内）当时未能充分体会这一认识的价值，并在此基础上进行深入阐发。直至近十余年来，由于学者们对徽州文书、清水江文书、石仓文书、龙泉档案、永泰文书，乃至太行山文书等地方文献的挖掘、搜集、整理和加大研究力度，配合着对南岭走廊、浙南闽北山区等地的田野调查，包括我在近两年对浙南龙泉、遂昌的走访，不仅印证而且加深和扩展了上述认识。这些调查、研究和走访当然已不仅局限于对土地关系的了解，还扩展到对国家力量渗透的方式及其变化、山林资源的确权与纠

---

① 傅衣凌主编，杨国桢、陈支平著《明史新编》，人民出版社，1993，第 173～175 页。

纷解决、原住民的宗族建构、移民生计及其在地化过程、族群结构的变化、为此服务的祭祀组织及其网络之型构等诸多方面，使我认识到明朝隆万前后对东南和西南山区采取若干次重大军事行动，并非简单、偶然之举，而是因应时势，且与国家财政体制变革相关的行动；使我对斯科特关于 Zomia 的判断重新加以思考，同时重新认识晚清至民国时期山区经济活力衰退，经第二次国内革命战争时期红色根据地的建立直至改革开放的历史过程。我们甚至可以假设，这些红色根据地的星星之火，是在明中叶以降山区发展的活力与晚清民国山区经济的凋敝交互碰撞刺激下迸发出来的。

杨国桢、陈支平在《明史新编》中的这个表述当然体现了傅衣凌先生的长期思考，但我体会最深的是，他们的这种做法是将这种区域性的认识置于断代史之中，虽然几乎不露痕迹，但已经开启了重写通史的努力。对这一点，不仅研究明史的同行没有足够的认识，便是后来研究区域社会史的同行也少有充分的重视，致使区域研究在值得赞许地深入钻研细节的同时，较少宏观的观照和思考，甚至导致某些理解上的偏差。我希望这只是在正确的道路上行进时的顿挫，而不是对历史学者的理想的放弃。

二

1979 年，杨国桢先生将厦门大学历史系在 20 世纪 60 年代和 70 年代搜集的闽北土地契约文书加以整理，分三批公布于 1982 年的《中国社会经济史研究》，并在此基础上，配合各地发现的土地契约，撰写了《明清土地契约文书研究》一书，于 1988 年由人民出版社出版。此书的目标在于产权关系的现代化转型问题，虽未集中于讨论山区的地权关系，但闽北山区的材料始终是作者分析的对象。

与此同时，杨国桢先生对老家龙岩（即今龙岩市新罗区）进行了社会调查，后来又为调查报告取名《福佬与客家之间》。① 龙岩地处闽西，虽亦在闽粤赣交界处，但与同一区域的长汀、上杭、永定相比，又相对处于腹地；即便如此，整个龙岩地区的山地面积占据了总面积的近80%，而该书调查的新罗区，按1990年的统计高达91%，因此这项调查也是对山地社会加以关注的成果。当然，在晚些时候，郑振满对连城的培田、刘永华对同在连城的四堡都有专书讨论，体现这个团队对闽西山地持续的关注。

在进行调查的同时，杨国桢先生当然也做足了功课，阅读了许多地方文献，知道这里的原住民在隋唐时被称为"蛮獠"，到宋以后则称"傜"和"畲客"了。清代中叶之时，这里还有"畲客"雷、蓝二姓，但到20世纪90年代调查时已不存在任何畲族村落。不过在21世纪以后的统计中，畲族人口数量仍然排在整个龙岩地区各少数民族的首位，在龙岩市管辖的上杭县还有两个畲族乡。与此类似的是，按作者当时调查获得的资料，龙岩（新罗）的客家人只占总人口的8%，而龙岩地区的长汀、连城、武平、上杭、永定五县讲客家话的人占总数的70%以上。

这一是说明，旧龙岩县（新罗）从某个历史时期开始，被操客家方言的人群包围，几乎成为一个讲闽南话的孤岛；同时，原来蛮、獠、畲、傜与后来讲客家话的人分布的地区几乎是重叠的。二是说明，对于历史上的族群，我们需要更多关注的是主观认知的方面，包括我者和他者的认知，而不是某些客观标准。历史上的傜和畲迫于某种压力，并不一定非要"融合"于汉人或者流徙他方，有时只是改变一下自称和创作一个新的祖先移民故事就好了。比如说，在民国《龙岩县志》根据本地族谱所统计的91个姓氏中，有多少是"就地卧倒"的，有多少真是外来的，尚未可知。譬如有个自称唐代从固始来的谢氏，估计讲的是陈元光的故事，时代不可能真那么早；另有

---

① 该书即将由北京师范大学出版社出版。

朱氏或说明初自南京来，或说明初自宁化来，其实也是晚近对自认卫所军户汉人还是客家的认同选择问题。其实依我的假设，这两种或许都与卫所制度有关，因为除了直接自称军户后代的人以外，有些被迫编造某种祖先故事或原乡故事的，可能是那些附着于卫所的土军、峒丁、隘丁的后代。这也比较符合这91个姓氏中有35个自称明代始迁此处的情形。[1]

在这样一个群山环绕的"汉人"为主的区域中心，作者对陈陂和大洋两个汉人村落及联合这个客家村落做了重点调查，其中说到陈陂"和陈氏前后来到这里开垦的袁、罗、蔡、石、黄、赖、马诸姓，到明中叶先后退出，陈氏成为本村唯一历史悠久的大族"，还说陈氏编造了一个占据"蛇形"地势的风水故事，让我们想象退出的各姓原来的族群属性。又说到地处龙岩与永定交界山区的联合村邓氏，在晚明时期势力壮大，到清中叶竟联合了周边七县同宗，在县城内建立邓氏总祠，至清末联宗的规模扩大到59个族支，形成了一个以宗族为框架的区域社会联合体，成为近代山区"反客为主"地域特征的缩影。

在该书中，杨国桢先生用了较大篇幅记录了调查得到的土地租佃关系。其中关于族产（蒸产、尝产）的调查说，陈陂的陈陂头陈氏有族田40多亩，但有祖山2000亩；白头张氏有族田3亩，但祖山却有200～300亩，可见这里的山林土地在土地资源中占很大比例。由于没有相关资料，该书对这些山林土地的经营和租佃关系没有太多描述，但却非常重要地指出了这些"祖山"是宗族的公产。

1930年，毛泽东撰写了著名的《寻乌调查》，而寻乌虽在赣南，却与闽西处在一个大同小异的区域内，地理上十分接近。毛泽东为了"打土豪、分田地"的需要，同样重视当地的土地租佃关系。他也发现，"寻乌的山地，多落在首先落脚的氏族手里，后到的氏族便没有

---

[1]　杨国桢：《福佬与客家之间》，表1，待刊。

山或少有山。……通常一姓的山（一姓住在一村）都管在公堂之手，周围五六里以内，用的公禁公采制度"。他也发现一些"私山"（种茶和香菇）其实也是原来的"公山"，被有钱人买去。但是，除了一个乡外，山林都没有分，名义上归苏维埃所有，耕种人向苏维埃交地税。① 毛泽东讲到人民有分山的呼声，但对为什么没有分成，就没有讲了。实际上就是没有分成功，采取了模糊的政策。但在其他地方，比如江西的兴国，虽然分山比分田难很多，但还是分了。②

近年来的区域社会经济史研究使我们发现，在山区的族谱中保存了大量山林纠纷的材料，相应地，在山区的司法档案中也有大量关于山林资源的官司记录，与此同时，我们也发现了山区保留了大量有关山林买卖的契约文书。我们有理由认为，这三类材料同时大量保存至今，不是偶然的；这些不同而又重叠的文类之间应该存在某种联系。杨国桢先生40年前的调查印证了毛泽东在90年前了解到的情况，即很多地方的山林是由宗族控产的，换句话说，山区宗族的建构与控制山林资源的需求有关。由此，一些年轻学者也开始注意中国历史上山林资源的产权获取和归属问题，即在明代中叶以后人们大量涌入山区后，需要创造和利用何种方式获取和维持山林产权，以应对原有的土著居民、一同或先后进入山区的外来人群，以及后知后觉的王朝国家对山地资源权利的伸张，从而逐渐形成一种新的山区社会结构。

我认为，无论是对近代山林产权纠纷及政府确权行为的研究，还是对中共山区革命根据地的研究，都应该放到这样的结构过程中加以解释。

有意思的是，根据杨国桢先生等人的调查，在20世纪20年代末农村暴动、分田分地之后，这里没有再产生新的地主，除无地者占比最大以外，每户拥有土地不超过10亩，以4亩以下为最多。也就是

---

① 《寻乌调查》，中共中央文献研究室编《毛泽东农村调查文集》，人民出版社，1982，第133～135、166页。

② 《兴国调查》，中共中央文献研究室编《毛泽东农村调查文集》，第236～237页。

说，这里没有出现想象中的"反攻倒算"，农民革命在这里成功了。值得注意的是，在被调查者中，作为客家村的无地户最少。我们当然不能完全否认土地革命的影响，但显然还有更为复杂的因素，比如土地本来就无法养活这里的人口，人们多出外谋生，对扩大土地规模的兴趣不大，但更重要的是这些调查统计中不包括宗族公有土地，这部分土地在这三村所占比重巨大，而且并未在革命时期被分，其重要原因是其公产性质，既没有理论上的合法性，也遇到实际操作的困难。毛泽东在《寻乌调查》中发明了"公共地主"的概念，包括"祖宗地主"、"神道地主"和"政治地主"，分别指宗族、寺庙、神会和宾兴会等公益组织。虽然他将其定义为地主，但对占寻乌全部土地36%的这三部分"地主"土地是否分了，如果分了又是如何分的，在调查报告中并未提及。

一方面，我们需要对有地无地的宗族成员或会社成员对其公产所有权的认知进行分析。根据杨国桢老师的调查，龙岩三村民众对于集资性的合会以及神会还是非常在意的，这也就是杨老师一直强调的"共同体所有权"问题；另一方面，正如杜正贞对浙南山林土地纠纷的研究所指出的，由于宗族内部对山林土地进行过多次析产及对外交易等原因，到清末民国时期这些土地的产权状态异常复杂，凭借契约对山界的描述已无法简单完成确权，[①]因此对这部分土地按人口平均分配将会极为困难，对革命动员所起的积极作用也很难估计。

当然，上述对山区权属的概括过于笼统，其实在一个更为久远的时期（比如中古时代或更早），这里山区的原住民并没有什么产权的概念，也较少国家对这些地区加以控产的记录，人们只是通过类似"坟山"的标记（如"土记"）来确定大致的势力范围，并通过某种传统的"酋长"或豪强统治的社会组织方式加以维持。逐渐地，随

---

① 杜正贞：《近代山区社会的习惯、契约和权利——龙泉司法档案的社会史研究》下编第3章，中华书局，2018。

着外来人口的进入、国家力量的渗透，以及商业化的因素等，这些地方的权属问题变得日益重要，山区的可耕地块有了"产权"（政府统计中"田地山荡"的"山"），但仍有大量山林处在权属模糊的状态，传统的豪族组织被形塑为"宗族"，以维护自己先占山域的控制权，以及由此延伸出来的土地产权占有的优先权。在"分田分地真忙"的时代，前者是可分的，后者是不可分或很难分的。因此，对山区林地资源纠纷的"社会史研究"，重点应该是两个部分，一是在宋代或者明代以降，人们如何形成一种新的关系网络或改造旧的关系网络以实现控"产"，比如客家或者畲族为什么也非常重视宗族的建构；二是由于山林资源确权日益清晰，也日益复杂，特别是由于产权状态原有的模糊和新出的复杂，由于新的社会形势所导致的析产和交易后产权更为复杂的特点，清代之后这种关系网络如何因应、调适和改变，即再结构过程，究竟是怎样的。

这也就告诉我们，与平原地区土地确权相对容易的区域社会相比，山地社会的结构过程会有怎样的不同。

三

1995 年，杨国桢先生在为一组东南区域研究的文章撰写的序论中，针对东南区域内部社会经济发展不平衡的讨论，提出了两种思考模式：

　　一、在传统农业社会经济体制下，山区与平原地区走着不同的发展经济的道路；

　　二、在传统农业社会经济体制下，海洋经济与陆地经济利益的驱动和推拉。[①]

---

① 杨国桢：《明清东南区域平原与山区经济研究序论》，《中国社会经济史研究》1995 年第 2 期。

由此，他提出了"山海经济"的概念和山海经济连动的认识。与此同时，他"把学术关怀转向海洋"。① 这说明，他此前对山区社会经济的关注和此后对海洋社会经济的关注是其东南区域整体研究的两翼。

杨国桢先生的海洋史研究从一开始就有一个整体框架，他关于海洋社会经济史的构想包括了沿海地区及其岛屿的开发、贸易、移民、社会组织、社区发展、国家海洋政策、科技和思想文化等多个领域，努力建立一个全新的架构。② 此后，他又不断梳理自己的思路，对"海洋人文类型"的性质和特征做出了概括。③ 以这些想法为基础，也基于对传统研究主要从陆地的视角看海洋，及对海洋的研究被分割到不同学科领域导致认识的片面和偏差的不满，他更提出了"海洋人文科学"的宏大构想，即希望在研究和人才培养等方面，形成一个基于区域研究的海洋经济、社会和文化的整合性学科体系。④

为了实践这一构想，在 20 年中，杨国桢先生先后组织和编写了"海洋与中国丛书""海洋中国与世界丛书"等研究系列，既包含了已有的符合其思路的研究成果，又有许多新开拓的主题。在这些丛书中，杨国桢先生所著《闽在海中——追寻福建海洋发展史》汇集了他 1980～1998 年的相关论文，说明他对海洋研究的兴趣并不晚于他对山区的关注。虽然他出生于闽西山区，但因就学和工作的缘故，长期生活于沿海，因此清晰地知道，即使是生活在东南沿海地区的山区之人，其生活世界的重心也并非趋于山区以北的腹地，而是趋于茫茫大海。不久前中山大学的谢湜教授提醒我说，沿海的岛屿也就是山，因为在陆海升降的变动中，沿海陆地上的山与海中的岛，不过是隆起

---

① 杨国桢：《深化中国土地所有权史研究——〈明清土地契约文书研究〉修订版序》，《中国社会经济史研究》2008 年第 3 期。

② 杨国桢：《关于中国海洋社会经济史的思考》，《中国社会经济史研究》1996 年第 2 期。

③ 杨国桢：《海洋人文类型：21 世纪中国史学的新视野》，《史学月刊》2001 年第 5 期。

④ 杨国桢：《论海洋人文社会科学的概念磨合》，《厦门大学学报》（哲学社会科学版）2000 年第 1 期。

程度上的差别。这让我恍然大悟，才明白为什么在神话、仙话中，蓬莱岛被称为蓬莱仙山。无论如何，这说明了东南沿海地区山与海之间的天然联系。

《闽在海中》这个书名，表明作者意欲揭示福建历史发展的特点，或者说，作者对于海洋的研究还是以福建为出发点，并且以福建为旨归的。那么，这是否便不是海洋的视角，而依然是陆地的视角呢？事实上，所有的陆地都自海而成，假如按进化论的成说，人类的远祖也是海中的鱼类，人类的全部历史，其实就是一部自海趋陆的历史。无论上古时期是否有海上文明，但至少由胜利者书写的史书和目前所见考古成果中，早期文明主要还是出现在陆地之上。这样，我们借以重构历史的文献资料基本上来自陆地，甚至我们的水下考古所发现的器物，也大多是陆地上制造的，如果我们不是主要借助海岛民族志和海洋考古去做另一种历史研究的话，实际上是很难摆脱陆地的视角的。

我想，杨国桢先生的"海洋本位"或"不是站在陆地看海洋"的思想，应该这样去理解：第一，与海洋的（oceanic）视角相对立的，与其说是陆地的（land）视角，不如说是大陆的（Continental）视角。这二者的分别在于，海洋与陆地的对立与共生是天然存在的，但大陆的视角是人为的，甚至是专指欧亚大陆的。其背后甚至是一种"帝国"的视角，这不仅因为古代历史上的"正式帝国"（formal empires）多在欧亚大陆上，而且因为这类帝国的疆域拓展和控御往往是通过行政力量逐渐达致直接的治理，以一元渐次替代多元，因此对海洋的态度是以这一目的是否能够实现来决定的。杨国桢先生所不满意的教科书中农耕社会与游牧社会的二元结构成说，[①] 就是帝国史视野下的历史认知。因此，要对关乎海洋的传统观点进行辨析，需要对基于大陆的帝国史立场进行清理。

---

① 杨国桢：《从涉海历史到海洋整体史的思考》，《南方文物》2005 年第 3 期。

　　第二，杨国桢先生讨论的"海洋本位"和"陆地本位"，其实并非针对海洋与陆地本身，因为那是地理学家的任务。历史学家只有一个本位，那就是"以人为本"，这个"海洋本位"就是以海上人群为本位，"即站在海洋活动群体的角度观察思考问题"，就是承认海上人群与山地人群、平原人群或湖区、草原等人群之间是不同的。所以，以海洋的角度看待福建，就是关注以海为生的福建人及其社会网络，关注福建人的海上活动，即使是研究水上人的陆居，也是要看他们的陆居与原有的岸上人陆居的不同，要看他们与海上的联系。换句话，如果是海洋的视角，即使是作为陆地的福建，水上人的登岸陆居也赋予了它海洋特色。也正因此，《闽在海中》五编共20余章，都是以福建人的海上活动为中心的。

　　如果说《闽在海中》汇集了海洋史研究的区域性个案，杨国桢先生与其他两位学者合作的《海天寥廓——明清中国沿海社会与海外移民》一书，则不限于福建一地，而是综合性地描述华人向海外主要是东南亚地区移民的历史。另一本《东溟水土——东南中国的海洋环境与经济开发》，更不囿于历史学的讨论，而是对区域环境、海洋生计、海岛开发、沿海城市与现代产业发展等重要方面的变迁和现状，进行历时性的爬梳。还有一本《瀛海方程——中国海洋发展理论和历史文化》，则是围绕"海洋人文社会科学"的学科建设进行的全面思考。最新的研究是他为《中国海洋文明专题研究》撰写的导论卷《海洋文明论与海洋中国》，将中国海洋史研究置于"海洋文明"的概念下去反思。尽管在世界史或全球史的意义上，关于"海洋文明"的鸿篇巨制不胜枚举，国内学者若做认真梳理需要下极大的工夫，但将中国及其他非西方国家的海洋史置于一个真正世界性的"海洋文明"中去认识，应该说是一个非常重要的理论起点。总之，这五部书构成了一个有逻辑联系的整体，从理论探讨到个案研究，从历史沿革到现状分析，书中随处可见对历史背景的铺垫和清晰的历史线索，体现了一个历史学者的学科贡献和对其所处的生活世界的现实关怀。

四

无论山地史还是海洋史，都既是区域史研究，也是全球史研究。在这些来自西方的研究范式背后，还有帝国史、殖民史及后殖民话语需要认真面对。用比较熟悉的词说，就是从现代话语（包括傅衣凌先生当年参与讨论的"资本主义萌芽"）到后现代话语的影响。自从40多年前的改革开放，中国人文学术汇入国际学术潮流以来，无论学者们自觉不自觉，都无法逃避这些批判、反思和重构的过程，至多是程度上的不同而已。

当然，我们不能把傅衣凌先生那一代人思考中国的"资本主义萌芽"和中国"封建社会"发展的迟滞，到下一代学者通过具体而微的区域社会结构分析，认识中国社会发展机制的多元性和复杂性，再到对跨区域的或全球性的联动过程所做的整体观察，视为一个学术史上的简单轮回。历史学者对人类历史的前世今生始终具有一些连续不断的基本关怀，当人们相隔十数年或数十年重提某些话题（如"何为中国"）的时候，不仅是因为当世的风云变幻要求历史学者给予新的回应，也在于经过了学者们另辟蹊径的研究积累后，可以提供与此前不同的思考和答案。

如今的海洋史研究与以前的海外贸易史、中西交通史、中外关系史、海外华人华侨史等许多主题研究有什么区别呢？是否只是旧话重提？就像全汉昇先生多年前就研究过美洲白银流入的问题，今天为何又成为研究的热点？我在最近的一篇文章中，将这期间的变化归结为从区域史到全球史的变化，而所谓全球史，即有中国（及任何研究主体所在地区）在内的世界史。[①] 换句话说，是这个世界史并非先验的，而是由中国史等构成的，而中国史等区域性世界和地区史又是由

---

① 赵世瑜：《改革开放40年来的明清史研究》，《中国史研究动态》2018年第1期。

区域史或地方史构成的。从人出发，从地方出发，就是旧话重提的不同之处。

从人出发，从地方出发，虽然不能完全避免，但会尽可能减少各种外显的和潜在的意识形态影响。虽然傅衣凌先生及其弟子们早就开始了对闽北、闽西山区的研究，众多学者对徽州的研究成果也很丰硕，但近年来随着对清水江文书、石仓文书、太行山文书、龙泉档案、冕宁档案等的发掘、整理和研究，对南岭山区的历史人类学调查和地方文献整理，给山区研究提供了更为丰富多样的资料基础，使我们能够更具体和相对深入地认识人与地方这个出发点，进而去思考山地人群如何形成、他们的活动如何造就了不同的山地社会，以及造就了怎样的山地社会等问题。即便如此，我们对鄂豫皖山区、闽浙赣山区、太行山区，甚至是西南山区，包括费孝通先生的"藏彝走廊"的社会历史过程，还不能说已经有了比较清晰的认识。即以前者为例，对这样一个在土地革命战争时期和解放战争初期扮演过重要角色的大别山革命老区，似乎只有美国学者罗威廉就麻城一地写过一部较有分量的著作，而国内学者关于鄂东北山地社会的某一侧面的研究并没有与其形成有深度的对话。同样地，刚刚起步的南岭研究可以与已经开展有年的黔东南山区研究连接起来，如果放宽视野，可以进一步延伸到黔西北再北上，从大凉山、甘孜、阿坝直上甘南，即大渡河、岷江和雅砻江流域的山地，构成一横一纵两条几乎连通的山系。我确信对这些山地人群和山区社会结构过程的研究，将会极大地改写中国历史。

海洋史研究更是如此。尽管前辈学者已经奠定了丰厚的学术基础，尽管杨国桢先生自己的海洋史研究已经走过了40年，尽管十余辑《海洋史研究》已经发表了中外学者体现了新的研究进路的文章，但以沿海岛屿社会的研究为例，东南沿海岛屿的研究才刚刚起步，北方沿海岛屿的研究还寥若晨星。这里所说的不是一般性的涉及海岛或海洋的研究，而是前述从人、从地方出发的区域性整体研究。对于某些冲积平原地区来说，我们可以通过努力发现，在不同的历史时段，具体的人群活动如何建构和重构他们的生活情境和社会关系；但对于海岛与山地，甚至草原、绿洲等区域来说，我们还远远未能做到这一点。

有幸的是，杨国桢先生自山而海的学术理路，为今后的研究提供了楷模。福建与广东、浙江类似的是其山海相依的区域特征，不同的是很少珠江三角洲那样较大规模的冲积平原，其山海之间的联系更为密切，自山而海的动力更为强大，因此这样一种学术理路是区域社会历史特征的自然体现，也是揭示这一区域特征的必然结果。可以提供比较的是，作为傅衣凌先生和杨国桢先生弟子的陈春声教授，通过对潮州地区"从倭乱到迁海"的社会动荡与秩序重建，以及以正德《兴宁县志》为中心的山区研究，揭示了16世纪的山海社会剧烈变动的相同动力。这个自16世纪至18世纪的变动过程，接续的是19~20世纪的客家民系建构的历史和华人华侨史，也是一个自山而海的过程。同样作为两位先生弟子的郑振满教授，早期对闽北乡族进行过探索，后从沿海的莆仙平原的开发和聚落体系的形成、发展入手，逐渐跟随着这里的人的流动，将研究视角扩展到对台湾和东南亚的贸易网络，在此同时又论及连城的培田和永泰山地，不时在山海之间穿梭。可以说，在傅先生身后，形成了一个研究对象各有侧重，但在视野和方法上又颇具认同的研究传统。

这样一个研究传统指向的是一种区域之间的联动过程，因此具有某种方法论意义。即如山西，具有明显区域特征的晋南、晋东南、晋中和雁北地区，相互之间究竟是怎样的一种联动关系？东部的太行山区和西部、南部的黄河沿线是如何既体现出分界的意义，又体现出通道的意义？这样的一种空间关系可以被还原于一个怎样的时间过程中去理解？这种思考也许可以帮助我们从区域研究走向跨区域研究，尤其是有助于把握区域联系的时间过程。在这样的意义上，杨国桢先生自山而海的学术理路给我们提供了有益的启示。

中国海洋文明史学术研究的开拓与创新

李国强

2009 年底我作为教育部邀请的评审专家，参加了"中国海洋文明史"课题的评审，厦门大学杨国桢先生成功申报立项。2010 年 1 月，杨先生举办了开题报告会，我有幸和滨下武志等先生一道参加了这个会。从那个时候起，一直期待着杨先生的研究成果能够尽快面世。之所以有这样的期待，一方面是因为杨先生从 20 世纪 90 年代开始着力于开展中国海洋社会经济史和海洋人文社会科学研究，主编出版了"海洋与中国丛书""海洋中国与世界丛书"。这两套影响深远的丛书，不仅在中国海洋文明史学术领域具有奠基的意义，而且提出了诸多至今看来仍有重要理论价值的学术观点。积多年学术研究和深邃的理论思考，进而对"中国海洋文明史"展开体系化、系统性研究，的确是值得期待的。另一方面，中国海洋文明史悠久绵长以及博大精深的内涵，始终是维系中华民族精神家园的重要元素。但是长期以来学术界在中国海洋文明史领域着力是不够的，无论是学术体系，还是学术范畴、学术范式，都十分稚嫩，尚未成形，在很大程度上制约了对中国海洋文明史演进历程和发展规律的深度探索。因此，由杨先生担纲主持的"中国海洋文明史"具有显而易见的学术意义，当然是值得期待的。

2016 年 8 月，作为"中国海洋文明史"课题的重要阶段性成果之一,《中国海洋文明史专题研究》由人民出版社出版。浩浩十卷本,洋洋三百万字,其中凝结着杨先生和他带领的团队 6 年多的心血和不懈努力。《中国海洋文明史专题研究》的出版具有标志性意义,其一它标志着中国海洋文明史学术体系的探索有了突破性进展,其二它标志着中国海洋文明史若干理论问题的研究有了突破性进展,其三它标志着在中国海洋文明史学术领域,一支以老带新、功力扎实、富有开拓精神的学术梯队正在形成。

《中国海洋文明史专题研究》从时间到空间向我们展示了数千年来中国海洋文明波澜壮阔的历史演进,它不同于以往单一层面的研究,而是以专题方式,由点及面,内外兼顾,宏观上对海洋文明的概念内涵、基本形态、海洋人文社会科学及其理论方法展开系统的理论思考;微观上就历史上特别是 16 世纪之后的海图、东亚海权、香药贸易、海洋文化、海洋灾害与社会应对、海盗与水师以及岛民管理等问题,进行有针对性的个案研究,多层次、多视角地探讨了中国海洋政治史、社会史、经济史、文化史的前沿问题,客观还原了不同时期海洋文明的历史面貌。可以说《中国海洋文明史专题研究》具有鲜明的时代性、科学性和创新性,不仅在诸多理论问题上进行了有益探索,而且对构筑中国海洋文明史学术体系,对丰富中国海洋文明史学术内涵,对推进我国海洋社会经济的发展,对有效维护我国海洋权益都有十分积极的意义。

杨国桢先生在第一卷《海洋文明论与海洋中国》中对海洋人文社会科学的兴起进行了全面梳理,对中外海洋文明的概念进行了细致解析,指出:海洋文明不是西方独有的文化现象,海洋文明也不是天生就是先进文明。农业文明、游牧文明、海洋文明,共同构成了中华多元一体的文明共同体,海洋文明是中华文明的源头之一和有机组成部分。书中还第一次提出以海洋为本位划分中国海洋文明的历史分期。值得注意的是书中对"中国古代的海界与海洋历史权利"及"现代新型海洋观"的论述,有力地回应了具有挑战性的重大现实问题。关于前者，书中认为，古代中国的国境海界不等于海岸线，从宋代开始中国就形成中外海域分界的主权意识，在界内行使了巡航等主权权利。基于一系列考证，书中认为在海域使用制度的创设上，中国远早于其他海洋国家，有自身的定义和特色；而海域物权观念在中国民间形成，延续至今有数百年之久。书中还指出，宋代海上中外分界的形成，是自古以来民间自发利用和开发海洋空间和资源，发现和命名海岛、海域和渔场，开辟东西洋航路，取得界内捕捞和航行先占权利，进而得到官府承认和保护的必然结果。而国境海界观念的确立，又为王朝行使海域主权提供了有效依据。关于后者，书中从大陆国家体系话语的起源和认识的角度，重新认识西方的"海洋国家论"；从探究陆海关系的角度，诠释了中国传统海洋文明与海上丝绸之路的内涵。此外，围绕人海和谐、我国的海洋权益、现代海洋发展观、两岸海洋文化交流等问题展开深入思考，提出了很多颇具建设性的政策建议。

杨先生关于海洋文明论以及海洋中国的研究，既有对海洋文明历史的深邃思辨和缜密考论，也不乏对现实问题的高度关怀和有益思考，不仅廓清了海洋文明的概念，而且建构了海洋文明的四种基本形态，同时提出了"以海洋为本位的研究方法"，其理论创新价值和学术指导意义十分突出，字里行间展示了杨先生深厚的史学功力和对海洋文明史的宏观把握，体现了"经世致用"优良传统的代际传承和老一代学者的责任担当。

第二卷至第十卷是分论，分别以 9 个专题方向，对中国海洋经济文明、中国海洋社会文明、中国海洋精神文明、中国海洋制度文明的历史展开多点式的理论探索。

第二卷周志明著《16～18 世纪的中国历史海图》以图证史，图史结合，围绕航海图、海防图和海疆图三类历史海图展开研究，通过对海图若干历史信息的释读，揭示了中国海洋群体发展的历史以及官方开发、利用和管理海洋空间的历史，极大地丰富了中国海洋文明史的学术内涵。

第三卷余丰著《厦门湾的崛起》，以厦门及其周边海岸带作为研究对象，从经济、文化、社会生活等多个层面系统地研究了厦门湾从传统步入现代、从陆地走向海洋的历史过程，其细腻的研究，不仅对厦门湾勃兴进程中的若干重大历史问题提出了独到见解，而且清晰地阐释了陆海互动的历史联系。

在大航海时代开启之前，在中国海洋史以及东、西方东亚海权竞逐中，最为重要的事件莫过于郑成功"驱荷复台"。第四卷王昌著《郑成功与东亚海权竞逐》即以此重大历史事件为切入点展开研究。尽管学术界针对郑成功与海权问题已有研究，但基于对"海权"概念的新认知而形成如此系统研究的成果却不多见。书中有三个结论性观点是值得玩味的：其一，郑成功的海上政权根植于东南沿海海洋经济以及东亚华人贸易网络的发展，并且形成了极具海洋气息的军事、贸易制度，代表了中国沿海社会从大陆向海洋的转向；其二，郑成功之所以在海权竞逐中胜出，是他拥有一支比荷兰人更强大、更适合在东亚海域作战的海上力量；其三，与郑成功在东亚海权竞逐相伴而生的是，一部分汉族成为水陆两栖民族，因而呈现出中国海洋文明的独特性。

研究中国海洋文明史，自然不能不研究中国海洋经济文明的历史，而研究中国海洋经济文明的历史，就不能不研究古代海上丝绸之路。明清时期，香药贸易是海上丝绸之路最活跃的经济行为之一，但学术界的关注和研究十分欠缺。第五卷涂丹著《香药贸易与明清中国社会》对此进行了十分有益的尝试，书中力图把海洋史、物质文化史、医学史和社会学等学科、领域的理论和方法有机结合，从香药贸易兴与衰的历史演进中，探寻中外经济活动相互影响相互促进的历史联系，透视东亚海域视野下不同文明之间的互动交流，从而为海洋文明影响陆地生活的论点提供鲜活的佐证。

第六卷史伟著《清代郊商与海洋文化》是一个十分有意思的选

题，尽管该卷考察的客体是清代广泛存在于闽台两地的海商群体，但其落脚点在于通过对郊商海洋贸易的全面审视，探讨郊商文化所体现出的特有海洋文化形态。

海洋灾害是自然现象，它对人类社会的发展、海洋文明的进程的影响往往是十分巨大的。第七卷李冰著《明清海洋灾害与社会应对》敏锐地捕捉到这个议题，以明清两朝为时段，以两章的篇幅总结各类海洋灾害，其中关于古代赤潮记录的研究是该卷重要的学术创新之一。关于社会应对，该卷分别从官府抗灾救灾、民间自救两个层面展开，同时把海神信仰作为历史时期人们避灾减灾的措施和途径而加以专题研究，这是十分独到的。

第八卷张雅娟著《清代嘉庆年间的海盗与水师》是值得关注的又一重要成果。该卷最大的特点是以海洋史观、海洋本位为出发点，遵循海洋历史自身发展的客观规律，展开对历史上海盗问题的思考和研究。恰恰因为运用了海洋社会与海洋人文类型的分析工具，并借助海洋史学的理论与方法揭示海洋社会现象，该卷在诸多方面提出了具有创新性的论点，比如乾嘉时期海盗问题的衍生和持续存在既是清代社会经济作用的结果，也是海洋社会分裂的恶果；海盗问题在客观上为海权的发展提供了机遇；解决海盗问题根本上是解决陆地发展与海洋发展失调的问题。相较于以往同类研究，该卷可谓取得了很大的突破。

作为中国海洋文明史的有机组成部分，台湾海洋文化的历史是不可或缺的。第九卷陈思著《台湾传统海洋文化与大陆》从造船航海、海洋经济、海洋体制、海洋观念、海洋信仰等多个层面，全方位审视了台湾与大陆传统海洋文化的相互关系，在深入阐释两岸海洋文化同出一源、同属一体的本质的同时，客观揭示了两岸海洋文化的共性与个性，系统而全面、深入而细微，既有史实的依托，又有理论的解析，为进一步探索中国海洋文化历史发展规律、正确认识两岸海洋文化的历史联系、回应对两岸海洋文化关系的误读和曲解无疑有重要帮助。

按照杨国桢先生的分类，海洋制度是中国海洋文明史的内涵之一。事实上，历代海洋政策制度的多样化、多元化，不仅推动了中国海洋文明历史的发展，而且构成中国海洋文明持续、稳定的重要元素。第十卷王潞著《清前期的岛民管理》选取特定的历史时段、特定的客体对象，分三编围绕顺康时期王朝对岛民的弃与守、雍正朝对海岛民事管理的强化、乾隆朝对海岛聚众的现实应对展开探讨，为我们呈现了国家制度与地方官、士绅、民众之间复杂的互动关系，进而在近海岛屿岛民被纳入王朝国家的历史问题上进行了有益的理论尝试。

通过上述分论各卷的专题研究，可以清楚地看到，尽管每个专题的研究方向、研究内容迥然不同，但都是围绕中国海洋文明史这个核心主线展开的，因此这些研究成果及其论说使中国海洋文明史的研究更加立体化，更具实证性。

我国的海洋文明不仅浓缩了中华文明的精髓，而且是中华文明的重要载体。新的时期，海洋文明之于弘扬中华文明、推进我国经济社会的发展、维护我国海洋权益，都有其不可替代的意义和价值。如果说中华文明是奠基社会主义核心价值观的重要基础的话，海洋文明则是夯实这一基础不可或缺的内容；如果说海洋经济将决定我国经济社会未来发展方向的话，海洋文明则是保障这一发展的理论支点；如果说海洋权益的维护事关我国领土完整、国家安全的核心利益的话，海洋文明则是显现我国海洋核心利益的重要载体。《中国海洋文明史专题研究》在极大地丰富中国海洋文明史学术内涵的同时，为当代建设21世纪海上丝绸之路、陆海统筹、国家海洋战略、维护海洋权益、两岸关系等重大现实问题，提供了合理的历史逻辑和有益的历史借鉴；不仅有助于深化我国海洋文化发展历史、发展规律和发展方向的学术研究，而且对传承和弘扬海洋文化、增强全民族海洋意识、有效维护我国海洋利益，都有着积极作用。

　　综观《中国海洋文明史专题研究》十卷，可谓理论价值十分突出、学术创新十分明显。当然，理论研究从来都不可能是完美无瑕的。正因为上述著作的选题都是学术前沿问题、都涉及诸多理论难点问题，所以不同程度上存在一些值得深化、值得继续探讨的问题。这表明，中国海洋文明史的理论研究仅仅是开始，需要更多学术界同人共同参与，共同努力，吸取更多新的史料、新的考古资料和新的外文资料，运用更多新的研究手段和研究方法，不断开拓，不断创新，使中国海洋文明史的理论大树结出更加丰硕的果实！

中国海洋文明研究的里程碑式著述

范金民

　　陈寅恪先生有言："治学之士，能够预于学术之新潮流者，谓之预流。"① 中国海洋文化有着悠久历史和浩繁内容，海洋事业更是中国的核心利益所在，厦门大学杨国桢教授把握时代脉搏，预观发展趋势，独辟蹊径，开拓新领域，倡导建立海洋人文社会学，源源推出宏文新著，发挥出一个学术带头人的预潮流作用。

　　近二十年来，杨国桢教授和他的博士研究生，专注于中国海洋历史和海洋文化的探讨，撰著了《瀛海方程——中国海洋发展理论和历史文化》，主编了"海洋与中国丛书"和"海洋中国与世界丛书"，对中国海洋发展理论和历史文化做了具有开创意义和富有建设性的学术探索，新近又百尺竿头更进一步，推出十卷本的《中国海洋文明专题研究》（人民出版社，2016）和他个人的海洋文明研究文集《海涛集》，成为近年中国史学一朵绽放的金花。这一饱含作者近十年心血的结晶成果，既典型地代表了中国学界有关中国海洋事业和历史文化研究的新成就，也标志着中国海洋文明史的研究进入了新阶段。

　　清初大学者孙奇逢说："学术之废兴，系世运之升降，前有创而

---

① 　陈寅恪：《金明馆丛稿二编》，上海古籍出版社，1980，第236页。

后有承。"① 中国传统知识分子关心国计民生、志在经世致用的治学理念，中国海洋事业的现实发展和世界海洋事业的风起云涌，激励着他思考和研究关乎中国发展前程的海洋事业这一极为重要而紧迫的问题，这就是从历史长时段去考察和探讨中国海洋事业发展的重要性和深远意义。

全套书包括《海洋文明论与海洋中国》、《16～18 世纪的中国历史海图》、《厦门湾的崛起》、《郑成功与东亚海权竞逐》、《香药贸易与明清中国社会》、《清代郊商与海洋文化》、《明清海洋灾害与社会应对》、《清代嘉庆年间的海盗与水师》、《台湾传统海洋文化与大陆》和《清前期的岛民管理》。观其构成和内容，是围绕明清时期的海图、海港、海商、海盗、海上贸易、海上管理和海洋社会文化的专门论述。全书富有学理，既内容宏富，较为全面地展示了中国海洋社会经济史特别是明清海洋社会的丰富内容，又突出重点，较为深入地探讨了明清海洋文化的诸多问题，每一部专论，或者提出宏论，或者提出新见，或者提供新资料，并以新资料的解读获得新认识，无论关于海洋人文学科建立和发展的荦荦大端，还是明清海洋史实的具体考述，充满真知卓见，发覆发明之处不少，从而极大地推进了中国海洋文明和海洋社会史的研究。

主编杨国桢教授，有感于海洋事业发展的大势和前景，把关心国家大事的重心适时地转到了海洋，调研现实海洋问题，为维护国家利益建言献策，更不断撰文论证，大力倡议重视海洋人文社会学科的建设，力图为人文海洋搭建研究平台，为中国海洋人文社会学科的建立开辟道路。

中国是一个大陆国家，又是一个海洋国家。海洋是中华民族生存的环境，又是中华民族发展的第二空间。提高全民族的海洋意识，需

---

① 《夏峰先生集》卷 4《北学编序》，《续修四库全书》第 1392 册，上海古籍出版社，2002，第 64 页。

要发达的海洋人文社会科学。杨教授不仅大力呼吁，而且进行理论探索，破除陆地－海洋二元对立论，摆脱海洋资本主义的旧观念，重新界定海洋经济、海洋社会、海洋文化的概念内涵，撰写系列论文不断加以阐述。他认为，随着海洋资源的开发和海洋空间的拓展，海洋的概念和划分发生历史性的变革，中国的主权利益、安全利益、发展利益在海洋方向上日趋重合，开发海洋资源、发展海洋经济、维护海洋权益、保护海洋环境，需要海洋文化的支撑。以中华传统海洋文化精华为依托，建设有鲜明民族性又有世界先进性的中国现代海洋文化，最基础的工作是对海洋历史文化遗产的清理和弘扬。杨国桢教授指出："我们追求的目标是：以海洋中国与海洋世界的互动为研究平台，进一步深化中国海洋历史文化的研究；破除忽视海洋发展的观念、心态和认识的盲点，用翔实的历史人文资料，从不同的角度和领域，论证海洋是沟通中外的大通道，是中华民族生存和发展的重要空间，海洋对经济社会发展、稳定和安全具有重大的国家利益，海洋国土是历代先人开拓经营的结果，海洋文化是中华文化的组成部分，中国海洋发展具有历史的连续性；突破国家、民族的界限和传统的学科结构，实现多学科理论、方法的渗透和融合，推动海洋史学的学科建设和博士生培养；分析中国海洋发展与海洋世界互动过程中的历史经验和教训，为现实和未来的实践提供借鉴。"学科建设和发展也要因社会发展与时俱进，寻找新的增长点。

　　杨教授不仅不失时机地大声呼吁，而且孜孜不倦地身体力行。1997年即提出建立"中国海洋人文社会学"的倡议，次年更扩大为"海洋人文社会科学"。他认为："海洋文化和海洋文明都是根植于海洋活动的实践，随着海洋实践活动的深入和进步不断发展，海洋与文明的结合呈现出多元化和多样性的特征，没有固定的、统一的模式，需要从动态的、运动变化中的历史存在，揭示它的本质。"他提出，打破王朝体系，确立海洋文化共同体是中华文明"多元一体"中的一元地位，站在世界海洋文明历史发展的高度，审视中华海洋文明的历史嬗变，是十分必要的。

　　基于站在这种时代高度和历史深度的认识，考察中国海洋文明史，认为其经历了东夷百越时代、传统海洋时代、海国竞逐时代和重返海洋时代四个阶段。这是从世界海洋文明发展的高度得出的结论，富有开拓意义。

　　他又对中国海洋文明史的具体内涵做探讨，如分析中国古代的海界与海洋历史权利，认为国境海界不等于海岸线。"海滨之民，分海为田。"杨教授以福建沿海民众生计为例，说明海域物权的观念在中国民间形成延续至今已有数百年，中国古代具有海界观念，明代已明确提出中外分界的观念，是海域主权意识的表示。在管辖海域范围内，沿海地方官府和水军有处理海上安全和海事纠纷的权力，这是海域主权派生的公权力。沿海民间占海形成的海界，体现私人或宗族占有使用一定范围海域的捕捞权、养殖权。对使用的海域主张权属，享有使用、收益和处分的权利，至迟到明末成了沿海地方的习惯法，而且得到地方官府的承认，并进行管理。这种看法是深入分析中国海洋社会经济史的丰富而又复杂的内容后得出的，是对中国海洋历史权利的系统表述，具有充足的说服力。

　　他在系统考察中国的海上丝绸之路的历史实际后认为，可以这样说，"海上丝绸之路"是早于西方资本主义世界体系出现的海洋世界体系。这个世界体系以海洋亚洲各地的海港为节点，自由航海贸易为支柱，经济与文化交往为主流，包容了各地形态各异的海洋文化，形成和平、和谐的海洋秩序。研究"海上丝绸之路"的发生、发展、变迁，实际上也是寻找亚洲海洋文化历史性实证的过程，是深化海洋文化和海洋文明研究的过程。这种看法，不独对于当下的海上丝绸之路研究具有启示意义，而且对学界正在探讨的"世界体系"的形成时代和特征具有参照意义。

　　在探讨明清航海势力后，杨教授认为：郑成功的海权力量，"通洋裕国"，平均每年投入四五十艘商船，用于对日本、东南亚贸易或从事中国—东南亚—日本三角贸易，海外贸易总额年均白银424万两，获利年均250万两，约占财政总支出的62%，很明显是一个海洋性的政权，从中国发展海权上看，郑成功的历史地位远远高于郑和。这种看法未必准确，但至少提供了一个探讨认识中国历史上的海权力量的新视角。

该书的其他各卷，也对明清海洋文明的内容做了专题论述。如《16～18世纪的中国历史海图》一卷，考察其时的海图，将海图定义为依据一定的地图测绘规则，辅以文字贴说，有选择地描绘海洋及其毗邻陆地的自然环境、航行线路和行政军事建制的图形。其特征是以海洋社会群体的生产和生活区域为描绘对象，包括海洋及其毗邻的陆地区域；以贴说形式辅助图形，使用者在应用时须结合图说方能完整使用；包含大量的航海贸易和海洋管理等海洋社会经济发展信息，是中国海洋社会经济史研究的重要资料来源。作者提出，在漫长的中国古代海洋发展史中，大体可以分为官府治海和民间讨海两个层次，官府治海主要体现在海疆图和海防图中，传达的是官方海洋控制利用空间；民间讨海主要体现在航海图中，传达的是海洋社会群体的生存发展空间。作者从航海图中各条航线出现、变化和消失中反向推断海洋社会群体生存发展变迁过程，从海防图和海疆图中分析官方开发、利用和管理海洋空间的变迁历史。这样的研究思路和考察内容，无疑挖掘了蕴藏在海图中的丰富信息，从海洋社会经济史角度充分肯定了海图应有的资料价值。

杨教授主编的《中国海洋文明专题研究》，相信在"一带一路"特别是海上丝绸之路历史研究与大力实施的当今，无疑具有极为重要的学术价值和现实参考价值。

从海洋寻找历史：中国海洋文明研究新思维

苏智良　李玉铭

厦门大学杨国桢教授主编的《中国海洋文明专题研究》（1～10卷）于 2016 年 8 月由人民出版社出版。这是继"海洋与中国丛书""海洋中国与世界丛书"后，杨国桢教授研究团队关于海洋史研究的又一部大作。与前两套丛书不同，此书杨国桢教授团队主要将视角集中在中国海洋文明研究上面。第一卷《海洋文明论与海洋中国》为杨国桢教授撰写的研究集成式的著作，其主体是 2010～2015 年杨教授承担的教育部哲学社会科学研究重大课题攻关项目"中国海洋文明史研究"对海洋文明与海洋中国基础理论和实践研究的阶段性成果，一部分为调研报告或相关论文、演讲、发言、访谈。内容涉及"海洋文明论""历史的海洋中国""现代新型海洋观"三个方面。其余九卷皆为专题性研究，以青年学者的博士学位论文为基础，从不同层面探讨了有关中国海洋文明的相关议题。该书重新审视了海洋文明的概念和内涵，并对其进行了修正和重构。同时，提出了在海洋史的研究中应打破传统以陆地为本位的思维惯式，重新建立以海洋为本位的新的思维模式，并首次提出以海洋为本位划分中国海洋文明史的历史分期问题，对于中国海洋文明以及海洋史学的研究具有重要意义。

一　海洋文明内涵的新阐释

文明是人类生活的模式，不同的自然地理环境产生了不同的族群以及相伴随的生活方式，按照经济生活方式的不同，通常把人类文明划分为农业文明、游牧文明、海洋文明三种基本类型。

海洋文明是人类直接或间接地与海洋互动而生成的文明类型，在传统的历史语境下，海洋文明代表了西方，而大陆文明则代表了东方。中国更是大陆文明的典型代表，"在许多学者的心目中，中华文明的定性仍是'大陆农耕文明'"（第 1 卷第 12 页）。鉴于此，杨国桢教授认为："西方推动的现代化依赖海洋而兴起，海洋文明成了现代文明的象征，随着大航海时代崛起的西方大国不断对海外武力征服、殖民扩张，海洋文明成了西方资本主义文明、工业文明的历史符号。20 世纪，海洋文明又进一步被发达海洋国家意识形态化，他们夸大'海洋－陆地'二元对立，宣扬海洋代表西方、现代、民主、开放，而大陆代表东方、传统、专制、保守。在这种语境下，海洋文明的多样性模式被否定，中国的、非西方的海洋文明史被遗忘，以至在相当长的时期内，人们相信：中国只有黄色文明（农业文明），没有蓝色文明（海洋文明）。直到今天，还严重制约我们对海洋重要性的认识。"（总序第 1 页）因此，"重新审视海洋文明的概念内涵，进行修正和重构，掌握学术话语权，是一个具有创新性和重大意义的任务"。[①] 以此为目标，杨国桢教授在该书中对海洋文明的概念和内涵进行了修正和重构，从而打破了以西方论述为标准的原则，这对于理解、复原人类海洋文明史，树立正确的海洋观念，建立中国特色的海洋文明史具有重要意义。

关于海洋文明的概念和内涵，杨教授从海洋文明的起源、发展以

---

① 杨国桢：《中华海洋文明论发凡》，《中国高校社会科学》2013 年第 4 期。

及传统概念形成的过程进行了论述。杨教授认为："在西方知识体系中，早期文明开始于两河流域和尼罗河畔的河流文明。'海洋文明'一词首见于希腊语，被用于总结克里特岛上依赖海上商业、海盗劫掠和殖民征服起家的米诺斯文明（前3000～前1400年）。"从古典文明时期（前1000～500）的地中海文明，中世纪文明时期（500～1500）北欧"蛮族"维京人创造的"海盗时代"，14世纪意大利城市共和国依赖海洋发展的商业文明，发展到以大西洋为中心的近代文明时期。"近代文明时期，海洋文明中心从地中海转移到大西洋沿岸伊比利亚半岛的葡萄牙、西班牙，继起的西欧低地国家荷兰和岛国英国，导致大西洋经济的兴起。随着欧洲的扩张和征服，非西方世界被纳入西方主导的世界体系，成为附庸。"（第1卷第4页）对于近代文明时期海洋文明的发展而言，杨教授认为，正是因为此一时期"非西方世界被纳入西方主导的世界体系"，同时欧洲逐渐"确立它对世界其他地区的主宰地位"，在社会科学领域，最终导致了西方中心主义社会科学的出现。①

　　以西方中心主义的社会科学为中心，关于海洋文明最著名的论断便是德国哲学家黑格尔的说法。在其著作《历史哲学》中，黑格尔把人类文明的地理基础划分为高地、平原流域和海岸区域三种形态，并认为第三种形态即海岸区域最"高级"，具有"表现和维持世界的联系"② 的功能。同时，大海"挟着人类以超越了那些思想和行动的有限的圈子"，产出一种以船为工具，"从一片巩固的陆地上，移到

---

① 这种认识的主要观点是"十九世纪在欧洲和美国建立起来的社会科学是欧洲中心主义的。当时的欧洲世界感到自己在文化上取得了凯旋式的胜利，从许多方面看来也的确如此。无论是在政治上还是在经济上，欧洲都征服了世界"。见华勒斯坦等《开放社会科学：重建社会科学报告书》，刘锋译，三联书店，1997，第55页。

② 关于这三种形态黑格尔认为："第一种是实体的、不变的、金属的、高起的区域，闭关自守，不易达到，但是也许宜于把冲动送到其他各地；第二种是文明的中心，而且还没有开发的独立性；第三种表现和维持世界的联系。"见黑格尔《历史哲学》，王造时译，上海书店出版社，2006，第82页。

一片不稳的海面上"① 的海洋文明（第 1 卷第 5 页）。黑格尔所谓的
这种"高级"的地理形态是欧洲区域所独有的，而中国等亚洲区域
则是被排除在外的。"这种超越土地限制、渡过大海的活动，是亚细
亚洲各国所没有的，就算他们有更多壮丽的政治建筑，就算他们自己
也是以海为界——像中国便是一个例子。在他们看来，还只是陆地的
中断，陆地的天限；他们和海不发生积极的关系。"②

　　黑格尔讲述的"哲学的世界历史"，认为海洋文明是人类文明的
最高阶段，而中国和东方则只是陆地文明的代表，并"没有分享海
洋所赋予的文明"，③ 因此，中国和东方与海洋文明无缘。对于此种
观点，杨教授在该书中提出了不同的意见，认为由此而得出的"中
国和东方与海洋文明无缘，这与历史学家得出的结论不同。从历史事
实而言，地中海世界通过海洋的文明互动确实在西方发展史上发挥了
巨大的作用，但把它视为海洋文明的唯一形态和唯一模式，是偏颇
的。他把多元文明融合体的中国作为一个农业性的整体文化单位，与
欧洲次级的文化单位古希腊进行比较，是为了突出古希腊海洋文明的
独特性，鼓吹'地中海是世界历史的中心'的历史观。由此出发，
他所创造的海洋文明是高于农业文明、游牧文明的先进文明形态的话
语，便成为西方中心主义海洋文明话语体系的基石"（第 1 卷第 6
页）。杨教授关于黑格尔"海洋文明论"的质疑，为修正和重构海洋
文明的概念和内涵提供了动力。同时，杨教授亦注意到"第二次世
界大战以后，随着发展中海洋国家的兴起，对本国海洋文化资源的发
掘，海洋文明等同资本主义文明、西方工业文明的观念受到国际学界
的质疑"。在书中杨教授通过介绍法国历史学家布罗代尔（Fernand
Braudel）对地中海世界的研究、日本学者滨下武志对朝贡贸易圈和海
洋亚洲的研究、澳大利亚学者安东尼·瑞德（Anthony Reid）对东南

---

① 黑格尔：《历史哲学》，第 84 页。
② 黑格尔：《历史哲学》，第 84 页。
③ 黑格尔：《历史哲学》，第 94 页。

亚"地中海"的研究、英国历史学者孟席斯（Gavin Menzies）对中国海洋史的研究以及荷兰学者包乐史（Leonard Blussé）对"莱茵河 – 扬子江"的研究，认为"海洋文明发展模式的多元化、多样性得到国际学界的肯定，以世界海洋区域为分析单位，成为基于民族国家及基于陆地建构的分析方式之外的另一种选择"。从而进一步阐释了"东方文明不仅是陆地文明的代表，也有海洋文明的存在"（第 1 卷第 6 ~ 7页），这也为修正和重构海洋文明的概念和内涵提供了理论基础。

　　关于海洋文明的定义，从历史学角度进行阐释的，"迄今还没有概括出能够得到广泛认同的内涵"，但杨教授认为，这并不"妨碍我们根据世界与中国历史的进程，从普适性和包容性的观念出发，对海洋文明的定义提出基本的理论假设，作为研究的切入点和支点"。"与黑格尔历史哲学的定义不同，我们承认海洋文明与资本主义文明、西方工业文明等同的文明形态，是全球海洋时代产生的一种形态，但不是海洋文明形态的全部。"基于此，杨教授对海洋文明的概念和内涵从历史学的视角进行了全新的阐述和解读，他认为："海洋文明作为按经济生活方式划分的文明类型，是一种文化的进程，其内涵包括从低到高、从初始文明到现代文明的不同形态，和跨越从区域海洋到全球海洋、立体海洋的不同发展阶段；作为国家或区域的海洋文明，各有不同的特性，在不同时间扮演不同的角色，既有崛起后衰落，又有衰落后复兴或再生，发挥着不同的作用。海洋文明存在于'海 – 陆'一体的结构中，与陆地文明并非高低优劣的二元对立，两者的互动，就是人类参与世界发展的进程。因此，十分有必要打破海洋文明与陆地文明孤立、隔绝阐述的局限性，从人类文明的全局来重新认识。"（第 1 卷第 16 ~ 17 页）并从海洋文明是源于海洋活动生成的文明类型，是海洋文化有机综合的文化共同体，是人类文明的一个小系统，是一种文化发展的过程，是一种长期的、综合的文化积累五个方面具体进行了细致深入的分析。就海洋文明的基本形态而言，杨教授将其分为海洋经济文明、海洋社会文明、海洋制度文明、海洋精神文明四个方面，并认为，这些形态之间常互为渗透、互为影响，不应将他们视为固化的模式（第 1 卷第 2 页）。

从历史学的角度对海洋文明的定义进行阐释，并对海洋文明的概念和内涵进行修正和重构，笔者认为是该书非常重要一个贡献。这为打破中国海洋史学研究中"以陆地为本位"的传统思维，从而树立"以海洋为本位"的研究新思维提供了理论支撑，有利于拓宽视野，冲破旧有思想观念的障碍，加深对海洋人文世界的认识，从而为人类文明的世界历史进程提供新的阐述。

二　新思维的建立：以海洋为本位

20 世纪 90 年代海洋史学的研究开始进入历史学家的视野，杨国桢教授也是在此一时期开始涉足中国海洋社会经济史和海洋人文社会的研究。到目前为止，关于海洋史以及涉海史的研究在海外交通史、海洋行业史[①]、海洋区域经济史[②]、海洋社会史、海洋军事史、海洋文化史等专题领域取得了不错的成绩，可谓异军突起，百花争艳。但总结现有研究成果，又不难看出"这些努力远未解决海洋在中国历史上的定位，也缺乏社会思想的震撼力，甚至没有改变史学工作者以陆地农业文明为中心的思维定式。从学术心态上，似乎可以这样说：我们还没有完全走出海洋迷失的误区"[③]。对于此种情况产生的原因，杨教授认为："20 世纪八九十年代，海洋文化研究在中国一度形成热潮，但大多数是热点问题引发的，沿海地方政府和民间力量促成的，不是学术研究深入的结果。"（第 1 卷第 10～11 页）鉴于此，杨教授提出，在进行中国海洋史研究以及划分中国海洋文明史的历史分期问

---

① 如造船史、海运史、海港史、海洋渔业史、海盐史、海关史、海事史等。
② 如"两湾"（北部湾、渤海湾）、"两角"（珠江三角洲、长江三角洲）、"两岛"（台湾岛、海南岛）的海洋发展史等。
③ 杨国桢：《海洋迷失：中国史的一个误区》，《东南学术》1999 年第 4 期。

题上要改变传统的以陆地为本的旧有思维模式，而应树立以海洋为本位的新的思维范式。

中国作为东方文明古国，以灿烂的农业文明著称于世，长期以来，被视为大陆国家，中国的历史文明则被形象地称为黄土文明、农耕文明，认为"'希腊是海洋国家，中国是大陆国家'①，是学术界和社会上的普遍看法"（第 1 卷第 8 页）。当代研究的进展，虽然已经承认中国既是大陆国家，又是海洋国家，"但在中国历史文本和教科书里，中国古代社会仍是农耕世界和游牧世界的二元结构。他们也观照到海洋，叙述过古代中国有发达的航海，'海上丝绸之路'、郑和下西洋的辉煌，但那是中国农耕世界与海外的政治、经济、文化交往"（第 1 卷第 144 页）。就传统历史研究而言，其实"历史学各个分支学科里都有涉海史的研究，例如经济史下面的海洋贸易史研究、中外关系史下面的中国与海外国家的关系，这些研究基本上都属于陆地思维指导的，他们只是把海洋作为一个通道，把海洋作为经济关系或者外交关系的一种补偿，他们看到的只是海洋两头陆地的政治、经济、外交的互动，中间的过程被忽略掉了，海洋活动的部分是被忽略掉了"（第 1 卷第 68 ~ 69 页）。

在传统的历史认识中"陆地文明"为什么会如此强势，长期占据着主流地位，而与之相反，"海洋文明"又为什么长期被忽视，对于此，杨国桢教授认为主要是"由于中华海洋文明进入中国历史的过程，被中华陆地传统文明屏蔽和边缘化，停留在地方和民间文化的层次上，没有形成自己的文化体系，更缺乏自身的理论和思想的概括，失去了话语主导权，留下的文献是经过大陆文明的标准筛选过的，或是局外人用陆地的思维和言语描述解说的，远非本来面目，甚至充满对海洋文明的曲解、贬低或敌意，否认中国有海洋文明的观念

---

① 冯友兰：《中国哲学简史》，北京大学出版社，1996，第 23 页。

长期支配了史学界的主流意识"①（第 1 卷第 112 页）。同时，海洋文明长期没有上升到主流地位，也和"王朝统治者放弃海洋发展路向的选择有关，和强势陆地文化产生的负面效应、传统惰力有关，这是我们需要批判、扬弃的一面"。"中华民族的形成，不只是汇聚农业民族的共同体，而是多元一体的，包含了海洋民族的成分。"（第 1 卷第 80 页）鉴于此，杨国桢教授提出："若要做新的海洋史，就须把整个概念换过，要从海洋为本位来研究此一系统，然后才能够海陆互视，构成一个国家或地区的整体历史。"对于如何以海洋为本位进行研究，杨国桢教授在该卷中也进行了细致的分析："以海洋为本位，就是回归海洋是一种文明的中心的本质，进行独立的考察。以海洋为本位，是揭示海洋文明内涵的根本途径。"在理论上需要从以海洋空间为本位、以海洋社会为本位两个层次去阐释。具体而言，以海洋为本位，"在地理基础上是以海洋空间为本位"，"在研究对象上是以海洋社会为本位"（第 1 卷第 64～65 页）。

以海洋为本位划分中国海洋文明史的历史分期问题，这是杨国桢教授在该书中主张以海洋为本位阐述的另一个重要议题。在中国海洋文明史的历史分期问题上，杨国桢教授认为："以往学界对中华海洋文明史以及各种涉海专门史的时代划分问题鲜有讨论，通常采取中国通史体例，以及王朝兴替作为划分时期的标志事件和关键年代，没有体现出海洋发展的内在逻辑；从陆地看海洋，把王朝陆地思维制定和实施的'华夷国际秩序''朝贡体系'，当成海洋文明史的主要内容和本质，不能彰显中华海洋文明的特性。因此，打破王朝体系，确立海洋文化共同体是中华文明'多元一体'中的一元的地位，站在世界海洋文明历史发展的高度，审视中华海洋文明的历史嬗变，是十分必要的。"②（第 1 卷第 101 页）基于此，杨教授以海洋为本位，将中

---

① 杨国桢：《中华海洋文明的时代划分》，《海洋史研究》第 5 辑，社会科学文献出版社，2013，第 13 页。

② 杨国桢：《中华海洋文明的时代划分》，《海洋史研究》第 5 辑，第 3 页。

华海洋文明的演进划分为兴起、繁荣、顿挫、复兴四个阶段。第一阶段为东夷百越时代，杨教授将这一阶段归为"中华海洋文明的兴起"，并认为"早期中华海洋文明时代，是以东夷、百越族群建立的'海洋国家'（方国、王国）为海洋活动行为主体的时代"。第二阶段是"传统海洋时代"，"传统海洋时代从汉武帝元鼎六年（前111）平南越至明宣德八年（1433）郑和下西洋结束，历一千五百四十四年，是中华传统海洋文明的上升阶段"，因此被称为"中华海洋文明的繁荣"阶段。第三阶段是"海国竞逐时代"，"从1433年明廷罢下西洋，到1949年建立新中国，共516年，是中华海洋文明从传统向现代转型跌宕坎坷的下降阶段"，因此被称为"中华海洋文明的顿挫"阶段。第四阶段为"重返海洋时代"，对此一阶段的发展，杨教授认为："1949年新中国成立，中国海洋事业从新的起点出发，在重返海洋的实践中，逐渐地改变重陆轻海的观念，继承优秀的海洋文化传统，借鉴和吸收世界海洋文化的现代成果，创新发展模式，中华海洋文明走上复兴之路。"因此，此一阶段被称为"中华海洋文明的复兴"阶段（第1卷第102~112页）。

以海洋为本位来研究海洋史方法的提出，使得在指导思想、研究方法上实现从陆地本位向海洋本位的转换，为海洋史学的学习和研究提供了一个新的理论范式。第一次提出以海洋为本位划分中国海洋文明史的历史分期问题，对于海洋史学的研究而言更是具有重要的理论意义与指导作用。关于海洋史的研究不仅需要有细致的实证研究，同时也需要做大格局的理论探讨，① 只有这样才能保证海洋文化的讨论与中国海洋史研究的新进展不脱节，也只有这样才能使得中华文明史的研究主流从传统陆地文明的老路走上以海洋为本位研究的新征程。杨国桢教授以"海洋为本位"新思维的提出，是其从事海洋人文社

---

① 关于此种观点，有学者指出当今研究海洋史的"学者们似乎更乐于做细微的实证研究，较少兴趣做大格局的理论探讨"。见李红岩《海洋史学浅议》，《海洋史研究》第3辑，社会科学文献出版社，2012，第7页。

会科学研究二十多年的经验与理论总结，这对体悟过去的中华海洋历史，探讨中华海洋文明的基因根脉，定义当下的海洋发展，并从传统与变革的连续性中产生凝聚民心和社会行动的力量，具有重要的现实意义。

三　遗珠之憾与新的展望

作为中国海洋文明的专题研究，除第一卷《海洋文明论与海洋中国》为杨国桢教授关于海洋文明与海洋中国基础理论阐释与实践研究的总结外，其余九卷则为在海洋文明内涵以及以海洋为本位研究思维指导下的有关海洋文明的专题研究，其内容涉及历史海图研究（第2卷《16～18世纪的中国历史海图》，周志明著）、海洋区域研究（第3卷《厦门湾的崛起》，余丰著）、海洋权益研究（第4卷《郑成功与东亚海权竞逐》，王昌著）、海洋经济研究（第5卷《香药贸易与明清中国社会》，涂丹著）、海洋文化研究（第6卷《清代郊商与海洋文化》，史伟著；第9卷《台湾传统海洋文化与大陆》，陈思著）、海洋灾害研究（第7卷《明清海洋灾害与社会应对》，李冰著）、海盗研究（第8卷《清代嘉庆年间的海盗与水师》，张雅娟著）、海洋社会研究（第10卷《清前期的岛民管理》，王潞著）等八个方面，可谓涵盖了有关海洋文明研究的诸多方面。

但就中国海洋文明的整体性而言，笔者认为还有些欠缺之处。首先，就区域性而言，该书的视域集中在了浙、闽、台、粤地区，中国其他沿海地区很少涉及。其次，就时间性而言，该书的专题主要限定在明清时期，对于近代以来中国海洋文明的发展状况没有专题论述。再次，就系统性而言，虽然杨教授将第一卷题目定为《海洋文明论与海洋中国》，并在此卷中重新阐释了海洋文明的概念与内涵，并提出了以海洋为本位的研究方法，但总的来看还是逃脱不了"研究集成式书"本身所具有的缺陷。从全篇布局来讲，该卷已经做到了章节间的前后衔接；但从微观来看，又难以跳脱单篇文章所具有的独立特性，比如同一个观点和论述会在不同的章节多次出现等。

当然，就海洋文明史的研究而言，该书的出版并不是杨国桢教授团队研究计划的全部，更非最终成果。但总的来看，该书的出版为推动中国海洋文明的研究做了很好的理论铺垫，为接下来海洋文明研究在空间性、时间性、系统性等方面全方位的研究提供了坚实的理论基础。同时，随着研究的深入，中国海洋文明研究也必将不断走向成熟，为中华文明的全面发展提供新的动力。中国海洋文明是个长时段的研究议题，正如杨国桢教授在总序中所言："由于中国海洋文明的议题广泛，涉及众多领域，不可能毕其功于一役。"（总序第 3 页）因此，中国海洋文明的研究也必然由涓涓细流走向洪波巨澜。

张燮《东西洋考》与岭南海洋文化

章文钦[*]

章文钦[*]

引　言

地球的表面，2/3 为海洋所覆盖，人类与海洋的关系至为密切。中国为海洋大国，从辽东半岛鸭绿江口的大东，到北部湾北仑河口的东兴；从黄海的长山群岛到南海诸岛，有数万里的海岸线和岛岸线。

文化学术为天下之公器，为国家民族命脉之所系，是一种世代相传的事业，在海洋文化这一学术领域也是如此。中国自先秦以来，从事海事活动的方士、儒生、使节、官吏、僧侣、海商等，或得之身历，或得之见闻，撰成文字，载诸图籍，为中国的海洋文化留下丰富的遗产。

近代以来，经历百年屈辱的中华学人，秉承历代先贤文化学术的爱国主义传统，出于对国家民族的高度责任感和发自内心的忧患意识，经过几代人的学术接力，潜心研究中国边疆史地，从西北史地之学到中国沿海边疆史的研究皆卓有成就。笔者在此以梁嘉彬、戴裔煊两先生为例。

---

* 作者系中山大学历史学系教授。

梁嘉彬先生自大学时代开始研究清代广东十三行，1934 年写出成名作《广东十三行考》，赴日留学后转而研究中国古代海外交通贸易史，抗战胜利后，更潜心研究台湾、琉球、钓鱼岛、南海诸岛和中日关系，而且在七十年前便提出："中华民族未来的发展在海洋！"

业师戴裔煊先生在抗战时期就读于中山大学研究院，从家乡阳江宋代以来的双恩盐场得到启发，写出传世之作《宋代钞盐制度研究》，为抗战时期的国计民生提供历史借鉴。1956 年起，潜心研究澳门史三十年。戴先生晚年多次对笔者说："我研究澳门史，就是为了证明澳门自古以来就是中国领土，中国完全有权收回澳门！"终于以澳门史研究的重要成果为澳门回归祖国的神圣事业做出贡献。

当代中国学者中，杨国桢先生同样抱着对国家民族的高度责任感和忧患意识，经过五十多年孜孜不倦的艰难探索，在林则徐与鸦片战争、海洋与中国等学术领域，取得了引人瞩目的成就，足以追踵前贤，而为我辈后学所敬仰。

在杨国桢先生门下，笔者属于编外弟子，但经过三十多年的问学请益，获益良多。特别是杨先生正直忠厚，以道德人格为安身立命之本，以本色学人兼性情中人，以学问、人品和风骨的完美结合成为当代学人的楷模，同中山大学的蔡鸿生、姜伯勤两先生一样，是我十分尊敬的良师。

承杨国桢先生和厦门大学历史系同人的盛意，邀请笔者参加此次研讨会。此次研讨会以"海洋与中国"为主题，既涵盖了杨先生的治学领域，又体现了厦门大学同人学术研究的特色。

笔者不敏，但对中国海洋文化同样满怀着感情。笔者的故乡汕头，与厦门同为中国港口城市。作为码头工人之子，从五六岁到十八九岁，无数次在龙湖关、珠池肚和旧飞机场一带海边趁潮讨海，体验着人生的艰辛。外出谋生以后，每逢返回故乡，总要到汕头海边，迎着带有咸味的海风，呼吸故乡的空气。

在三十多年的学术生涯中，受前辈师长的栽培，通过自身的努力，笔者从事清代广东十三行、澳门历史文化和明清之际中西文化交流史的研究，在中山大学讲授"中外关系史名著导读"的研究生课程，皆与中国海洋文化有关。近年又稍注意于古代广州对外交通和岭南海洋文化的研究。

"中外关系史名著导读"的研究生课程，以讲授海外交通的名著为主，历时近十年，第五讲即张燮《东西洋考》。

张燮字绍和，福建漳州龙溪人。生于明代万历二年（1574），卒于崇祯十三年（1640）。他出生于士大夫家族，21 岁中举人，无心仕进，以吟咏著述终其身。除《东西洋考》之外，2015 年中华书局复有四巨册的《张燮集》出版，《东西洋考》成为第四册的一部分。明末大儒黄道周自称："志尚高雅，博学多通，不如华亭布衣陈继儒、龙溪举人张燮。"①

《东西洋考》是张燮应海澄县令陶镕和漳州府督饷别驾王起宗之请撰成的，成书于万历四十四年（1616），次年由漳州地方官主持刊行。

明代前期，在商品经济发展和郑和下西洋的影响下，海外贸易随着发展。隆庆元年（1567）解除海禁前夕，在民间海外贸易的基础上发展起来的漳州月港奏设海澄县治，海外贸易获得进一步发展。地方官非常重视海外贸易，邀请当地博学之士张燮，撰写一部带有时代特点的海外贸易"通商指南"性质的书，这就是《东西洋考》问世的时代背景。

《东西洋考》取材丰富，广泛利用前人的各种文献记载与政府邸报、档案，以至与舶商、舟师的口碑材料互相印证。全书十二卷，前六卷记载东西洋列国的历史沿革、山川名胜、物产方物及交易方式。后六卷分别记载饷税、税珰、舟师、艺文、逸事诸考，具有很高的文献价值和学术价值。前承宋赵汝适《诸番志》，元汪大渊《岛夷志

---

① 《明史》卷255《黄道周传》。

略》，明马欢《瀛涯胜览》、黄信《星槎胜览》诸书，下启清陈伦炯《海国闻见录》、谢清高《海录》、梁廷枏《粤海关志》、周凯《厦门志》诸书，成为中国海外交通史的一部杰作。友人郑海麟教授在钓鱼岛研究会上享有重名，二十年前其论著初次刊行时，曾对笔者说："要像《东西洋考》一样，能传一千年。"[①] 该书确实是一部影响深远的传世之作。

闽粤两地山海相连，风俗相近，贸易相通。笔者童年耳熟能详的"三山六海一分地"之谣，与闽省地志"耕四而渔六"[②] 之说相映成趣。《东西洋考》虽出自闽省士人之手，对岭南海洋文化亦颇有涉及并产生影响，笔者在下文将其记载与粤中文献及相关记载相印证而论列之，以求教于杨国桢先生和对中国海洋文化素有研究的专家学者。

一 来往东西二洋的岭海航路

东西二洋之名，始见于元大德八年（1304）陈大震、吕桂孙的《南海志》，王尔敏据此书所载称："'西洋'、'东洋'概念之形成，应始于元代，……酝酿形成于十四世纪，至《大德南海志》（1304），表达出形成定说，而当元明之际广为流行。"[③]

至明初随着郑和七下西洋，巩珍有《西洋番国志》，成书于宣德九年（1434）。正德十五年（1520），复有黄省曾的《西洋朝贡典录》。西洋之名更大著于此。

至于东西二洋的分界，以张燮《东西洋考》所载最为明确。此书卷五《东洋列国考·文莱》称："文莱即婆罗国。东洋尽处，西洋所自起也。"卷九《舟师考·东洋针路》则称："文莱国即婆罗，此东洋最尽头。西洋所自起也，故以婆罗终焉。"

---

① 郑海麟：《钓鱼台列屿之历史与法理研究》，明报出版有限公司，1998；中华书局，2007。

② 乾隆《泉州府志》卷20《风俗》。

③ 王尔敏：《今典释词》，广西师范大学出版社，2008，第186页。

婆罗又称婆利、婆罗洲，即今加里曼丹岛，文莱国位于婆罗洲北部，至今犹存。据张燮所载，即以婆罗洲为东西二洋的分界，婆罗洲以东为东洋，以西为西洋。

郑和下西洋是中国和世界航海史的空前壮举，岭海航路为郑和下西洋的必经之路。据明末茅元仪《武备志》卷二四《郑和航海图》所载，郑和船队的宝船从南京龙江启航，出长江口以后，向南沿着江、浙、闽、粤海岸西行，最远到达非洲东岸的慢八撒。全图描绘沿途山形水势及经历各地者21页，所收亚非两洲地名500个。其中岭海航路部分载第10～11页，收地名41个，东起南澳，西到钦廉二州，南到海南岛和南海诸岛。[1]

明代广东十郡，滨海者居其七，除海南岛所在的琼州府外，分为三路，东路为惠、潮二郡，西路为高、雷、廉三郡，而以广州为中路。无论闽广海舶之通番贩洋，抑或列国番舶之来华贸易，皆须经过岭南海域，《东西洋考》对此亦有明确记载。

此书卷九《舟师考·西洋针路》，首载从镇海卫太武山往交趾东京（今越南河内）的针路，沿途所经之地为大小柑橘屿、南澳坪山、大星尖、东姜山、弓鞋山、南亭门、乌猪山、七州山、七州洋、黎母山和海宝山。除大小柑橘屿与镇海卫太武山同属闽省海域外，其余各地皆属岭南海域一，而南澳、大星尖、东姜山、弓鞋山、南亭门和乌猪山皆见于《郑和航海图》。[2]

此条在南澳坪山之下注明："南澳是漳潮接连处，万历四年（1576）设副总兵镇此，筑城周围五百丈。其外玄钟寨属漳，柘林寨属潮，最为重镇。"关于柘林在广东东路海防中的重要地位，有成书于嘉靖年间的郑若曾《筹海图编》所载可资印证。该书卷三《广东

---

[1] 章文钦：《明清广州对外交通的主要航道》，《广州文博》第8辑，文物出版社，2015，第122页。

[2] 《郑和航海图》所载地名与此书略异者，如弓鞋山作翁鞋山，南亭门作南停山，乌猪山作乌猪门。

事宜·东路》称："议者谓：'潮为岭东之巨镇，柘林、南澳俱系要区，枕吭抚背之防，不可一日缓……（下述筹惠潮海防之策略）'然未知柘林为尤要也。柘林乃南粤海道门户，据三路之上游，番舶自福趋广，悉由此入。……无柘林，是无水寨也；无水寨，是无惠潮也。为今之计，东路官军每秋制班，必以柘林为堡，慎固要津。"①

《东西洋考·西洋针路》又载七州洋至广南（今越南广南—岘港省）针路，所经之地为：铜鼓山、独珠山、交阯洋。其中铜鼓山、独珠山与七州洋同在岭海航路。铜鼓山之下引《广东通志》曰："在文昌东北，诸僚铸铜为大鼓，悬庭中，仇杀相攻，则击此鼓，到者云集。后瘗此山，乡人掘得之，故名。"独珠山下注："俗名独猪山。《琼州志》曰：'独州山一名独珠山，在万州东南海中，峰势高峻，周围五六十里。南国诸番修贡，水道视此为准，其洋为独珠洋。'"由此可知位于海南岛东南海中的独珠山和独珠洋，不但为闽广海舶往来航路所必经，而且为东西洋诸国贡道所经。

犹可得而论者，此书为闽省儒士张燮所撰，所载之中国沿海地名较多者，闽省之外，当属岭南。谢方先生于 1979 年将此书地名编成索引②，检索书中闽广地名，略做比较，便可证明。

此书提及闽省海域之重要地名者如厦门司 3 处，中左所 1 处，澄（即海澄）10 处，漳、漳州（府）15 处，闽 27 处。而关于岭南海域之地名如潮（州）4 处，南澳 2 处，南海（指珠江三角洲一带）7处，广（指两广）6 处，广、广州 9 处，广东 9 处，等等。于此亦可见岭南海域在来往东西二洋航路上的地位。

这种情形，一直延续到清代前期。明清之际岭南文化遗民，著名学者、诗人屈大均《广东新语》卷十五《货语·纱缎》："广之线纱与牛郎绸、五丝、八丝、云缎、光缎，皆为岭外、京华、东西二洋所

① 潮籍国际知名学者饶宗颐先生有《柘林在海外交通史上的地位》一文，载吴志良主编《东西方文化交流国际学术研讨会论文选》，澳门基金会，1994，第 22～26 页。

② 张燮：《东西洋考》，中华书局，2000，《附录：地名今释》，第 253～302 页。

贵。予《广州竹枝词》云：'洋船争出是官商，十字门开向二洋。五丝、八丝广缎好，银钱堆满十三行。'"①所咏为从广东贩往东西二洋的纱缎。

屈氏《翁山诗外》卷九咏澳门之《望洋台》诗云："浮天非水力，一气日含空。舶口三巴外，潮门十字中。鱼飞阴火乱，虹断瘴云通。洋货东西至，帆乘万里风。"所咏则为从东西二洋贩来的洋货。

屈氏诗中所咏的十字门在澳门之南，以潭仔、舵尾和路环、横琴四山离立，海水纵横贯其中成十字而得名，是木帆船时代来往东西二洋的重要航道。

至雍正年间，同安人、官至浙江水师提督的陈伦炯有《海国闻见录》二卷，收入四库全书史部地理类。《提要》称其父陈昂"康熙二十一年（1682）从靖海侯施琅平定台湾。琅又自搜捕余党，出入东西洋五年，叙功授职，官至广东副都统"。伦炯少从其父，熟闻海道形势，且曾官广东高雷廉总兵。

《海国闻见录》上卷为记八篇，下卷为图六幅。上卷《天下沿海形势录》记中国沿海形势，尤详于闽台和岭南，且以《南澳气》一篇突出南澳之地位。而其《东洋记》、《东南洋记》、《南洋记》和《小西洋记》诸篇，则包含《东西洋考》所记之东西二洋列国。又增《大西洋记》一篇，记述自地理大发现以后东来的葡萄牙、西班牙、荷兰、英国等西方殖民国家，其源头亦可追溯到《东西洋考》，笔者将在"佛郎机与濠镜澳"一节论之。

《天下沿海形势录》一篇复有言："澳门外防番舶，与虎门为掎角，有心者岂可泛视哉！外出十字门而至鲁万，此洋艘、番舶来往经由之标准。"鲁万又称老万，即万山群岛，其他有洋艘、番舶来往之望山，水深海阔，在十字门淤浅之后，至今仍为中外船只来往之重要航道，且为明代南亭门之所在，笔者将在下文论之。

① 屈大均《广州竹枝词》共7首，此为第4首，见《翁山诗外》卷16。

二　民间信俗文化的海神信仰

中国传统文化包括儒、释、道和民间信俗文化。以儒家文化为主体，佛道两教和民间信俗文化为补充。民间信俗文化扎根于中国百姓生产和生活的土壤中，在民间有着深远的影响，作为中国民间信俗文化一部分的海神信仰便是如此。

中华民族的先民，从远古时代就开始航海活动，并产生对海神的崇拜。写于先秦时代的《山海经》之《大荒东经》，便有黄帝之子禺虢为东海之神，禺虢之子禺京为北海之神的传说。到了汉代，又出现四海神君之说。《太公金匮》称"南海之神曰祝融，东海之神曰句芒，北海之神曰玄冥，西海之神曰蓐收"。[①]

从隋代以后，对东汉末汉寿亭侯关羽的崇拜逐渐发展，北宋大观二年（1108）加封为王，至明万历二十二年（1594）晋爵为帝，成为中国民间宗教信仰的主神。而从北宋初年以后，起源于福建莆田湄洲屿的妈祖，得到中国民间广泛热烈的信奉，并获得历代朝廷的不断褒封。南宋绍兴二十六年（1156），加尊号为夫人；绍熙三年（1192），晋尊号为妃。元代至元十五年（1278），晋封天妃。明代永乐七年（1409），以郑和下西洋得神佑，封护国庇民妙灵昭应弘仁普济天妃。清代康熙二十三年（1684），平定台湾，以"神助克敌"晋封天后。从而成为中华传统文化中航海保护神的主神。

《东西洋考》关于海神信仰的记载，主要集中在卷九《舟师考》。起首称："海门以出，泂沫粘天，奔涛接汉，无复崖涘可寻，村落可志，驿程可计也。长年三老鼓枻扬帆，截流横波，独恃指南针为导引。或单用，或指两间，凭其所向，荡舟以行。……或为风涛所遭，容多易位；至风净涛落，驾转犹故。循习既久，如走平原，盖目中有

---

① 李昉等编纂《太平御览》卷882《鬼神部二》。

成算也。"

以上所记，皆为人的主观努力所能达到者。而人们又期望所崇拜的海神，能够以超自然的力量庇佑自己，使自己在海事活动中得其利而避其害。于是，海神信仰就成为古代航海者和滨海居民生存所系、生活所依的精神支柱。因此，张燮在《舟师考》"内港水程"、"西洋针路"和"东洋针路"之后，有"祭祀"一条，记载对关帝、天妃和舟神的崇拜。

> 协天大帝者，汉前将军汉寿亭侯关壮缪也。万历四十三年（1615）上尊号。天妃世居莆之湄洲屿，五代闽王时都巡检林愿之第六女也。……己丑（永乐七年），加封弘仁普济护国庇民明著天妃。自是遣官致祭，岁以为常，册使奉命岛外，亦明禋惟谨。舟神，不知创自何年，然舶人皆祀之。

接着，张燮又记载来往东西二洋的海舶，在舟中对三神的拜祀及其灵验："以上三神，凡舶中来往，俱昼夜香火不绝。特命一人为司香，不他事事。舶主每晓起，率众顶礼。每舶中有惊险，则神必现灵以惊众，火光一点，飞出舶上，众悉叩头，至火光更飞入幕乃止。是日善防之，然毕竟有一事为验。或舟将不免，则火光必飏去不肯归。"

明代之岭南文献，可与张燮所载相印证者，刊于嘉靖四十年（1561）的黄佐《广东通志》卷六九《外志五·杂事上·广州府》，和刊于万历三十年（1602）的郭棐《广东通志》卷七一《外志六·杂录上·广州府》皆有"天妃桅火"条，内称："凡下东西二洋造舶，别为一舶如其制而小，置神前。凡覆溺倾欹，兆必先见。在洋中，或渡琼海，每遇颠危，虔诚拜祷，即有神火集桅上，或有江鸥一双入仓，集神前，舟楫即时镇定，人以是神之。"两书皆成于《东西洋考》之前，所记应为来往东西二洋的中国海商舵水人等的实际体验，而与张燮所载相合。

同类之岭南文献，可再举屈大均诗文为例。《翁山诗外》卷七有《阳江道上逢卢子归自琼州赋赠》十首，之二云："大风吹海啸，舟似转篷飞。……旌旗过水怪，灯火降天妃……"原注称："天妃，海神，吾粤事之甚谨。卢子是日舟几覆，祷之，有一大鸟止于樯，少焉，红光荧荧，绕舟数匝，兼花香酷烈，舟遂定，得济。"卢子渡琼海，舟遇颠危，祈祷天妃，神降于樯，一舟遂安。

屈氏《广东新语》卷六《神语》有《海神》之文，述粤人事祝融、伏波、天妃诸神甚谨，文中有言："天妃神灵尤异，凡渡海卒遇怪风，哀号天妃，辙有一大鸟来止帆樯，少焉红光荧荧，绕舟数匝，花香酷烈，而天妃降矣。其舟遂定得济。又必候验船灯，灯红则神降，青则否。"屈氏诗文与"天妃桅火"条所载略同，而有卢子之体验为实例，亦与张燮"祭祀"条相同。

三神之外，张燮《舟师考》所载之海神还有灵伯、都公和灵山石佛。"西洋针路"条载："独珠山……在万州东南海中，……舶人云：有灵伯庙，往来祭献。"[1]独珠山下为独珠洋，为南国诸番贡道和闽广往来商舶所必经；山上之灵伯庙，则为诸番贡使和海商舵水人等祭献之所，其说得自舶人之口，尤可征信。灵伯应为琼海一带颇受崇拜的海神。祭献之仪，除入庙拜祭之外，还有放彩船迎送之俗，即海舶出洋时，敲锣打鼓，点燃香炉，放下彩船，将神灵迎请上船，供奉于神楼。海舶归来，又用彩船将神灵恭送回庙。

"祭祀"条又载都公和灵山石佛。灵山位于今越南南部之华列拉岬，以峰头巨石，形似佛头而得名，为往来海舶的重要望山。"祭祀"条谓："灵山石佛，头舟过者，必放彩船和歌，以祈神贶。"

放彩船和歌之仪，向达先生校注之《两种海道针经》甲种《顺

---

[1]　向达校注《两种海道针经》甲种《顺风相送》，中华书局，1961，第33页载独珠山，称"往来祭海宁伯庙，系海南万州山地方"。可知独珠山又称独猪山，灵伯庙又称海宁伯庙。

风相送》成书于郑和下西洋时代，有《歌》一篇，略云："灵山大佛常挂云，打锣打鼓放彩船。使到赤坎转针位，前去见山是昆仑。昆仑山头是实高，好风使去亦是过。……新做宝船新又新，新打舣索如龙根，新做舣齿如龙爪，抛在澳港值千金。"① 这种放彩船的仪式，同样适应于天妃、灵伯和都公。

至于都公，"祭祀"条谓："都公者，相传为华人，以郑中贵抵海外归，卒于南亭门。后为水神，庙食其地。舟过南亭遥请其神，祀之舟中。至舶归，遥送之去。"

可与张燮所载相印证者，《两种海道针经》甲种《顺风相送》有《各处州府山形水势深浅泥沙地礁石之图》一篇，内称东姜山"对开打水四十五托。广东前船澳港口有南亭门，打水十九托，沙泥地"。南亭门"对开打水四十托，广东港口，在弓鞋山，可请都公"。乌猪山"洋中打水八十托，请都公上船，往回放彩船送者，上川、下川在内，交景、交兰在外"。②

南亭门在珠江口外万山群岛，为广东港口，成书于嘉靖十四年（1535）的戴璟、张岳等纂修《广东通志初稿》卷首有《广东地理总图》，南亭门见诸东莞县、虎头门之南，九星洋之东，与伶仃洋、横琴山并列。《郑和航海图》作南停山。乌猪山《郑和航海图》作乌猪门，在上、下川岛东南，为往来海舶的重要望山。南亭门和乌猪山两地皆有都公庙，因此，都公这位随郑和下西洋的随员，也同南海神和天妃一样，成为岭南海域的航海保护神。

三　海外贸易的税饷

中国的海外贸易，可追溯到先秦时代。对海外贸易征收税饷，始

---

① 向达校注《两种海道针经》甲种《顺风相送》，第47页。
② 向达校注《两种海道针经》甲种《顺风相送》，第32～33页。"托"为当年测水深浅之尺度，张燮在《舟师考》中称："方言谓长如两手分开者为一托。"

于汉代，至唐宋时期，随着市舶制度的发展而渐趋完备。北宋淳化二年（991）始定十分抽解二分之制，其后税率虽变化，对国内外货物征收实物税的抽分制已经确立。沿至明初，实行海禁，除贡舶贸易之外，禁止私人海外贸易，贡舶贸易也实行种种限制。

从明初到嘉靖初年贡舶贸易的情形，戴璟、张岳等纂修《广东通志初稿》卷三一《番舶》略谓："我朝互市，立市舶提举司，以主诸番入贡。旧制，应入贡番，先给与符簿。凡及至，三司与合符，视其表文、方物无伪，乃津送入京。若国王、王妃、陪臣等附至货物，抽其十分之五，其余官给之直。暹罗、爪哇二国免抽。其番商私赍货物为易市者，舟至水次，官悉封籍之，抽其什二，乃听贸易。然闽广奸民，往往有椎髻环耳，效番衣服声音，入其舶中，导之为奸利，因缘钞暴，沿海甚苦之。"

私人海外贸易既被视为非法，借贸易为生之闽广商民，不得不椎髻环耳，效番衣服声音，入番舶中，违法犯禁，走私劫掠，这成为当时社会的一种不稳定因素。成书于万历初年的王圻《续文献通考》卷三一《市籴考二·市舶互市》谓："贡舶为王法所许，司于市舶，贸易之公也。海商为王法所不许，不司于市舶，贸易之私也。"颇道出其中原因。然而随着社会经济的发展而兴起的私人海外贸易，虽为王法所不许，却屡禁不止，明代的漳州月港，正是在私人海外贸易的基础上发展起来的，从而促使封建统治者中的有识之士，对适应社会经济的发展，促进私人海外贸易有了明确的认识，解除海禁，并对海外贸易的税收制度做出适当的调整。

嘉靖年间，中国东南沿海大闹起倭寇来，闽广二省尤甚，海盗山寇并起，其主体即为违法犯禁下海通番的中国商民。嘉靖末年，福建巡抚谭纶上《善后六事疏》称："闽人滨海而居，非往来海中则不得食。自通番禁严，而附近海洋鱼贩，一切不通，故民贫而盗愈起。"提议放宽海禁。[1]

---

[1]　《皇明经世文编》卷 322《谭襄敏公奏疏》。

即所谓"市通则寇转为商，市禁则商转为寇"。①

到明穆宗隆庆元年，终于由福建地方官奏请而开海禁。《东西洋考》卷首周起元《序》称："我穆庙时除贩夷之律，于是五方之贾，熙熙水国，刳艅艎，分市东西路。其捆载珍奇，故异物不足述，而所贸金钱，岁无虑数十万。公私并赖，其殆天子之南库也。"

《东西洋考》卷七《饷税考》则称："隆庆改元，福建巡抚都御史涂泽民请开海禁，准贩东西二洋。盖东洋若吕宋、苏禄诸国，西洋若交阯、占城、暹罗诸国，皆我羁縻外臣，无侵叛。而特严禁贩倭奴者，比于通番接济之例。此商舶之大原也。"即准许中国商民往贩东西二洋诸国，以其为合法贸易，可以成为商舶贸易的主流。而独严禁对于东洋日本的贸易，以通番接济之律绳之，以其为自明初以来倭患之源。

随着中国商舶海外贸易的发展，原来对贡舶和番舶来华贸易所实行的抽分制，必须适应新形势而做出适当的调整。据《饷税考》载："万历三年（1575），中丞刘尧诲请税舶以充兵饷，岁额六千。同知沈植条海禁便宜十七事，著为令。于时商引俱海防官管给，每引征税有差，名曰引税。……其征税之规，有水饷，有陆饷，有加增饷。……自万历四年，饷溢额至万金，刊入《章程录》。至十一年，累增至二万有余。"中丞即御史中丞，与上引之都御史同为福建巡抚兼衔；同知谓漳州府督饷同知，驻海澄督饷馆，负征收税饷之责。并由官方将规条刊入《章程录》。

下文仍据《饷税考》所载，将引税、水税、陆饷和加增饷分别加以论列。关于引税，《饷税考》谓："每请引百张为率，尽即请继，原来定其地而限其船。十七年（1589），中丞周寀议将东西洋贾舶题定额数，岁限船八十有八，领引如之。后以引数有限，而愿贩者多，

---

① 戴裔煊：《明代嘉隆间的倭寇海盗与中国资本主义的萌芽》，中国社会科学出版社，1982，第76页。

增至百一十引矣。"原注："东西洋每引税银三两，鸡笼、淡水税银一两；其后加征东西洋税银六两，鸡笼、淡水二两。"此处的引税又称船引，以区别于宋代以来的盐引，亦由官府卖引给商，收取引银，而且限定商舶额数，刊刻编号，引数亦有限制。

关于水饷。《饷税考》谓："水饷者，以船广狭为准，其饷出自船商。"原注："西洋船面阔一丈六尺以上者，征饷五两，每多一尺加银五钱。东洋船颇小，量减西洋十分之三。""水饷"条复谓："万历三年，提督军门刘详允东西洋船水饷等第规则（原注：时海防同知沈植议详），船阔一丈六尺以上，每尺抽税银五两，一船该银八十两。一丈七尺以上阔船，每尺抽税银五两五钱，一船该银九十三两五钱。……二丈六尺以上阔船，每尺抽税银十两，一船该银二百六十两。贩东洋船每船照西洋船丈尺税则，量减十分之七。"即对商舶进行丈量，按船只体积大小分别等第，抽收船钞。这是中国海外贸易的税收从抽分制发展到丈抽制的一项重要改革，对清代以后的海关制度有着深远的影响。

然而，在官为刀俎、商为鱼肉的封建体制之下，在水饷抽收的实际操作中，仍然弊病百出。至万历四十四年，漳州府推官萧基署郡事时，"蒿目商困，条上恤商厘弊凡十三事"。第一事即议水饷："水饷以梁头尺寸为定，载在成册，而商人往往克减尺寸，官亦利其加征而重科之，吏书人役百般诈索，奸弊莫清。今酌以十月修船时，饷官恭诣，从复阔处看量尺寸，编记天地玄黄字号，以某船某处给引，其回澳即照字号规则，依纳水饷，不必复量梁头。"以图杜绝丈量中的弊端。

关于陆饷。《饷税考》谓："陆饷者，以货多寡计值征输，其饷出于铺商。又虑间有藏匿，禁船商无先起货，以铺商接买货物，应税之数给号票，令就船完饷而后听其转运焉。"原注："陆饷胡椒、苏木等货，计值一两者，征饷二分。""陆饷"条载："万历十七年，提督军门周详允陆饷货物抽税则例。"原注："万历三年，陆饷先有则例，因货物高下，时价不等，海防同知叶世德呈详改正。"列出胡椒、象牙等货物80种，以及征税细则。又载："万历四十三年，恩诏量减各处税银。漳州府议东西二洋税银二万七千八十七两六钱三分三厘，今应减银三千六百八十七两三钱三分三厘，尚应征银二万三千四百两。货物抽税见行则例。"列出货物114种及征税细则。这样货物税银就与船钞银分别征收，成为海外贸易的两项重要税收。

关于加征饷。《饷税考》则谓："加增饷者，东洋吕宋，地无他产，夷人悉出银钱易货，故归船自银钱外，无他携来，即有货物无几。故商人回澳，征水陆二饷外，属吕宋船者，每船更追银百五十两，谓之加征。后诸商苦艰，万历十八年（1590），量减至百二十两。"吕宋自1571年（隆庆五年）起，已成为西班牙的殖民地，马尼拉则成为西属印度殖民地首府，美洲白银开始通过海外贸易流入中国。故加增饷的征收，影响明末以至清代前期的中西贸易。

闽省当局在海澄对海外贸易征收水饷、陆饷、加增饷的一套规条，对岭南的海外贸易很快产生影响。刊行于万历三十年的郭棐《广东通志》卷六九《外志·四番夷》有"抽分"条，与黄佐嘉靖《广东通志》前引所载差别不大，而特立"丈量"一条，则与张燮《饷税考》所载"丈量输钞规"条大致相合。

郭棐在"丈量"条中谓："番商舟至水次，往时报至督抚，属海道委官封籍之，抽其十二，还贮布政司库，变卖或备折俸之用，余听贸易。隆庆间始议抽银，檄委海防同知、市舶提举及香山正官，三面同往丈量估验。每一舶从首尾两膀大过，阔若干，长若干，验其舶中积截出水若干，谓之水号，即时命工将膀刻定。估其舶中载货重若干，计货若干，该纳银若干。验估已定即封籍，其数上海道转闻督抚，待报征收。如刻记后水号微有不同，即为走匿。仍再勘验船号出水分寸又若干，定估走匿货物若干，赔抽若干，补征税银，仍治以罪。号估税后，贸易听其便。计每年税银约四万余两备饷。"文中之番商包括以澳门为居留地的葡萄牙商人，对番船丈量征钞的规定，同样适应于海外贸易的中国商船，岁征银四万余两应包括整个广州口岸的对外贸易。

犹可得而论者，文中关于丈量船只、刻记水号、勘验船号出水分寸、查出走匿货物、赔补治罪的一套办法，主要是对付番商中的葡萄牙人的。有成书于道光十八年（1838）的梁廷枏《粤海关志》所载可相印证。

《粤海关志》卷二二《贡舶·三意达里亚国》载："康熙二十四年（1685），监督宜尔格图奏言：'粤东向有东西二洋诸国来往交易，系市舶提举司征收货税。明隆庆五年，以夷人报货奸欺，难于查验，改定丈抽之例，按船大小以为额税。西洋船定为九等，后因夷人屡请，量减抽三分。东洋船定为四等。国朝未禁海以前，洋船诣澳，照例丈抽。但往日多载珍奇，今系杂货。今昔殊异，十船不及一船，请于原减之外，再减二分，东洋亦照例行。'奉旨俞允。"

清朝于康熙二十三年开放海禁，次年设立江、浙、闽、粤四海关。粤海关设满汉监督各一员，以宜尔格图为满监督，成克大为汉监督。宜尔格图在粤海设关当年，查阅粤中旧档及规例册，奏定关税之例，参照明末及清初禁海以前丈抽之例而略予变通，奉旨俞允。奏疏所言隆庆五年改定丈抽之例，应与居澳葡人及其他番商报货奸欺，难于查验有关。而《粤海关志》卷八至十三为《税则》，卷十四至十五为《奏课》，所载货税细则、关税定额及递年征收情形，较之《东西洋考》的《饷税考》，有沿袭，亦有变通，而内容更为丰富。

至于澳门海外贸易的税收，从明末到清代前期，也沿袭闽省的丈抽之例而有所变通。除前引郭棐万历《广东通志》之外，成书于清乾隆十六年（1751）的印光任、张汝霖《澳门纪略》卷上《官守篇》有言："加恩澳夷尤渥，凡船回澳，止征船税，丈其货物而籍记之，货入于夷室，俟华商懋迁出澳始纳税。又颁有则例刊章，揭之高榜，吏无所作奸，故四远辐辏于南滨也。"即对澳葡海外贸易的额船，只征船钞，待华商至澳买货，始纳货税。

《粤海关志》卷八《税则》称："凡澳门夷船，系本省发往外洋者，照本省洋船例科征。其外洋抵澳之西洋船，照外洋本条科征。"即对由广东当局奏定的澳葡海外贸易的额船，照本省洋船例征税，而对来自葡萄牙本国、货多饷重的大西洋船，则照当时同在广州口岸贸易的荷、英、法等国的西方商船之例办理。

对于来粤贸易的西方商船丈量征钞的规例，《粤海关志》虽偶有提及，但不及马士（H. B. Morse）的《东印度公司对华贸易编年史》（*The Chronicles of the East India Company Trading to China*，*1635 – 1834*）所载为详。该书凡五卷，各卷之末，皆有来华贸易的英国东印度公司船只表，1635 年（明崇祯八年）租给葡萄牙人的"伦敦号"（London），便有交纳船钞（Measurement dues）的记载。1689 年（清康熙二十八年）停靠澳门的"防卫号"（Defence），便有吨位（730）、中国单位（Chinese units，221）、船钞基数（1500 两）和附加（300 两）的记载。至 1750 年（乾隆十五年）停泊黄埔的"爱德华王子号"（Prince Edward）则有吨位（449）、中国单位（194）、船钞基数（1444 两）和规礼（Present，1950 两）的记载。① 此后一直到英国东印度公司退出广州贸易的 1834 年（道光十四年），所载变化不大。

"中国单位"即由中国官吏对英公司商船进行丈量之后记载入册的单位，而船钞开始时有基数和附加二项，附加源于明清官吏的陋规，后来将附加合并归公，刊入则例，便成为规礼 1950 两。

至于丈量征收船钞的实际操作情形，由笔者译补的该书《词汇索引·丈量》（Measurage）一目收各卷索引 52 条，包括要求确定征收数额、由保商缴纳、计算方式等项。"丈量船只"（Measurage ship）收第一、二、三、五卷索引 32 条，包括丈量定例、大班、海关监督

---

① H. B. Morse, *The Chronicles of the East India Company Trading to China*, *1635 – 1834*, Vol. Ⅰ, Oxford, 1926, pp. 307 – 308; Vol. 5, Oxford, 1928, p. 199.

耽搁等项。① 这一规例又影响近代海关的吨位税。

从明末开始，到 19 世纪初期鸦片贸易盛行以前，西方各国对华贸易一直处于出超的地位。必须向中国输入白银作为对华贸易的资金，以平衡向中国购买丝绸、瓷器、茶叶等货而出现的逆差。该书《词汇索引》有"白银"（Silver）一目；仅输入中国一项就达 107条。粤海关向输入的白银（银元）征收附加税，最高达 10%（Ten persent），《词汇索引》就此立为一目，收索引 18 条，集中在第一、二卷。②

从《东西洋考》之《饷税考》所载的水饷、陆饷、加增饷，到属于岭南海洋文化的船钞、货税、白银附加税，有明显的轨迹可寻。

四　万历年间的税使

在 1962~1965 年一连几个夏天的晚上，笔者坐在家门口的瓜棚下，听父亲怡青先生为我们兄弟和邻居的小伙伴讲历史演义。接连讲了十几部，从周文王、周武王和姜太公，一直讲到朱元璋和刘伯温。朱元璋在得了天下，建立明朝之后，问军师刘伯温："朕之江山能维持多少年？"神机妙算的刘伯温答道："陛下放心，您的江山可传至子孙万年。"父亲接着说："万年，就是万历年。"当年笔者还是个小学生，受长兄的影响，只知道万历之后还有天启、崇祯两朝，却不知道父亲为何说明朝亡于万历年。

长大以后，以史为业，于明朝史事，亦颇有涉猎，终于知道万历年间发生两件大事：一是后金努尔哈赤以"七大恨"祭天，起兵反明；二是万历帝向全国派出矿监、税使，横征暴敛，斩伐民命国脉。这两件事成为明朝灭亡的起点。此处欲论者为万历年间的税使。

---

① 马士：《东印度公司对华贸易编年史（一六三五——一八三四年）》第 5 卷，区宗华译，广东人民出版社，2016，第 362~363 页。

② 马士：《东印度公司对华贸易编年史（一六三五——一八三四年）》第 5 卷，第 401、414 页。

古人有言:"与其有聚敛之臣,不如有贼臣。"万历帝则堪称聚敛之君,以贵为天子,富有四海的万乘之主,而贪财成癖,奢侈无度。内府开支庞大,加以数度用兵,自万历二十四年(1596)起,派宦官到全国各地充当矿监、税使,再由地方有司征收的定额正税之外,苛征滥索,对百姓敲骨吸髓。搜括所得,除少数进奉皇帝之外,大部分落入矿监、税使私囊,以致民怨沸腾。北至辽东,南至滇粤,东至苏常,西至陕西,二十余年之间,反抗矿监、税使的民变大小上百次。至万历三十三年(1605),万历帝下诏停止采矿之后,各地税使仍然肆虐不止。直到万历四十八年万历帝死去,明光宗才下诏撤掉一切矿监、税使。

而在万历二十八年(1600),东林党人、凤阳巡抚李三才接连上书,为民请命,请停矿税曰:"自矿税繁兴,万民失业。陛下为斯民主,不惟不衣之,且并其衣而夺之;不惟不食之,且并其食而夺之。征权之使,急于星火;搜括之令,密如牛毛。……皇上爱珠玉,人亦爱温饱;皇上爱万世,人亦恋妻孥。奈何皇上欲黄金高于北斗,而不使百姓有糠粃升斗之储?皇上欲为子孙千万年,而不使百姓有一朝一夕?试观往籍,朝廷有如此政令,天下有如此景象而不乱者哉!"第二疏奏曰:"臣前疏非泛常,国脉民命之所关,天心祖德之所在也。人主能为万姓之主,然后奔走御侮。若休戚不关,威力是凭,……孤人之子,寡人之妻,拆人之产,掘人之墓,即在敌国仇人,犹所不忍,况吾袵席之赤子哉!"[①] 昏君无动于衷。

闽广两省擅东西市舶之利,昏君万历帝与阉官税使更虎视眈眈。闽有高寀,闽人皆欲杀之;广有李凤,广人皆欲杀之。张燮在《东西洋考》卷八特立《税珰考》,对高寀之罪秉笔直书,兹略举其要。

《税珰考》卷首有言:"帝命寀往闽。……比寀衔命南下,金钲重地,戈旗绛天,在在重足,莫必其生命。而黜吏、逋囚、恶少年、

---

① 谷应泰:《明史纪事本末》卷65《矿使之弊》。

无生计者，率望膻而喜，营充税役，便觉刀刃在手，每于人货凑集，置牌书圣旨其上，舟车无遗，鸡豚悉算。然税额必漳澄之贾舶为巨。"聚敛之君、阉官税使、奸棍税役三位一体，对生计艰难的百姓商民敲骨吸髓。

高寀于万历二十七年（1599）衔命入闽，至四十二年，福建巡抚都御史袁一骥连上六疏，陈起奸恶。第五疏谓高寀"在闽一十六年，总得数十万金，每进税银，杠数动逾百计，驿递钞关可查。一至德州，先以其半数作商货，分途窃运。及抵雄县，又以十之六七，公行装入文安，厚藏私室。所献皇上，曾不满百中之一耳"。进奉皇帝者十之一，中饱私囊者十之九，在当年的阉官税使中非常普遍。而明朝的国家财政收入通常每年 400 万两，高寀以一阉官税使聚敛至数十万两，数额之巨，实属惊人。

张燮在《税珰考》中历数高寀在闽之罪恶，而与巡抚袁一骥奏疏六道、闽籍湖广道御史周起元奏疏一道相印证。袁之第六疏谓高寀"每年侵匿，多则六千五百，少亦不下三千五百，合十六年，所积何止十万，而在外腌削一切无名之征不与焉"。福建每年税银五万两，一半解进内库，一半解工部助工，而备办方物银三千两，未经开载余银三千五百两，则被高寀侵匿入己，合计即为六千五百两。

一骥之疏复谓："夫寀之在闽，杀伤民命当斩，烧劫民房当斩，造船通倭当斩，囚执命官当斩，椎击童男女至死而吮吸其脑髓当斩。皇上日照月临，业洞恶奸贪悖逆之状，需其至京，自由处分。"袁、周二人上疏之后，"大小臣工叩阍之牍为满。上始下一骥疏，撤寀回京，徐听处分。十六载之风霾，一朝开朗矣"。闽之官民合力，驱寀终获成功，可谓大快人心！

而《税珰考》所载，与广东税使有关者亦有数处。张燮称："（万历）四十二年，广东税珰李凤病死，有旨命寀监督粤税。闽父老私计，粤税视闽税为巨，寀必舍闽适粤，所在欣欣，祈解倒悬。然粤人已歃血订盟，伺寀舟至，必揭竿击之，宁死不听寀入也。寀既陇蜀望奢，神气盖飞扬不驻，如饥鸟踌躇两树间，攫物之念愈动。遂造双桅二巨舰，诳称航粤，其意实在通倭。"

袁一骥第四疏则载高寀"谓粤人之拒其去，欲带勇敢千人自卫，而用前所劫巨计，执粤中命吏而入其省"。周起元疏则谓寀"入粤，粤人不受；归闽，闽人震恐"。其详细情形，可与粤中文献相印证。

李凤是万历年间广东的阉官税使。郭棐万历《广东通志》卷六九《外志·丈量》之末谓："万历二十七年后，皆内监李权使专之，虽丈不得主裁矣。"李权使即李凤，自其入粤至该书刊行仅三年，故所载语焉不详，然可确证在此之前由广东督抚属海道副使，檄委海防同知、市舶提举及香山知县丈量征收的市舶税饷，专主之权已落入税使李凤之手。

巡按广东监察御史王以宁，万历三十八年十二月，有《请蠲税疏》，三十九年六月有《水灾请撤税疏》，二疏虽不述李凤之恶，而以粤邦苦于税金，民困已极，痛哭陈请。为民请命，所述情状甚详。如前疏起首谓："一入粤境，窃见色里萧条，人烟断绝。诸父老环马首而泣，咸谓民苦于税，几不聊生，幸使者为小民请命。臣亦不觉恻然泣下。及与二三司道详核其困苦情状，良可痛哭。"

疏中继而详陈粤东征税情形："粤东僻在遐荒，其山则不毛，其地则多滨海斥卤，不可耕而食者。夷傜错处，哨守相望，一切兵饷，半取给于盐舶诸饷。自税使入粤，当事者惮于叩阍，为苟且支吾之计。除加抽盐税、厂税、垆税、谷税，以及铁锅、牛制等税四万四千七百余两外，复将通省章程兵饷拨充监税，前后共一十五万一千有奇。各省税额，最多至六七万而止，粤独二十万有奇。且此二十万金，割分于兵饷者十之七，税则充矣，如饷之不给何！"

"不得已而议于丁粮加派，又议于城乡市镇鱼虾、蔬果之类加抽以充之。……每岁加派至五万九千四百有奇，敲骨吸髓，不问可知。至于鱼虾、蔬果，从来不入税额者，而加抽至四万三千五百有奇，闾阎小民宁复有安枕者乎？然而章程兵饷尚缺四万八千余两，挪移凑补，以迄于今。……焚林竭泽，民何以堪？万历三十五年（1607），即蒙钦减二万余两，少宽加派之数。计今分解税银与方物等项，犹不下一十七万七千七百有奇。皇上第知所解者为税，而不知其为饷；亦第知所税者豪商巨贾，而不知肩挑背负之贫民无一得免焉！"

从疏中所陈可知，粤东税饷，原定章程拨充的兵饷，与由税使征解之监税、方物势难兼顾，为保证监税、方物之征解，只有加派加抽，横敛苛征，以致民不聊生。为此王以宁恳切吁请："伏愿推广皇仁，将解内帑与解部及办方物者一切报罢，俾得比于辽陕之例，以与民休息。此皇上之特恩，粤之大幸也！"①

明代粤中文献关于万历年间的税使，郭尚宾《郭给谏疏稿》② 较之王以宁《东粤疏草》所载尤详，足与张燮《税珰考》所载相印证而有所订补。

郭尚宾，广东海南人，官至刑科给事中，正直敢言，于万历朝之秕政秉笔直书，立朝未三年，即谪迁江西布政司检校而去。

郭氏于万历四十一年（1613）八月二十八日有"题为粤邦独苦税金，内臣接差可骇，恳乞即赐裁处，以甦多难极穷之名，以树东南一隅障蔽事"之疏，疏中言："本月初二日，职捧诵圣旨：'李凤既已久病垂危，著在任调理，不准辞。所收现在税课并一应钱粮、方物等项，差内官阮升前去暂管，俟本宫病痊，即回京应役。该衙门知道，钦此。'"接着极言粤邦独苦税金情状："他藩钱粮惟供本藩不可已之解用，乃粤东协济粤西兵饷，其可已不已者四万五金也。他藩地方之患尚缓，乃粤东濠镜澳夷蓄聚万余不轨之徒，又生熟黎岐跳梁崖州，盗贼之儆无处无日不报，岁征兵饷、兵船银四十万两，尚称支给不敷也。以浙江、福建、湖广大省，监税止各五六万两尔。止因当时粤东抚按失计，税金遂三四倍于大藩，至今尚十八万金。加之商税不

---

① 王以宁：《东粤疏草》卷1。
② 全书二卷，载《岭南遗书》第18册，清道光二十年（1840）南海伍氏刊本，谭莹校勘。

足，又派之粮差，又派之稻谷，又派之宰牛、鱼虾、菜果等项，又派之濠镜澳货二万两。榷解十余年以来，商民皮肉已尽，脂髓并穷，愁苦无聊之状，自抚按司道，以至府县之官，无不人人目睹心悲，望皇上撤回李凤，脱粤东商民于汤火者，见于抚按之屡疏可征。"引文可与王以宁之疏连读。

疏中继而极言阮之不当入粤："李凤初至粤东，纵棍徒以掠乡民，所在蠢蠢思乱矣。赖巡按李时华缚其爪牙而置之法，李凤始稍戢，人心始稍安。自后李凤时复咆哮，粤民屡欲扑杀之，亦赖李时华禁止，李凤乃得保全其首领。阮升不知前车之当戒，急作李凤之后身，乘士民之所未及知，政府部院之所未及陈请，营求内援，立取中旨，一时传宣，举朝无不骇愕。……以附近税监管之，安有不如额辇致天府者？允差阮升，令其为食人之虎，营窟之兔，吞墨之鱼，大非便计也！"

疏中最后恳请：亟减粤东半刹、稻税，亟蠲濠镜澳贷二万金之税，"其余税金、方物尚十四万有奇，暂照旧有司征收。于皇上嗜好未遽捐舍，于岭海生民地方可暂讲求安戢，似属最利之术。如职言不谬，伏乞敕下户部复议题处，或止阮升之行，固属望外恩施"。其后，粤东税金按照旧制归地方有司征收之请当时虽未实行，但阮升之行则得以中止。

同年，税使李凤在粤病死，万历皇帝有旨命高寀兼督粤税。就在高寀营求移驻粤东之际，郭尚宾于万历四十年二月初四日复有"税监可撤不可移，恳求圣明怜粤东，信诏旨急止税监营求移往，以安子遗，以彰公平之治事"之疏。

疏中起首即言："旧年税监李凤物故，蒙皇上察廷臣言，不委阮升，止命闽监高寀监管，以恶珰十余年荼毒之惨，一旦脱离，当粤东闻名指日，欢声动地。无不人人喁祝圣寿，无不谓可免复有税珰入粤之忧也！讵意奉旨兼管，曾几何时，高寀辄听棍徒唆拨，而有粤东之望，福建巡抚袁一骥明形章奏，而拳拳为高寀请移哉！"

　　疏中力言福建巡抚袁一骥为高寀移住粤东推波助澜之非："臣昨阅邸报，见一骥'海外情形当审，内地禁防宜周'之疏。其于福建东西二洋税金三万请罢之，以戢奸贩。又于福建尚税金二万有奇，请复报罢，或付有司征解。此皆为闽请命，此抚闽浙所宜然者。乃言及税监高寀之已赘当止，为闽请撤可矣，何一则曰：'近因广东税监李凤病故，已奉旨代为督理。该监方欲移往彼处，或姑听其便。'一则曰：'广东税银一十六万，以闽税不及三之一，彼监既已理税奉差，自当以银数多处为重。'嘻，是何言也！"

　　一骥此疏《东西洋考》未见，于粤东则颇有关系。尚宾之疏继而极言高寀之不当移往粤东："夫今日普天之民，独粤东极贫极困。……高寀即令营得入粤，然已无可胗之民膏，只有不可轻犯之民怒；已无有可托之窟穴，只有蠢蠢思乱之民情。入粤何盖于寀也？"

　　疏中又斥一骥之以邻为壑，而终以闻闽粤尽撤税使为请："旧岁阮升初奉遣，廷臣交章而争者，言税监不宜复使入粤也。皇上悉粤东税多之苦如此，粤东久被李凤之害若彼，不难幡然反汗，为粤东罢一阮升。今一骥反欲为粤东进一高寀。何一骥之心独异于廷臣之心，一骥仇视粤民之意独异于皇上之意耶？明背兼管之新纶，阴坚遣珰之弊政。效力于高寀，而不耻播恶于粤人，而不顾天下之公议，乃尚为之词曰：'臣非以邻国为壑。'一骥可自欺，而已不能欺人也！……故徒信管诏旨，尚未足以安粤民。惟并撤高寀，而付各税于有司，则为闽也，实所以为粤也。"其结语可谓正大得体之论，而最终亦得以实现。可惜明朝很快亡国。

五　佛郎机与濠镜澳

　　从明末到清代前期，中国对外关系处在从朝贡体制向条约体制过渡的时期；与外国的关系，从与亚洲朝贡国的关系为主，逐渐转变为与葡、西、荷、英、法、美等西方国家的关系为主。

在明代末年，自地理大发现以后先后东来的葡萄牙人、西班牙人、荷兰人，都在亚洲建立殖民地，并与中国发生关系。被称为佛郎机的葡萄牙人，在印度、马六甲建立殖民地，并占据中国领土澳门。同样被称为佛郎机的西班牙人，在吕宋建立殖民地，并一度占据中国领土台湾。被称为红毛番的荷兰人，在印度尼西亚建立殖民地，并取代西班牙人占据台湾。张燮《东西洋考》对此皆有记载，本文限于篇幅，只略论佛郎机与濠镜澳，亦即葡萄牙人与澳门。

关于这一专题，20 世纪有三位中国前辈学者进行研究，成果卓著。张维华先生在 1934 年写成《〈明史·佛郎机、吕宋、和兰、意大里亚传〉注释》，同年由哈佛燕京学社出版，至 1982 年，由上海古籍出版社出了新版，更名为《〈明史〉欧洲四国传注释》。梁嘉彬先生 1932 年毕业于清华大学历史系，任中山大学文史学研究所编辑员，至 1934 年初，在完成《广东十三行考》书稿的同时，撰成《〈明史·佛郎机传〉考证》一文，同年刊于中山大学《文史学研究所月刊》第二卷第三、四期合刊。戴裔煊先生 1956 年开始研究澳门史，1957 年撰成《关于澳门历史上所谓赶走海盗问题》的专题论文。刊于《中山大学学报》1957 年第 3 期。1958 年撰成另一篇专题论文《关于葡人入据澳门的年代问题》。[①] 1970 年，在极其艰难的条件下撰成《〈明史·佛郎机传〉笺正》，至 1984 年由中国社会科学出版社出版。戴先生积三十余年之力潜心研究澳门史，直到 1988 年病逝，是我国澳门史研究的奠基人。

张燮《东西洋考》为张维华、梁嘉彬、戴裔煊先生研究《明史·佛郎机传》的重要参考文献，屡见征引。笔者仍沿本文写作体例，对《东西洋考》书中关于佛郎机、濠镜澳、香山澳、澳门的记载，与明代粤中文献相印证，希望在前辈研究的基础上，能有一点开

---

① 收入蔡鸿生主编《澳门史与中西交通研究——戴裔煊教授九十诞辰纪念文集》，广东高等教育出版社，1998。

卷之益。

关于佛郎机。《东西洋考》卷四《西洋列国考》有"麻六甲"条。麻六甲又称满剌加，今称马六甲，所在的马六甲海峡是连接南海与印度洋的重要航道。"麻六甲"条称："后佛郎机破满剌加，入据其国，而故王之社遂墟。臣隶俛首，无复报仇，久乃渐奉为真主矣。古称旁海人畏龟龙，……身负鳍甲，露长牙，遇人则啗，无不立死。山有黑虎，……或变人形，白昼入市，觉者擒杀之。今合佛郎机，足称三害云。"佛郎机占据满剌加在明正德六年（1511）。而以龟龙（鳄鱼）、黑虎与佛朗机合称三害，正是当年葡萄牙殖民者的海盗行径在西洋土著和中国海商中留下的丑恶形象。

佛郎机占据满剌加一事，成书于嘉靖初年的南海黄衷《海语》卷上《风俗·满剌加》谓："正德间，佛郎机之舶互市，争利而哄。夷王执其哪哒而囚之。佛郎机人归，诉于其主，议必报之。乃治大舶八艘，精兵及万，乘风突至。时已逾年，国中少备，大被杀掠。佛郎机酋进据其宫，满剌加王退依陂隄里，老幼存者，复多散逸。"可与张燮所载相印证。而《明史·佛郎机传》起首即言："佛郎机近满剌加。正德中，据满剌加地，逐其王。"

至于佛郎机初来中国之事，《东西洋考》卷十二《逸事考》据《月山丛谈》谓："嘉靖初，佛郎机遣使来贡，其使皆金钱。其人好食小儿，每一儿市金钱百文，广之恶少掠小儿竞趋之。……居二三年，儿被掠益众。海道汪铉以兵逐之，不肯去。又用铳击败我兵，乃使善水者入水，凿沉其舟，尽擒之。"

戴璟、张岳嘉靖《广东通志初稿》卷三十《番舶》记其事谓："正德十二年（1517），西海夷佛郎机亦称朝贡，突入东莞县界，残掠尤甚，至掠少儿炙食之。其火枪迅烈，震骇远近。不得已调兵诛逐，乃出境。"卷三五《外夷》又谓："佛郎机国，前此朝贡莫之与。正德十二年，自西海突入东莞县界，守臣通其朝贡。此后猖狡为恶，乃逐出之。"黄佐嘉靖《广东通志》卷七《纪事五》则言："正德十一年……佛朗机人入广州。佛朗机夷人不知何许种落，至是假入贡为名，举大铳如雷，抵澳，郡城震骇。后谋据东莞南头，甚至掠买小儿炙食之，其淫毒古所未有也。"

佛郎机入贡之年，黄佐嘉靖《广东通志》作正德十一年，郭棐万历《广东通志》卷六九《外志·四番夷》与《明史·佛郎机传》作正德十三年（1518），戴裔煊先生证以西方文献，第一个葡萄牙使团来华在1517年，正与戴璟等嘉靖《广东通志初稿》所载正德十二年相合。至于佛郎机掠食小儿之说，明代有多种文献提及，但戴先生认为，这是佛郎机掠买中国人口，贩卖为奴隶："他们是奴隶贩子，在遣使之前，已经开始勾引两广的坏人，干掠买人口的罪恶勾当，以后不断有这方面的史料记载。"①

关于濠镜澳。《东西洋考》卷六《外纪考·红毛番》称："红毛番自称荷兰国，与佛郎机邻壤，自古不通中华。……佛郎机据吕宋而市香山，和兰心慕之，因驾巨舰横行爪哇、大泥之间，筑土库，为屯聚之所。竟以中国险远，垂涎近地。尝抵吕宋，吕宋拒不纳，又之香山，为澳夷所阻，归而狼卜累年矣。"原注引《广东通志》谓："红毛鬼不知何国，万历二十九年（1601）冬，（二三）大舶顿至濠镜（之口）。其人衣红，眉发连须皆赤，足踵及趾长尺二寸，（形）状大倍常（似悍）。澳夷数诘问，辄译言不敢为寇，欲通贡而已。当道（两台司道皆讶其无表）谓不宜开端。（时）李榷使召其酋入见，游处会城，（将）一月始（遣）还。诸夷在澳者寻共守之，不许登陆，始去。"

所引即郭棐万历《广东通志》卷六九《外志·四番夷》之记载，引文中（）内者为原文所有而张燮删去或改动之字。李榷使谓李凤。郭棐《广东通志》同卷提及濠镜或濠镜澳者复有二则。一在记述正德十三年佛郎机入贡之后，结语谓："顾佛郎机败后，其商舶由是渐

---

① 戴裔煊：《〈明史·佛郎机传〉笺正》，中国社会科学出版社，1984，第7~8页。

不能绝，时与濠镜诸夷赴广贸易，但不复如异时虐焰云。"一则谓："吕宋国例由福建贡市。万历二十六年（1598）八月初五日，径抵濠镜澳住舶，索请开贡。两台司道咸谓其越境违例，议逐之。诸澳夷亦谨守澳门，不得入。九月，移泊虎跳门，言候丈量。越十月，又使人言已至甲子门，舟破趋还，遂就虎跳径结屋，群居不去。海道副使章邦翰饬兵严谕，焚其聚。次年九月，始还东洋。或曰此闽广商诱之使来也。"前一则不知入据濠镜与赴广贸易之"夷"皆佛郎机，即葡萄牙人。后一则不知万历二十六年抵濠镜澳索贡，并移泊濠镜澳西面虎跳门之佛郎机，则为西班牙人。

濠镜澳又称蠔镜澳。戴裔煊先生解释"蠔镜"一名曰："蠔镜是蠔的外壳的一部分，平滑如镜，故名。广东沿海一带地方，往日妇女裁衣服时，常用蠔镜画白色粉线在布上为尺寸长短记号，显然，蠔镜澳得名是因其形似蠔镜之故。"①

蠔镜澳之名，最早见于粤中文献记载的，当属黄佐嘉靖《广东通志》卷六六《外志三·夷情上·番夷》所载。该篇在载嘉靖八年（1529）两广巡抚都御史林富请通市舶疏，疏中番舶"湾泊有定所"之文下夹注言："布政司案：查得递年暹罗国并该国管下甘蒲沰、六坤州，与满剌加、顺塔、占城各国夷船，或湾泊新宁广海、望峒，或新会奇潭，或香山浪白、蠔镜、十字门，或东莞鸡栖、屯门、虎头门等处，湾泊不一。"新宁即今台山，广海自明初设卫立寨；屯门位于东莞南头，自古为番舶入广门户；虎头门即虎门，明清为全粤海防重镇。可知蠔镜澳在葡人进占之前，是广州府属珠江口外西洋列国番舶湾泊的海澳之一。

至于这些海澳在佛郎机进占蠔镜澳之后的情形，屈大均《广东新语》卷二《地语·澳门》言："凡番船停泊，必以海滨之湾环者为澳。澳者，舶口也。香山故有澳，名曰浪白，广百余里，诸番互市其

---

① 戴裔煊：《〈明史·佛郎机传〉笺正》，第53页。

中。嘉靖间，诸番以浪白辽远，重赂当事求蠔镜为澳。蠔镜在虎跳门外，去香山东南百二十里，有南北之湾，海水环之，番人于二湾中聚众筑城。自是新宁之广海、望峒，（新会之）奇谭，香山之浪白，十字门，东莞之虎头门、屯门、鸡栖诸澳悉废，而蠔镜独为舶数。"

关于香山澳。《东西洋考》卷十二《逸事考》有言："嘉靖三十四年（1555）三月，司礼监传谕户部取龙涎香百斤。檄下诸藩，悬价每斤偿一千二百两。往香山澳访买，仅得十一两以归。内验不同，姑存之，亟取真者。广州狱夷囚马那别的贮有一两三钱，上之，黑褐色。密地都密地山夷人继上六两，褐白色。……自嘉靖至今，夷舶闻上供，稍稍以龙涎来市，始定买解事例，每两价百金。"原注："见《广东通志》。"

查郭棐万历《广东通志》卷六九《外志四·番夷·苏门答剌》，末载贡献方物，有龙涎香，下有夹注，张燮所记即采自其中而较为简略，如"嘉靖三十四年"至"亟取真者"一段，夹注作："传苏门答剌西一昼夜程有龙涎屿，独峙南巫里洋之中，群龙交戏其上遗涎。国人架独木舟向采之。每一斤值其国金钱一百九十二文，（折？）中国铜钱九千文。嘉靖三十四年三月，司礼监传谕户部，取龙涎香一百斤，遍市京师不得，下诸藩采买。八月部文驰至，台司集议，悬价每斤银一千二百两。浮梁县商汪弘，请同纲纪何处德往澳访买，仅得十一两以归。十月，遣千户朱世威驰进，内验不同，姑存之，亟取真者。"全条篇幅颇长，张燮所录仅1/3。然夹注"往澳访买"之文，张燮径书为"往香山澳访买"，可见香山澳之名，当年已颇著于东南沿海。

据梁嘉彬、戴裔煊先生研究，嘉靖帝急于催索龙涎香，是葡人得以占据澳门的原因之一。如戴先生言："他做了几十年皇帝，又想求长生，受到陶仲文、顾可学等的诱惑，认为修斋建醮，可以达到长生的目的。因此，不惜重价，觅取龙涎香来做万岁香饼。"[1]

---

① 戴裔煊：《〈明史·佛郎机传〉笺正》，第73页。

此外，张燮在同书卷五《东洋列国考》记吕宋之佛郎机，其末谓："其在中国香山，盘据为日已久，今则马非马，驴非驴，俨然金城，雄其澳中矣。"虽然对盘踞吕宋与澳门的佛郎机未能分清，而以文中之"澳"为香山澳则可以无疑。

香山澳又称香澳。万历十九年（1591），汤显祖在南京礼部祠祭司主事任上，因上疏言事，触怒万历帝，贬广东徐闻县典史，赴任途中，游历澳门，有《香澳逢贾胡》诗云："不种田园不树桑，珴珂衣锦下云樯。明珠海上传星气，白玉河边看月光。"咏其在香澳遇到贩运珍异珠宝的贾胡，即葡萄牙商人的情形。复有《听香山译者》二首，则咏其从香山译者听到的东西洋风土人情。①

至于澳门。《东西洋考》书中未见直书其名，只是在前引卷五《东洋列国考》记吕宋之佛郎机，谓其在中国香山盘踞日久，"今则……雄其澳中矣"。又卷六《外纪考·红毛番》，记万历二十九年红毛大舶至濠镜，"澳夷数诘问，辄言不敢为寇"。文中之"澳"字，皆指澳门，则可以无疑。

明代粤中文献关于澳门最重要的记载，当属郭棐万历《广东通志》卷六九《外志四·番夷·澳门》，起首略言广州沿海番船湾泊诸海澳，接着记述从葡人进占到万历年间澳门的情形颇详："嘉靖三十二年（1553），舶夷趋濠镜者，托言舟触风涛缝裂，水湿贡物，愿暂借地晾晒，海道副使汪柏徇贿许之。时仅篷累数十间，后工商牟奸利者，始渐运砖瓦木石为屋，若聚落然。自是诸澳俱废，濠镜独为舶薮矣。"

"近者督抚萧陈相继至，始将诸夷议立保甲，听海防同知与市舶提举约束。陈督抚又奏，将其聚庐中有大街，中贯四维，各树高栅，榜以'畏威怀德'四字，分左右定其门籍。以《旅獒》'明王慎德，

---

① 《玉茗堂诗集》卷6，徐朔方笺校《汤显祖诗文集》上册，上海古籍出版社，1982，第427~428页。

四夷咸宾，无有远迩，毕献方物，服食器用'二十字，分东西为号，东十号，西十号，使互相维系讥察，毋得容奸。诸夷亦唯唯听命。"督抚萧陈，同书卷十《秩官·两广总督》载，萧彦，万历十七年任；陈蕖，二十一年任；陈大科，二十三年任，二十六年由戴燿接任。故萧指萧彦，陈应指陈蕖和陈大科，或两人中的一人。与该书刊行之年万历三十年亦相合。

结 语

在多元一体的中华文化中，山海相连的闽粤两地皆属滨海地域文化，在这种文化背景之下，明末闽籍士人张燮撰写的记述16、17世纪之交中国海洋文化的名著《东西洋考》，对岭南海洋文化有着内容丰富的记述，足与粤中文献相印证。

自15、16世纪之交葡萄牙人东来以后，直到近代，"中国便面临西方列强的挑战，以艰难的步伐，实现从朝贡体制向条约体制的转变，由浅入深地卷入世界体系"。① 《东西洋考》和明代粤中文献记述了这个转变的开始。

研究中国海外交通史的著名前辈学者章巽先生，回忆早年在美国约翰斯·霍普金斯大学授业的几位美国教授，讲述16世纪英国与西班牙争夺海上控制权，以及后来美国的"海权论"时有言："我深深觉得，消除了其掠夺性和侵略性，航海事业对于一个国家保卫自己和开展对外多方面的和平交流，确是十分重要的。"②

孟子曰："人必自侮，然后人侮之；家必自毁，而后人毁之；国必自伐，而后人伐之。"（《孟子·离娄上》）

在经历百年屈辱之后，中国人痛定思痛，腐败必然无能，落后就

① 蔡鸿生：《中外交流史事考述》，大象出版社，2007，第410页，《南海之滨的舶影文化》一文中语。
② 章巽：《我的生活经验和甘苦谈》，《章巽全集》下卷，广东人民出版社，2016，第1308页。

要挨打。爱国与和平为中华文化的优秀传统。欲为中华民族争得自立于世界民族之林的权利，增进中国与世界各国的和平交流，人必须有人格，有尊严，从事文化学术的人也是这样。

文化学术为国家民族命脉之所系，必须由有人格有尊严的学人，经过世代相承的努力，取得卓越的成就，才能成为中华民族自立于世界民族之林的精神支柱，对于中国海洋文化的研究也是这样。

致力于海洋文化研究的中华学人，必须以道德人格为安身立命之本，实事求是，发扬真理，坚守国家民族的立场，发扬前辈学者文化学术的爱国主义传统，才能够取得卓越的成就，为此必须寄希望于有志于学的青年学者。笔者虽已年近七十，仍然要为中华文化学术和中国海洋文化的研究尽绵薄之力。

春节时承业师蔡鸿生先生提示，笔者在写完拙文第六节之后，到中山大学图书馆特藏部，利用闭馆前的二十分钟，翻阅四巨册的《张燮集》，《东西洋考》以外，目录中的诗文仍有丰富的与岭南海洋文化相关的内容，只有留待他日继续探索了。

从林则徐到海洋史：杨国桢教授的
海洋情怀

方志远[*]

2009 年，杨国桢教授七十华诞时，我出席了那一次的盛会，并且做了一个大会发言，将杨国桢教授的学术经历归纳为八个字："少年得志，老而弥坚。"今年躬逢杨国桢教授八十大寿，因他事未能赴会，甚是遗憾，奉上此文，聊表对杨国桢教授的敬意。

在和杨国桢教授的接触中，感受最深的是他的"海洋情怀"。2004 年，中国历史学会代表大会在西安陕西师范大学举行，时值阿富汗极端组织杀害了中国民工，我国政府为了国人的安全，建议缓赴阿富汗。杨国桢教授对此不以为然，认为那是"内地人"的思维，"我们海上人"以海为生，哪里危险，哪里就是商机，你们内地人不去，我们福建人去。杨国桢教授的那段话，令我震撼，从此也开始有了一些对沿海民众，对中国航海史、走私史的关注。于是在 2013 年福建漳州召开的"闽南文化"会上发表了一番观点：中国历史上，就整体而言，是个内陆国家，是沿海民众的"违法"走私与出海，把中国由内陆推向海洋。如果没有沿海人民及其他各地民众的"违法"走私与出海，东南亚及全球不可能有那么多的华人，台湾也不

* 作者系江西师范大学教授、校学术委员会主任。

可能与大陆如此密切地"血肉相连"。恰恰是禁止民众出海的法律，是"违法"的法律，因为它违反了人类生存法。一个有责任的政府，应该保护和鼓励民众出海，而不是禁止。这个观点受到以"闽南人民"为主体的与会者的欢迎。这些观点，是受到杨国桢教授启发的。

杨国桢教授出生于福建龙岩，从小在海边上大，钟爱大海，对海洋人物、海洋经济、海洋社会充满着感情，充满着挚爱。没有这样一份感情、这样一份挚爱，就没有杨国桢教授研究林则徐、研究海洋史的情怀。而杨国桢教授的这份海洋情怀，又融于他的爱国情怀之中。所以，他的第一部产生重要影响的著作，正是研究一位充满爱国情怀的"海洋人"——林则徐。

杨国桢教授在 1960 年代初的大学期间，就开始收集、整理林则徐的史料，为研究林则徐、撰写林则徐的传记做准备。所以，当"文化大革命"结束后不久，许多和杨国桢同辈的学者还在"重新收拾旧山河"、捡回荒废十多年的旧时学业的时候，杨国桢的林则徐研究已经有了阶段性成果。1981 年，人民出版社出版杨国桢教授的《林则徐传》；1995 年，又出版了《林则徐传》的修订本。而且，杨国桢教授一旦投入，便是一个林则徐的系列：《林则徐书简》《林则徐论考》《林则徐全集》《近代文学名家诗文选刊·林则徐选集》《林则徐大传》《中国近代思想家文库·林则徐卷》《林则徐大典》，等等。杨国桢的海洋情怀、爱国情怀，通过林则徐系列表现出来。

在林则徐的生前与身后，朝廷的评价、社会的评价并非一致。一些研究者在特定的时代，颇有为琦善等妥协投降开脱之意，对林则徐的禁烟则有非议，认为操之过急，认为不符合"自由贸易"的世界潮流，认为林则徐对于后来事态的发展需要承担一定的责任，等等。另外一些研究者，则把林则徐定位为中华民族、中国人民先进力量的代表。杨国桢教授经过深入研究，不但对林则徐本人，而且对"鸦片战争"前后国内国际形势，得出自己的独到见解，他给林则徐的定位是：杰出的政治家、中国近代抵御外侮的第一个民族英雄。林则徐领导的禁烟抗英斗争和探求西方知识的努力，在近代历史上起了先驱者的作用。杨国桢指出，作为清朝的大臣，林则徐是忠臣，为了国家和民众的利益，领导禁烟抗英，反对帝国主义侵略中国；作为传统士大夫，林则徐在历史的转折时期，虚心学习西方的文化与知识，以一己之力，将士大夫的操守与事功表露于内忧外困的应对之中，一生忧国忧民，鞠躬尽瘁，令人深感钦佩。对林则徐的褒扬，既蕴含着杨国桢对林则徐的感佩，更表现出他的爱国情怀和海洋情怀。杨国桢在撰写《林则徐传》、在对林则徐这个个体进行研究的过程中，也在体味百余年前以林则徐为代表的一批爱国志士的情感与思想，在思考18世纪以来中国历史的定位与走向。

杨国桢教授不但长大在海边，学习、工作的厦门大学，也在海边，这里是当年郑成功收复台湾的基地，也是郑成功收复台湾之后与大陆联系的枢纽，如今，更是中国面向海洋、面向全球的重要窗口。海洋及其蕴含的文化，早已浸染杨国桢的血液。

从林则徐研究转向海洋史研究，是杨国桢教授"海洋情怀"新的升华过程。这个过程，是杨国桢海洋情怀的表现、学术研究的延伸，更是受改革开放后中国走向海洋大潮的推动。杨国桢早年追随傅衣凌教授从事中国社会经济史的教学与研究，重心在明清乡村经济社会，特别是农村土地契约文书的研究，对于郑成功、林则徐、陈嘉庚等海洋人物和事件的研究，可以说是一条"支线"。但是，这些人物皆为闽台人物，皆为"海洋"人物。闽、台两地素来是中国海洋的门户，社会经济文化与海洋关系密切。对于这些人物的研究，对于明清社会经济史的研究，使得杨国桢越来越感受到海洋在中国历史以及未来发展中的作用。杨国桢自称，1985~1986年在美国的访学，震撼于海外华人中流传的一句话，"有海水的地方，就有中国人的历史脉搏"；回国之后，又有感于纪录片《河殇》对于中华民族精神的不正当解读，这些偶发的因素，激励着杨国桢固有的"海洋情怀"，形成了中国要有自己的"中国海洋社会经济史"的学术思路，并且进一步提出"中国海洋史学""中国海洋文明史""中国海洋人文社会科学"等关系国家海洋战略的重大课题，并组织团队进行研究。

事实证明，这个学术上的转变和升华，对于杨国桢，对于中国的"海洋史"，对于中国学者的学术研究，都具有重要的意义。对杨国桢本人来说，"海洋史"研究从"支线"而为"主流"；对中国史研究的学者来说，杨国桢做出了一个研究视野由"过去"到"当下"，并且放眼"未来"的示范。

2010 年 1 月，杨国桢教授主持的教育部哲学社会科学研究重大课题攻关项目"中国海洋文明史研究"开题，在与教育部专家协商后，开始编撰三种海洋史书籍：一本 20 万字的普及本，后来取名为《中国海洋空间简史》，由海洋出版社出版；一部多卷本的《中国海洋文明史研究》；10 卷本的《中国海洋文明专题研究》。有学者认为，杨国桢教授的研究视野和研究成果："从中国自有的海洋文明史的思维出发，对海洋文明的概念和内涵从历史学的角度进行了修正和重构。同时，在海洋史的研究中主张打破传统以陆地为本位的思维惯式，建立以海洋为本位的新的思维模式，并首次提出了以海洋为本位划分中国海洋文明史的历史分期问题，这对于中国海洋文明以及海洋史学的研究具有学术创新价值的重大意义。"我完全赞同这个评价。

在进入"海洋史"研究之后，杨国桢明确提出：第一，"中国海洋史"的研究，是以"海洋"为本位的研究，而不是附属于陆地的边缘研究；第二，"中国海洋史"的研究，突破海洋为"水体"的概念，充分考虑天空的因素，完整考察海洋的历史进程；第三，"中国海洋史"的研究，结合海洋社会为本位，将"海洋社会的基层组织""海洋社会群体聚结的地域""海洋国家"融为一体，打破地域界限去理解海洋社会。与此同时，杨国桢对新一代海洋史研究者也寄予厚望，提出不为浮躁之学，要扎扎实实整理资料，出品一些扎实的作品。这在我国大力提倡海洋战略、提倡"一带一路"的学术热门时期，无疑给青年人一剂治学良药。

在纪念韦庆远教授的一篇文章中，杨国桢回顾了自己的"海洋史"研究由"支线"到"主流"的历程：

> 我在年近花甲之际，也面临学术转型的抉择，韦先生的榜样给了我勇气和力量。正所谓"鬓微霜，又何妨，持节云中，何日遣冯唐"。如今我也年届七十，重新翻阅韦先生惠赠的大作，更加感悟韦先生的述怀具有"典型宛在，风范长存"的深刻意涵。我将抓紧宝贵的时光，趁头脑还清楚的时候勉力前驱，为维持国家海洋权益做好力所能及的事，以不负时代的召唤。

老骥伏枥，倾情学术，胸怀祖国，心系海洋，杨国桢的爱国情怀、海洋情怀，注入笔端而跃然纸上。正是对于整个国家、整个民族的前途与命运的思考，推动杨国桢教授以自己的学术，对国家民族，对维护国家的利益，做出了重要贡献。

史家必当知人论世，亦何妨知事论人。一代学术，一代学人，必有时代印记与时代使命，把握当下，努力向前，光大祖国学术，是每一个学人的责任。杨国桢教授在这方面为我们做出了榜样。

地域社会研究的海洋视角

——从地缘社会中寻找流动的历史

刘志伟[*]

杨国桢教授多年大力呼吁要推进海洋文明的研究，在中国历史研究中要走出迷失海洋的误区，把海洋文明纳入中国历史研究的视野，他提出：

> 中国海洋文明存在于海陆一体结构中。中国既是陆地国家，又是海洋国家，中华文明具有陆地与海洋双重特性。中华文明以农业文明为主体，同时包容游牧文明和海洋文明，形成了多元一体的文明共同体。海洋文明是中华文明的源头之一和有机组成部分。作为中华文明的子系统，中国海洋文明的主体经历了一系列变化：早期是东夷、百越文化系统，先秦、秦汉时代是中原华夏与东夷、百越文化互动共生的文化系统，汉唐时代是汉族移民与夷、越后裔融合的文化系统，宋元以后则是汉蕃海商互联互通的文化系统。中国海洋文明与其他单纯依赖海洋国家的海洋文明不同，需要妥善处理内陆与海洋的关系，其理想状态是陆海平衡、陆海统筹。但在历史上，陆主海辅、重陆轻海、以陆制海的观点

---

[*] 作者系中山大学历史人类学研究中心教授。

和政策常占上风，这个矛盾纠结困扰着中国走向海洋的历史选择。但是，不能因此就否认中华民族源远流长、辉煌灿烂的海洋文化和勇于探索、崇尚和谐的海洋精神。中国海洋文明在中华文明内部结构中的这种复杂性，正是其区别于其他海洋文明尤其是西方海洋文明的重要特性。①

这个结论对于我们重新认识和建立加入海洋文明视角的中国历史新论述框架，是非常重要的。我理解杨国桢教授这一论述，其振聋发聩之精要，不但提倡开展海洋历史的研究，而且要把海洋文明放到中国历史的整体里去定位，要加入海洋视野，我们才能对中国历史有完整的理解。他在另一篇文章中明确指出长期以来中国历史认识存在海洋迷失的误区：

　　就历史学而言，从本世纪初叶南海交通研究为发端，到今天已发展出海疆史、海洋社会经济史、海外交通史、航海史、海外贸易史、海洋渔业史、海关史、海防史、海事史、中外关系史、华人华侨史、留学生史、海洋科技史等等专门史分支，取得了不少的成果。遗憾的是，这些努力远未解决海洋在中国历史上的定位，也缺乏社会思想的震憾力，甚至没有改变史学工作者以陆地农业文明为中心的思维定式。从学术心态上，似乎可以这样说，我们还没有完全走出海洋迷失的误区。②

以往我们的史学研究，虽然也对海上交通、海上贸易做了大量的研究，取得丰硕的成果，但基本是从一个农业文明向外扩散、闭关自守的陆地国家与外部世界联系的角度去做。因此，我们需要走出这样

---

① 杨国桢：《扎实推进中国海洋文明研究》，《人民日报》2015 年 11 月 17 日，第 7 版。
② 杨国桢：《海洋迷失：中国史的一个误区》，《东南学术》1994 年第 4 期，第 30 页。

一种海洋文明迷失的误区，把海洋视角和内陆视角结合起来，推进我们的历史研究。下面我想以个人一点研究经验，从流动的海洋人群与"地著为本"的乡土社会的关系角度，谈一点对地域社会研究中海洋视角的体会。

一 出入风波间

关于中国是一个陆地国家，海洋文明不成为中国历史的一个内在构成部分的认识，是一个相当长久的偏见。黑格尔这一被很多研究者反复引用的观点，是这种认识的一个典型的表述。不过，很多人引述这段观点时，常常都省略了前面一句很重要的话，而本文的讨论则是从这句话出发，故再完整引出如下：

> 农业在事实上本来就指一种流浪生活之终止。农业要求对于将来有先见与远虑，因此发人深省于普通的理想，而所有权与生产的实业之原则即寓于其中。中国、印度、巴比伦都已进至这种耕地之地位。但占有这些耕地的人民既然闭关自守，未尝分享海洋所赋予的文明（无论如何，他们的文明尚在开始之际），既然他们的航海——不管这种航行达何种程度——未尝影响于他们的文化，所以他们与世界历史其他部分之关系，完全只由于其他民族把他们找了出来和研究了他们的性格而然。①

黑格尔这些话是大约二百年前讲的，后来学界长期以来对中国历史的理解一直没有走出这样的定见。黑格尔在同书中还指出：即使中国自己也是以海为界，但"在他们看来，还只是陆地之中断，陆地之天限，他们与海不发生积极的关系。海所引起的活动，是一种很特

---

① 黑格尔：《历史哲学》，王造时译，商务印书馆，1963，第167页。

殊的活动"。① 我们熟悉的中国历史著作，几乎都被这样一种观念主导着。

不过，黑格尔这些论述，也可以反过来引出我们重新思考中国历史性格的几个角度。第一，中国是一个有漫长海岸线的国家，所谓海洋视角，问题不在于有没有海洋活动，而在于与海洋之间是否有积极的关系；第二，海洋是人们生活空间的一部分，还是陆地的中断和界限；第三，陆地的社会是流动生活的终止，也就是说，海洋人群的生活形态是流动的。在我们历史学的传统架构下，历史是以王朝国家的行为和意志为核心的，国家政策和国家行动为全部历史的主体，因此得出否定的判断是很自然的。但是，我们今天的历史学，正逐步转向从人的行为及其与自然的关系出发，把人们日常生活所建立的文化和社会作为历史认识的主体，这种学术旨趣具体通过地域社会的研究来实现。在这种学术视角乃至范式转换的追求下，地域社会的研究，如果同样将黑格尔早年提示的几个角度纳入我们的视野，海洋就不是一个外在的、特殊的世界，而是这些作为历史主体的人的活动的重要舞台；海洋活动就是这些人群活动的重要内容，海洋也就成为这个人文世界中不可缺少的部分。

要证明这一点，其实不需要依靠什么新鲜的材料，我们只要换一种角度来读读下面这些学界很熟悉的当时人的记载就可以了解。明代嘉靖年间，浙江巡按御史胡宗宪总督浙江军务时，委其幕僚郑若曾等编纂《筹海图编》十三卷，详细绘图记载了明朝从辽东、山东、南直隶、浙江到福建、广东沿海的防御布局，记录了很多沿海地方的人群和社会信息。从该书的编纂宗旨到内容论说，当然很清楚地体现了黑格尔所说的观点，明朝以陆地国家的立场要把海洋隔断于外。但是如果我们不把自己置于同明朝官员士人同样的立场去读，从该书中可以读出这些沿海地方的民众生活与社会风貌同海洋有着不可分离的关

---

① 黑格尔:《历史哲学》，第 151 页。

系。例如下面这段关于今天珠江三角洲地区的记载：

广东滨海诸邑，当禁船只。若增城、东莞则茶滘、十字滘，番禺则三漕、菠萝海，南海则仰船岗、茅滘，顺德则黄涌头，香山、新会则白水、分水红等处，皆盗贼渊薮也，每驾峻头小艇，藏集凶徒，肆行劫掠，勾引倭奴，残戮甚惨。为今之计，莫若通行各县，令沿海居民，各于其乡，编立船甲，长副不拘人数，惟视船之多寡，依十家牌法，循序应当……①

今天的珠江三角洲，在当时还是一个深入于大陆、海岛星罗棋布的海湾，这个海湾，是一个更大的海域之枢要：

岭南滨海诸郡，左为惠潮，右为高雷廉，而广州中处，故于此置省，其责亦重矣。环郡大洋，风涛千里，皆盗贼渊薮，帆樯上下，乌合突来，楼船屯哨，可容缓平。尝考之，三四月东南风汛，日本诸岛入寇，多自闽趋广。柘林为东路第一关锁，使先会兵守此，则可以遏其冲而不得泊矣。其势必越于中路之屯门、鸡栖、佛堂门、冷水角、老万山、虎头门等澳，而南头为尤甚。或泊以寄潮，或据为巢穴，乃其所必由者。附海有东莞、大鹏戍守之兵，使添置往来，预为巡哨，遇警辄敌，则必不敢以泊此矣。其势必历峡门、望门、大小横琴山、零丁洋、仙女澳、九灶山、九星洋等处而西，而浪白澳为尤甚，乃番舶等候接济之所也。附海有香山所戍守之兵，使添置往来，预为巡哨，遇警辄敌，则亦不敢以泊此矣。其势必历厓门、寨门海、万斛山、纲洲等处而西，而望峒澳为尤甚，乃番舶停留避风之门户也。附海有广海卫、新宁海朗所，戍守之兵，使添置往来，预为巡哨，遇警辄

---

① 郑若曾编《筹海图编》卷3《广东事宜》，解放军出版社、辽沈书社，1990，第317页。

敌，则又不敢以泊此矣。夫其来不得停泊，去不得接济，则虽滨海居民且安枕而卧矣。①

这些文字表达的，是王朝国家要极力以陆地统治的秩序改变海洋人群的世界，但我们也正是从这些记述中，看到这个海洋人群社会存在的轮廓。在东部海域，"自闽趋广"的"日本诸岛入寇"，"或泊以寄潮，或据为巢穴"；中部海域则"乃番舶等候接济之所"；西部海域则"乃番舶停留避风之门户"。这个海域连同海湾，都是所谓的"盗贼渊薮"，这些盗贼，实质上就是在风涛千里的大洋里"帆樯上下"流动的海上人群。由广东海域到福建海域，其情势亦同样，下面引文略去与前面一样关于官兵设哨分守的字句，可以看得更为清楚：

> 三四月东南风汛，番船多自粤趋闽而入于海，南粤云盖寺、走马溪乃番船始发之处，惯徒交接之所也……外浯屿乃五澳地方，番人之窠窟也……料罗、乌沙乃番船等候接济之所也……围头、峻上乃番船停留避风之门户也……若越于福兴，计其所经之地，南日则有岱坠、湄洲等处，在小埕则有海坛、连盘等处，在烽火门则有官井、流江、九澳等处，此贼船之所必泊者也……倭寇拥众而来，动以千万计，非能自至也，由福建内地奸人接济之也。济以米水，然后敢久延，济以货物，然后敢贸易，济以向导，然后敢深入。②

这里更明确讲到当地人与外来的航海人群之间的以所谓的"接济"形成的休戚与共的关系。这种关系，形成了福建社会鲜明的海

---

① 郑若曾编《筹海图编》卷3《广东事宜》，第312～314页。
② 郑若曾编《筹海图编》卷3《福建事宜》，第358～360页。

洋特性，同编记曰：

> 漳潮乃滨海之地，广福人以四方客货预藏于民家，倭至售之，倭人但有银置买，不似西洋人载货而来，换货而去也。①

这个海洋世界，不只表现在海外贸易，其实地区之间的贸易也依海而行：

> 八闽多山少田，又无水港，民本艰食，自非肩挑步担，逾山度岭，则虽斗石之储，亦不可得。福、兴、漳、泉四郡，皆滨于海，海船运米，可以仰给。在南则资于广，而惠潮之米为多，在北则资于浙，而温州之米为多。玄钟所专造运船，贩米至福行粜，利常三倍。每至辄几十艘，或百艘，或二三百艘。福民便之，广浙之人亦大利焉。②

处在这样一种海洋生态下，以海洋活动为生计的，不只是小民，豪族大户更是主角：

> 又云沿海地方，人趋重利，接济之人，在处皆有。但漳泉为甚，余多小民勾诱番徒，窝匿异货，其事易露，而法亦可加。漳泉多倚著姓宦族主之，方其番船之泊近郊也，张挂旗号，人亦不可谁何。其异货之行于他境也，甚至有借其关文，明贴封条，役官夫以送出境至京者。③

这类材料，研究航海贸易的学者都非常熟悉，我在这里摘引数

① 郑若曾编《筹海图编》卷3《福建事宜》，第361页。
② 郑若曾编《筹海图编》卷3《福建事宜》，第362页。
③ 郑若曾编《筹海图编》卷3《福建事宜》，第368页。

段，主要是以此回应前引黑格尔所说，又为一百多年来人们广泛接受的不从海洋文明视角去认识中国社会的成见。这显示出，在沿海地区的地域社会，海洋并不是陆地的中断，而是与陆地一体，这里的陆地人群，尤其是被国家视为"盗贼"的海上人群，可以说仍然处在一种"流浪生活"的状态，海洋生计与海上活动是这个地区人群社会生活的基本特色。这种海洋色彩，直接塑造了这个地域社会的性格。

二　烟水家何在

中国的王朝国家的统治秩序是以"域民"为基础的，也就是把臣民固着在土地上。所以，在中国王朝国家体制下，将人与特定地域绑定的户籍制度，的确如黑格尔所说，意味着人的流浪生活的终止。我们可以把户籍制度理解为一个陆地国家和社会的重要特征。前面引述的活动在闽粤沿海的海上人群，之所以在王朝官员的眼中属于盗寇，一个重要的原因，就是他们"出入风波岛屿之间，素不受有司约束，人健性悍，邻境恒罹其害"。① 这里不受政府的约束与海上活动是联系在一起的，流动性和脱离户籍体制，是海上人群的一个基本特点。然而，我们现在在历史文献中能够看到的被记载下来的人，很多是进入了国家体制的人，他们的身份也常常被用特定的地域概念所标识，人们已经习惯了用陆地社会的方式，把人与籍贯连在一起，例如习惯使用的"闽商""粤商""漳潮海盗"一类的名称，都是把本来属于陆地社会的地域标签用于指称海上人群。这些标签，是地域社会认同的重要标识。

如果确认这一点，我们一方面需要认识到，我们能够从文献记载和现存乡村中看到的沿海的地域社会，性质上已经是经历了王朝国家扩张过程，向陆地社会转型。作为国家行为的基本方式，就是将王朝

---

① 李龄：《宫詹遗稿》卷3《赠郡守陈侯荣擢序》，万历刻本。第8页

国家统治陆地社会的"画地为牢"的制度，移用到海上人群。下面这种明代官员文人的讨论，非常清楚地表明了这种思路：

> 闽地负山阻海，岁入不足以供十之二三，而滨海之民，以海为生，出入波涛，惯于勾引。海寇窃发，即是本地之人，而倭特其借号必海，郡有司编立保甲，十户相联，一家必登记其几人，所业何事，经商何处，出入必查。其时，一家有事，则十家连坐，即出汛之船，县官亦不可不知其数。所历之处，必报于官，限以时日，不得听其浮游不实，以阶大乱。[①]

但是，这只是基于陆地社会形成的管治方式，实际上，只要这些人群还是以海上活动为主，他们的流动性就会令这种措施难以有效长期实行。长期来看，这样的措施，毕竟还是会促使流动的海上人群逐渐陆居化，或者同特定的地域形成固定的联系。这点我们稍后讨论。但是，即使这些人群有了比较固定的陆地联系，由此形成的陆居社会，其海洋特性也不会完全丧失。沿海社会仍然在生计、民俗、观念意识等方面保留着海洋留下的性格，这一点以往的很多研究都已经清楚展现出来，尤其到18、19世纪这些地方的人大量向海外流动，并且一直保持紧密的互动联系，在一种新的模式下培养新的海洋性格，对此我不需要再讨论了。我在这里想从另一个角度，探讨一下从流动社群向陆地社会转型的过程中所见的地域社会的海洋性格。从这个角度，我们也许能够更深层地认识地域社会构造中海洋性格的本质。

王朝国家用"画地为牢"的方式管治臣民的基本制度是户籍制度，因此户籍身份，是本来流动的海上人群转变为陆居编户齐民的基本标志。户籍是地域社会的标签，所以，我们不妨从沿海地区人群的籍贯问题进入讨论。陈春声教授数年前曾经发表一篇文章，题目是

---

① 陈仁锡：《陈太史无梦园初集》漫集二，明崇祯六年刻本，第78页。

《身份认定与籍贯问题——以明清之际金门及邻近海域海盗的研究为中心》。在文章里，他指出漳潮海盗的首领，很多人的籍贯似乎不是非常确定的。他举了明代嘉靖隆庆间的大海盗曾一本的例子，明清时期的史料，有说他是福建诏安人，有说他是潮州澄海人，有说他是海阳人。陈春声解释了这种情况的原因，一是这些所谓"贼首"可能本来就是无籍之人；二是从事海上活动的人流动性很大，不能仅仅从陆上人的行政地域观念出发去理解他们；三是在传统时期，并无真正可靠的能够"验明正身"的技术手段。这三点实际上可以是同一点，即这些海上的人本来就不是管理陆地社会的机制可以稽查的。当时很多像曾一本这类被称为海寇的首领，其实其籍贯所属常常不清楚。例如林道乾，有说他是"闽贼"，有称之为"广寇"，也有具体指为"澄海林道乾，嘉靖中为盗"。他们在当时人的著作中，更多见的，或者笼统说是"闽广巨寇"，或者直接称"海贼""洋贼""流寇""逋寇"。总之，海上活动，流动以及籍贯不明，是这类人的共同特征。即使后来被王朝收编获得官方身份的人，例如郑芝龙，历史记载上也留有"泉州南安人，或云漳州府之彰镇人"这样不同的说法。这些在历史上有名有姓，进入了官府视野和历史记载的头领，还有可能在文献中偶尔识别其籍贯身份，他们手下大量没有在历史上留下记录的随从，相信大多是没有这种地缘身份的。

　　海上人群在籍贯上体现出由流动到定居的社会身份转变，有一个很典型的例子，就是明末著名将领袁崇焕。根据他自己所说以及一些史料记载，他是广东东莞水南人，[①] 但是，他参加科举考试用的户籍是广西藤县，[②] 也有记载说他是广西平南人。[③] 这三种说法，史料都

---

①　张伯桢辑《袁督师遗集》卷2《募修罗浮诸名胜疏》，第16～17页，沧海丛书本；《明史》卷259《袁崇焕传》。

②　朱保炯、谢沛霖编《明清进士题名碑录索引》中册，上海古籍出版社，1979，第1345页。

③　雍正《广西通志》卷70《选举》第36页："袁崇焕，平南人，兵部尚书。"卷74《选举》第22页："袁崇焕，平南籍东莞人。"

是很清楚的，没有虚构的成分。学界曾经为此有过很多争论。不过，学者们之所以觉得要说清楚他是哪里人，是因为大家都用陆地社会的习惯思维。其实，只要明白对于生活在水上的流动的家庭来说，这个哪里人的问题本来就不是以陆地的地点来表达的，他们在水上流动，四海为家，只有到他们要同路上的人群交流，和进入只用地点来识别人的国家体制之中时，才会使用某个地点来表达；科举考试的时候，更要借用一个"籍"来取得资格。梁章钜辑广西诗集《三管英灵集》收袁崇焕诗六十六首，按语中把袁崇焕是哪里人的问题讲得非常清楚：

> 《明史》本传以公卫广东东莞人，而《广西通志》作平南人，《浔州府志》选举表注云，旧载藤县籍平南人，一载平南籍广东东莞人。余尝读平南袁醴庭同年诗集，有修明蓟辽督师家自如先生遗稿句云："县志至今传两地，田园犹在不须争。"又《乐性堂稿》中，有登贤书后回东莞谒墓诗云："少小辞乡国，飘零二十年。"又《游雁洲》诗注云："予居平南，初应童子试，被人讦，今改籍藤县。"合而考之，其祖籍东莞，实居平南，又寄籍藤县无疑也。①

这种陆上居民能够理解的解释，透露出袁崇焕家庭其实是居于东莞海边没有户籍的疍民，其父祖沿西江贩运木材，袁崇焕少年大概也经常在平南县居住，但没有户籍令他不能参加科举。先是他想在广西居住的平南县应考，但被人告发无籍，就跑到藤县去借籍考试成功。他一首《游雁洲》清楚透露出这种身份：

> 雁信连宵至，洲边与往还。

---

① 转引自阎崇年、俞三乐编《袁崇焕资料集录》（下），广西民族出版社，1984，第231页。

> 阵遥鹏欲化，队整鹭同班。
> 烟水家何在？风云影未闲。
> 登科闻有兆，愧我独缘悭。①

　　这首诗把一个西江边望着被当地人认为是科名征兆的南来大雁的少年，想到自己不知何处是家乡，没有户籍，无缘参加科举时的心情表露无遗。他高中进士后，回到东莞海边，建立本来属于两广疍民信仰的三界庙，还在谒墓时写下这样的诗句：

> 少小辞乡国，飘零二十年。
> 敢云名在榜，深愧祭无田。②

　　很显然，他的家庭本来是在海边流动的船居疍民，后来经营积累了财富，他就到广西读书，借籍考了科举，成功后又回到东莞海边建庙修墓，把自己变成了陆居的人。

　　我们现在在沿海地域看到的乡村社会，很多已经是大村大族，俨然一副乡土社会的样貌，但我们从他们关于祖先定居和开村历史的历史记忆中，还是可以发现很多由无籍到入籍、由流动到定居的历史信息。尤其在大量的关于移民、卫所军户、盐场灶户的历史中，都保存着这种痕迹，而海洋特性，也在这些陆地历史的传说与记忆中结构性的遗存下来。

　　依海为生的船居流动人群定居以后，他们的海洋习性，尤其是依赖海上活动的生存模式，也不会真正失去，我们在明代以后看闽粤浙沿海的海上贸易的活跃，仍然是由这些人群进行的。我们已经有大量研究勾画出这个时期海洋贸易的宏大历史图画，是沿海地域社会海洋

---

① 转引自阎崇年、俞三乐编《袁崇焕资料集录》（下），第238~239页。
② 转引自阎崇年、俞三乐编《袁崇焕资料集录》（下），第239页。

性格的直接延续。不过，这方面的历史已经有大量相关研究，就不需要再做赘述。我想再多谈一点的是，对于这些从事海外贸易的沿海社会的人来说，由于贸易的关系，他们仍然继续其流动性，而他们被拉入地域化的国家体制，则使这种流动性体现在跨地域的属地身份。在这方面，18～19世纪广州最富有的行商潘启官和伍浩官家族就是很好的例子。

　　广州的河南有一个街区，原来是一片河涌纵横的沼泽地，在18～19世纪，这里被当时广州从事海外贸易的行商开发为家族聚居区，其中最大的两个家族聚居区，就是来自闽南的商名为潘启官和伍浩官的家族在1776年以后到19世纪初建设的。他们用原来在福建的地名龙溪和栖栅、溪峡命名这个居住区和主要的街巷。① 据说，伍家的先世是康熙初年到广州，籍隶南海，但在伍浩官一世伍国莹之前的世代并没有清楚的记录。潘启官则比较清楚，一世潘振承先在福建、吕宋和广东之间往来经商，"积有余资，寄店粤省"，"在户部注册报称富户，建祠开基"，成为广州人。② 他们在广州定居发迹后，其籍属和认同，都是广东人，在澳门妈阁庙里有块摩崖石刻，落款就用"贲（番）禺潘仕成"，潘仕成是后来到广州的潘振承的弟弟的曾孙。可见这个家族已经完全以广州为家乡了。有意思的是，他们在广州建立自己的家族居住地，为了表示他们有来历的身份，很刻意用福建原乡的地名为家族聚居地的地名。但是，龙溪和栖栅在闽南的具体地点及其地名，却是模糊混淆的。后来建立起来的关于这群潘姓人建构起来的系谱和地缘认同网络，也呈现从流动到定居的痕迹。③ 由此可以看到，清代后期在广州定居的这些行商，就是原来的海上流动人群，但他们定居下来，就要通过用陆地社会的户籍乡贯标识来建立确认自

---

① 参见《广州行商庭院（18世纪中期至19世纪中期）》，《莫伯治文集》，广东科技出版社，2003，第332～348页。

② 参见梁嘉彬《广东十三行考》，广东人民出版社，1999，第260～261、283页。

③ 参见李仁渊《一个家族与三块石刻》，微信公众号"历史学柑仔店"，2019年10月25日。

己来历身份的历史叙述，由于这种历史记忆使用的是陆地社会和国家体制的话语，沿海地域社会流动人群定居的历史，都表述成陆地迁徙的历史，而海上流动的社会也就因此转换成陆地移民的社会了。掌握这个历史转变的过程和历史叙述的话语，是从地域社会的历史中找寻海洋流动生活的一种路径。

三　立社成土著

在沿海地区，尤其是我有过实地考察经验的广东、福建和浙江的沿海乡村，有一个给人以深刻印象的现象，就是各种举行祭祀的场所数量特别多，且分布非常密集。在珠江三角洲，尤其是在新近由海成陆的沙田区，在那些只有不到一百年的水上人群上岸陆居历史的乡村中，特别醒目的是，模仿礼制中的社坛设立的小社公遍地可见。在定居历史长久一点的聚落中，则可以见到一些由社坛扩大演变出来的社庙。在闽南地区，我们似乎没有见到这么密布的小社坛，但形形色色的庙宇非常密集，其中不少就是社庙或相当于社庙的小庙。在这些聚落中的各种小社公，准确说很多只是一种仿社坛，与自古以来按国家礼制设置的"社坛"有不同的功能和性质，但是，随着定居和聚落历史的延伸，其中一些的确逐渐演变成作为聚落中心象征的社坛，进而演变成社庙。这些在沿海定居聚落所见的社和庙，形态各异，功能也不同，种种不同的形态构成一个连续演变过程的链条，我把这个演变链条统称为"立社"的过程，用非文字的方式，记录着沿海人群由流动到定居的历史。

在中国文化传统上，被王朝国家以户籍体制束缚在土地的人群组成的社会，是以"社"为标志的。"社"字在《说文解字》里的本意，就是"社，土地也"，又《白虎通》云："社者，土地之神也。"在这个基础上，社也是立足于土地的国家的象征，《礼记·祭法》云："共工氏之霸九州也，其子曰后土，能平九州，故祀以为社。"

《管子·轻重篇》云："封土为社，置木为间，始民知礼也。"均表达了社所代表的国家意义。总之，"社"表达的是国家将人民与土地束缚起来建立的一种社会秩序。这种秩序最基层的，是以小的地缘聚落为单位的"群社"。因而，可以说，"社"是陆地定居社会的基本标志，一般以一个社坛为中心结成一个社，就是一个最基层的聚落单元。

然而，我们在珠江三角洲乡村所见，不但到处立有"社"的象征"社坛"（在民间常称其为"社公""社头公""土公"等），一个聚落单元里往往有数个到数十个社坛，而且在那些水上居民上岸定居不久的聚落，社坛的分布尤其密集，其数量和密度，同定居时间的久远正好成反比。尤其值得注意的是，在一些新上岸定居的聚落，甚至每家门前立一个类似"社坛"的设置，最简单的，就只是在家门外面，用几块砖头，摆放成门形，中间置放两块（也有一块）楔形的石头，前面在地上或小香炉上插几支香，一般只由一个家庭拜祭。而在一些已经形成比较制度化的社区组织的聚落中，我们可以看到有些规模大一点，为本社区集体拜祭的社坛，逐渐会在社坛基础上加盖屋顶，甚至建成房子，成为社庙。而拜祭的对象，也会在石头之外供奉新的神像，或者直接把石头雕琢，或替换成神像。

与此相关的，是在小码头上面，我们可以看到往往会设立一个祭拜的象征物，有些只是一块石头，有些甚至只是一个隆起的小包，插上几根香，摆上一点简单的祭品。由于很多在水边的家屋每个都有这种小码头，所以其实常常和前面说的家庭拜祭的小社坛是一回事。当聚落社区成形后，也会在一些稍大的共用的码头边上扩展成共同拜祭的社坛或小庙。

在讲闽南语的地区（在空间上不限于闽南，也包括广东很多地方），我见到的区别是，似乎不会这样普遍设立仿制的社坛，而是在码头和聚落里，建了很多小庙，或者在一个码头上面，或者在一座庙里，供奉着很多小神像。这种形式虽然和我在珠江三角洲的经验在形式上明显有很多差别，但实质上，我认为都是出于类似的目的，以不同的象征，来实现同样的功能，也隐含着同样的由流动到定居的历史。[①]

上述在田野中所见的看起来可以作为定居社会标志的祭祀空间景观，恰恰显示出这些聚落社区人群的流动性格。我们可以从小码头边上的拜祭空间开始观察，原来以船居为主的海上（水上）人群，他们到陆上居住，面对的是一个"生疏"的世界，对于这个世界的某种超自然力量来说，他们是陌生人，这些"陌生人"要在陆地落脚，自然要先搞妥这个生疏世界的超自然力量。"入庙拜神，入屋叫人"是乡土社会人人都了解的俗礼。因此，他们泊船上岸的地方，自然要烧香拜祭。同样道理，他们若建屋住下，也必然要设置拜祭之处所。在珠江三角洲，我们见到的这些处所，多是模仿岸上社区（这些社区很多其实是更早的时候上岸定居的人群），仿照"社"的形制去设置；而在闽南语人群中，他们以前在海上流动的时候，拜祭的神明很多都是在船上安放的，上岸居住时，把这些神明移到埠头供奉，是很自然的事。当被当地的社区接纳以后，把自己从船上带下来的神奉入庙里，或者自己建个庙来供奉，都是很自然的。

明白这个道理，就不难理解为什么在沿海乡村社区中，（仿制）社坛、庙、神灵特别多，特别密集。而我们从不同层次的"社"或"庙"为中心构成的多层次祭祀单位规模中，看到这类社区聚落形成的逻辑。换句话说，这些社或庙本身，是陆居和进入王朝体系的象征，但他们的密集存在，又是这些社区聚落居民从流动到定居的历史过程的一种展现。即使在那些已经成熟的陆居乡村，我们仍然可以看到这个过程留下的痕迹，由此可以了解很多在本地人的历史记忆中是来自陆地的移民。已经在神明和祖先祭祀礼仪上都具有非常规范的王

---

① 参见刘志伟《大洲岛的神庙与社区关系》，郑振满、陈春声主编《民间信仰与社会空间》，福建人民出版社，2003，第415～437页。

朝国家建制的乡村，仍然可以从这个逻辑去认识其流动性的历史源头。

结　语

我们承认，中国几千年王朝历史，立国根本和治国理念，都是以陆地为基础的。但我们更要看到，历史是由人的活动创造的，中国漫长海岸线连接的海域、岛屿与沿海地域，一直都生活着千千万万不同程度依赖海洋为生的人群，他们的生活形态和海洋活动，也是中国历史不可缺少的组成部分。虽然，由于王朝国家的体制和意识形态，长期主导历史的书写和人们的历史记忆，在政治与文化生活中，人们使用的话语体系也主要是一套陆地国家的话语，于是，社会秩序与文化形貌的形塑，都以陆地生活的价值和行为准则为主导，关于社会文化与历史事实的叙事和表述，更是习惯使用陆地国家的视角和表达方式。结果，海上（其实还有山地，由于非本文讨论范围，暂且不论）人群及其流动的生存状态，都被排斥至化外，甚而被污为奸民，被蔑为贼寇。这些流动的人，一旦被纳入王朝体系，就意味着拉入陆地的系统，有了其地缘的身份。由此，杨国桢教授所指出的中国历史长期陷入"海洋缺失"的状态，成为一种对中国历史僵化的认识，也就正常不过了。

近几十年来，历史学者对中国历史上的海洋活动的研究越来越广泛深入，就中国历史上也曾经有一个非常热闹的海洋舞台这一点来说，估计大家已经不会怀疑。但是，海洋活动主要限于一个陆地中国对外关系的观点还没有根本改变。人们重视了在海外活跃的人群的活动，但对于沿海地域社会整合过程中的海洋因素和机制，还有很多可以推进的空间。例如，我们即使在讲到海洋活动的时候，还是离不开用地域和陆地社会的户籍体制的概念来指认识别海上流动的人群，这种惯性，当然没有错，因为进入我们历史视野的人，大多都已经被拉入一个定居的地缘社会中，他们都有了"自己的"家乡。但是，我们研究这些地域社会的时候，如何保留对海洋社会流动性的把握，从这种流动的特性着眼，去认识地域社会的特质，还需要做很多的努力，拓展研究的深度。本文只是初步通过我的点滴的研究经验，提示一点思路。不妥之处，期待方家指教。

师恩浩荡，永难忘怀

——杨国桢先生悉心关怀和指导我三十年成长记

卞 利[*]

作为蜚声国内外的著名史学家，厦门大学历史系杨国桢先生一直是我心目中最崇拜和敬仰的一代宗师。

早在大学二年级，就拜读了杨先生的《林则徐传》[①]，深为先生如流水般的行文而深深折服。两年后的 1984 年，在安徽大学历史系赵华富先生的指导下，我选择了明代祁门县善和里程氏宗族的《窦山公家议》这一个案，并以《从〈窦山公家议〉看明清时期徽州的封建宗法家族经济》为题，作为本科毕业和学士学位论文的选题。论文选题确定后，在以叶显恩先生撰著的《明清徽州农村社会与佃仆制》[②] 一书为线索，搜寻关于该选题研究的学术史时，惊喜地发现了傅衣凌先生和杨国桢先生为该书撰写的书评《喜读叶显恩新著〈明清徽州农村社会与佃仆制〉》。这篇书评的篇幅长达 3 页，其中有一段文字非常精彩，至今仍在我脑海中留下清晰的印象，这就是"正如历史过程是一个错综复杂的运动一样，要从历史现象中找出它

---

[*] 作者系南开大学历史学院教授，曾任安徽大学徽学研究中心主任。

① 杨国桢：《林则徐传》，人民出版社，1981。

② 叶显恩：《明清徽州农村社会与佃仆制》，安徽人民出版社，1983。

的发展演变的规律，是一个错综复杂的精神劳动"。① 之后，除继续收集傅衣凌和叶显恩等先生关于徽州研究的成果外，我开始关注杨国桢先生关于明清区域社会经济史研究成果，并集中予以搜集、复印和摘录。但 20 世纪 80 年代早中期并无"中国知网"之类迅速便捷的学术信息搜索工具，甚至连电脑都还没有接触过。好在当时安徽大学图书馆订购有《中国社会经济史研究》《江淮论坛》和 1984 年复刊的《安徽史学》等刊载徽学暨明清区域社会经济史研究成果较多的几种学术杂志，再借助《全国报刊索引》等工具类期刊，还是搜集了不少有关明清徽州暨江南、华南等区域社会经济史研究成果的信息。其中，杨先生《清代浙江田契佃约一瞥》②、《台湾与大陆大小租契约的比较研究》③ 以及《清代闽北土地文书选编》④ 等成果，都是在这一时期一次性集中加以收集、复印或摘录的。由此，也得出一个基本印象，那就是杨先生逐渐由对林则徐的研究，转向对明清契约文书与区域社会经济史的探究。

1985 年 9 月，安徽大学历史系毕业后，我顺利考上了江西师范大学历史系的研究生，师从欧阳琛、左行培和黄长椿三位导师，攻读中国古代史专业明清史研究方向的硕士学位。在充分征求三位导师的意见和建议后，我将明清江西社会经济史作为自己的重点研究领域。1987 年 3～4 月，在确定了硕士学位论文《清代前期赣南地区租佃关系研究》的选题后，我即前往当时的赣州市暨所辖宁都、石城、瑞金、会昌、寻乌和安远等地进行田野调查，抄录和收集上述地区民间收藏和保存的租佃类契约文书与族谱等文献资料。令人惊喜的是，在不到一个月的时间里，我竟然从当地收集和抄录了数百件包括租佃文

---

① 傅衣凌、杨国桢：《喜读叶显恩新著〈明清徽州农村社会与佃仆制〉》，《中国社会经济史研究》1983 年第 3 期。
② 杨国桢：《清代浙江田契佃约一瞥》，《中国社会经济史研究》1983 年第 3 期。
③ 杨国桢：《台湾与大陆大小租契约的比较研究》，《历史研究》1983 年第 6 期。
④ 杨国桢：《清代闽北土地文书选编》，《中国社会经济史研究》1982 年第 1～3 期。

约在内的明清赣南地区契约文书，为即将开始的硕士学位论文写作打下了坚实的史料基础。需要特别说明的是，大学二年级时购买并认真阅读的傅衣凌先生大作《明清社会经济史论文集》[①]，在读研期间继续被我列为重点阅读和参考的标志性成果。与此同时，杨国桢先生关于清代闽北土地文书、浙江租佃文约和台湾大租等清代土地与租佃关系领域的相关研究成果，我也悉数予以收集和拜阅。可以说，没有杨先生关于清代租佃契约释读和分析的这些研究成果，我可能根本无法顺利阅读从江西石城、瑞金和安远等地收集到的找价契、顶首契、赁耕契、田皮和田骨卖契以及永佃契等明清至民国时期的赣南地区土地买卖与租佃契约，更无法准确分析这些民间契约文书背后所蕴含的多重信息与深刻内涵。

从读大学本科到硕士研究生的七年时间里，特别是在学位论文的准备与撰写期间，杨国桢先生的研究成果对我意义重大，我对他更是崇敬景仰不已。不过，像我这样一个十分腼腆的青年学生，在当时是断不敢造次直接给杨先生写信或以其他方式冒昧讨教的，更多的是发自内心的膜拜与神往。

1989 年底，已经硕士毕业被分配至母校安徽大学历史系工作一年有余的我，在经历了困顿和迷惘之后，竟然挺起精神，鼓足勇气，斗胆给杨先生写了一封恳求继续深造、师从杨先生攻读博士学位的挂号信，寄往厦门大学历史系。信函寄出后，心里一直忐忑不安，每天都渴盼来自杨先生欣然同意接受我这个学子报考的信息。然而，直到来年的 7 月初，才在学校收发室清理从历史系信箱缝隙遗漏至其他院系信箱的信函中，读到了杨先生的热情洋溢鼓励我报考其 1990 年度博士生的手泽墨宝。然而，此时距离杨先生回信的时间已经过去半年之久，厦门大学 1990 年度招收博士生报名和考试工作早已结束。于是，我失魂落魄地跑到在安徽大学党委办公室工作的陆勤毅先生那

---

① 傅衣凌：《明清社会经济史论文集》，人民出版社，1982。

里，请求他给杨先生打个电话解释一下。陆勤毅先生是厦门大学历史系毕业的高才生，和杨先生有师生之谊。在他欣然致电向杨先生解释一番后，站在旁边的我，已是泪眼婆娑。尽管收发室的这一失误，对一个单位来说，其影响可能无足挂齿，甚至可以忽略不计。但对一个人的人生而言，则是一件决定命运的大事。毕竟它不仅使我失去了一次成为杨先生及门弟子的机缘，失去了攻读博士学位、进一步深造和提升自己的机会，而且它从根本上彻底改变了我的人生命运。此后不久，我即娶妻成家，并继续以专职教师身份兼任学生辅导员，直至1992年7月将毕业生送走，才最终辞去了兼任辅导员的职位。在1991年9月带领学生前往考古工地实习时，因过度劳累而身染重疴。此后的5年多时间里，特别是1993年3月，随着女儿的呱呱坠地，我再也没有时间、勇气和念头想着去进一步深造的事了。这一局面一直持续到2000年内人工作调动后，方才有所改变。2002年9月，我终于有幸考取南京大学历史系的博士研究生，师从范金民教授，在职攻读历史学博士学位，并在3年后完成学业、通过答辩获得博士学位。虽然读博深造的时间推迟了十余年，但总算实现了自己的夙愿，亦算是对自己人生的最大慰藉了！

第一次当面聆听心仪已久的杨先生演讲，是在2001年8月第九届明史国际学术讨论会开幕式上。杨先生在题为《傅衣凌先生的明史情缘》的主题报告中，深情回顾了傅衣凌先生严谨求实、勤勉执着的治学精神和奖掖后学、诲人不倦的长者风范，以缅怀和纪念这位先辈对明史研究的卓越贡献。[①] 由于杨先生完成精彩演讲后即因事返回厦门，原定会议期间当面向杨先生请教的计划未能实现。2002年8月，事情终于迎来了转机，得知杨先生即将拨冗前来合肥，出席安徽大学历史系主办的"新世纪历史文献前沿论坛"活动，当时的我真

---

① 此处参考了钞晓鸿《第九届明史国际学术讨论会综述》，《史学集刊》2002年第1期；张英聘《第九届明史国际学术讨论会综述》，《中国史研究动态》2001年第12期。谨此致谢！

是激动不已，幸福竟然来得那么突然！会间，当会务组安排各位与会者进行学术报告时，我几乎是用恳求的语气，请求将杨先生的演讲和座谈安排在徽学研究中心举行。徽学研究中心是安徽大学唯一一个教育部人文社科重点研究基地，我是在基地获准建立后，于 2000 年 4 月由历史系调入徽学研究中心工作的。能请到杨先生大驾光临，徽学研究中心真可谓蓬荜生辉。只是那时徽学研究中心尚未独立招收研究生，参加旁听的基本是徽学研究中心和历史系的青年教师，故杨先生讲座采取了座谈会的方式进行。这样的座谈会，气氛轻松自如，我也有较多机会聆听杨先生的教诲，并将自己出版的第一部学术著作《胡宗宪评传》赠送给杨先生，真诚请求和期待先生指正赐教！这次亲自聆听杨先生的谆谆教诲，特别是先生关于"中国契约学"建构高屋建瓴的见解，对我后来进行契约文书的分析探讨和开设"明清契约文书专题研究"研究生课程，起到了非常大的作用。假如没有杨先生《明清土地契约文书研究》① 一书提供的理论和实证分析成果，大概我是没有这个胆量和信心开设这门课程的。

在合肥依依不舍地同杨先生告别后不到两年，即 2004 年初，杨先生以其海洋史研究的深厚功力和卓越成就，发表了《葡萄牙人 Chincheo 贸易居留地探寻》一文②，对拙著《胡宗宪评传》及其相关著作将"福建浯屿"释为"今台湾金门"的错误，进行了严肃批评，并对造成这一错误的深层次原因进行溯本清源，提出了令人信服的见解。杨先生认为，之所以会出现这一错误，主要是将"浯屿"和"浯洲屿"混淆了。杨先生本着一向坚持的严谨治学宗旨与原则，引经据典，深入分析了导致这一错误的原因，指出："为什么当今许多学者会把浯屿当作浯州屿（金门岛）？因他们均未举证，不知其根据何在。浯屿与浯洲屿一字之差，很容易使人产生前者是后者简称的错

---

① 杨国桢：《明清土地契约文书研究》，人民出版社 1988 年初版、中国人民大学出版社 2009 年修订版。

② 杨国桢：《葡萄牙人 Chincheo 贸易居留地探寻》，《中国社会经济史研究》2004 年第 1 期。

觉。据我的检索，把浯屿与浯洲屿混淆，始作俑者似是清初的大学者顾祖禹。"浯屿在万历三十年前后有重要变化，即万历三十年前位于"今漳州龙海市港尾镇浯屿村"，这一观点无疑是正确而科学的。因此，承蒙杨先生的悉心指导，拙著在2013年修订再版时，已将所有关于"浯屿"的注释，按照杨先生的结论予以更正。

　　时间匆匆又过去了两年。2006年4月初，应安徽大学党委书记陆勤毅教授之邀，我和时任安徽大学研究生部部长的朱士群教授等4人，共同出席了厦门大学建校85周年的校庆典礼。按照事先安排，我们一行到达厦门大学后的第一件事，便是随同陆勤毅书记拜访杨国桢教授。在杨先生家的客厅里，近距离地倾听先生对往事滔滔不绝的回顾和他对明清海洋史研究的构想。近十年来，杨先生已悄悄地将研究兴趣和重点转向了海洋史这一国际热门研究领域，并成为中国海洋史研究的拓荒者和领路人。由杨先生主编的"海洋与中国丛书"自20世纪90年代末问世以来，在国内外学术界产生了广泛而深远的影响。随后，先生又相继主编出版"海洋中国与世界丛书"和10卷本《中国海洋文明专题研究》。这些堪称填补空白式的海洋史系列研究成果，极大地推动和促进了中国海洋史研究的进展。转眼一个小时在不知不觉中过去了，就在我们与先生和师母一一揖别时，杨先生将新近出版的大作《东溟水土》签名以赠。手捧先生惠赐的大作，对先生的崇敬之情油然而生。

　　同杨先生最近一次见面，是在2006年11月韩山师范学院主办的"中国地方史"国际学术研讨会上。在大会主题报告暨学术考察期间，杨先生处处呵护我这个年轻后辈。当得知我将从厦门转机返回合肥时，杨先生主动调整自己的行程，嘱我坐他的专车，甚至路途中的饮食，杨先生也都做了周到安排。只是最后由于任务在身急需返回合肥，被迫临时调整行程，转而自汕头机场经广州飞回合肥，从而失去了一次同车聆听杨先生教诲的机会。

　　转瞬到了2018年9月，杨先生的私淑弟子陈瑶博士借来南开大学参加"生活与制度：中国社会史新探索"国际学术研讨会之机，代表先生盛情邀请我参加 2019 年 3 月举办的"庆祝杨国桢教授八十华诞暨海洋与中国研究"国际学术研讨会。然而，正当紧张撰写参会论文准备参加会议之际。2019 年 2 月中旬，我却因雪地滑倒造成右脚踝骨裂而无缘参加会议，无法现场为先生送上生日的祝福。

　　1989 年至今，已过去了整整三十年。三十年来，尽管当初因所在单位邮件传送延误，导致我最终未能报考杨先生 1990 年招收的博士生，未能成为杨先生的及门弟子而造成终身的遗憾，但三十年来，杨先生始终以长者的风范，在学业上给予我殷切关怀和辛勤指导。如果说我在徽学暨明清区域社会经济史等研究领域取得哪怕是微不足道成绩和进步的话，那其中都包含着杨先生付出的辛劳和汗水。虽然在名义上杨先生和我并非师生关系，但不是师生，却胜似师生。师恩浩荡，永难忘怀。

　　适逢杨先生八十华诞，我谨以一个后辈和编外弟子的身份，给杨先生送去真诚的祝福：祝福先生福如东海，寿比南山！

薪火：中国海洋史学的发展历程

王小东

中国海洋史学的发展繁荣与海洋强国的现实需要息息相关。中国既是一个大陆国家，也是一个海洋国家，有着悠久的海洋文明史，中华海洋文明是推动海洋强国建设的内在动力。中国提出"一带一路"倡议与加快建设海洋强国战略，需要中国海洋文明的历史经验，释放历史积累的能量。因此，中国海洋史学和海洋文明研究越来越重要，而回顾中国海洋史学的发展历程是一项不可或缺的工作，看清了过去所走的道路，方能认准今后前进的方向。

一 拓荒："中国海洋社会经济史"的创立

中国海洋史学是从涉海的各种历史研究发展而来的。中国涉海的历史研究，以南海交通为起点，有一百年的历史，发展出多个研究领域、多个学科分支。但受陆地思维定式的制约，在长期的研究中存在如下普遍问题：其一，忽视中国的海洋传统，认为西方是海洋文明，中国是陆地文明；其二，忽视以海洋为本位的研究方法，将海洋发展视为陆地发展的延伸；其三，忽视海洋对历史全局的影响，涉海研究长期分属于区域史、专门史的范畴，受制于以中国为本位的单向思维，缺乏比较世界史的视野，难以形成宏大的研究格局。

改变这一格局的主要推动者是杨国桢先生。他在青年时代就接触涉海历史研究，1960年参加《古代泉州海外交通史》的编写。但当时还没有海洋文化的自觉，直到1988年受电视片《河殇》的刺激开始反思，到1990年代初形成"中国海洋社会经济史"比较完整的思路，疏导壅塞、辟开新径，并指导博士研究生深入探讨。

1996年，杨国桢先生率先公开在《中国经济史研究》和《中国社会经济史研究》上提出"中国需要自己的海洋社会经济史"，对"海洋经济"和"海洋社会"的概念和内涵做出创新性论述，[①] 呼吁"从海洋经济和海洋社会与资本主义社会经济划等号的旧观念摆脱出来"。[②] 他的文章经《光明日报》转载而传播开来，引起学界的反响和跟进，中国海洋史学开始兴起。他的主要学术贡献包括以下几点。

第一，提出中国既是陆地国家又是海洋国家的历史定位。早在1940年代，就有人提出中国既是一个陆地国家，又是一个海洋国家。1980年代，这个说法再次在海峡两岸学术界被提出。但第一次对此加以论证的是杨国桢先生。1994年12月，他论述"中国是一个大陆国家，又是一个海洋国家"的历史表现，认为"这是中国传统社会可以通过内部变革自发向近代社会转型的内在根据之一"。[③] 后来，他从不同的角度把这样的历史定位具体化为"中国既是东亚的大陆国家，又是太平洋西岸的海洋国家"，或称"中国是一个兼具陆海、生态环境多样性的大国"。南昌大学陈东有教授对此评价道："'中国是一个海洋国家'，这是一个简单的判断句，却有着十分丰富和深刻的内容。它不是站在海边面对广阔深邃的海洋发出的浪漫感叹，而是在对中国海洋历史文化和中国海洋发展现状做出积极的反思之后，面

---

① 杨国桢：《关于中国海洋社会经济史的思考》，《中国社会经济史研究》1996年第2期。《光明日报》1996年8月13日第5版转载。

② 杨国桢：《中国需要自己的海洋社会经济史》，《中国经济史研究》1996年第2期。

③ 刘淼：《明清沿海荡地开发研究》，汕头大学出版社，1996，杨国桢序。

对陆地发出的'天问'。"①

　　第二，开创"海洋本位"研究体系。海洋本位的理论出发点在于矫正中国历史文本中海洋史"陆地化"的认知偏差，让原本附属于陆地史的有关研究回归海洋性的本质，②站在海洋活动群体的角度观察思考问题，以海洋为中心把握中国海洋发展的全局。③中国海洋社会经济史以"海洋本位"的思维开展研究，是海洋史研究与涉海史研究的根本区别。广东社会科学院海洋史研究中心李庆新研究员评价说，"厦门大学杨国桢多年来倡导建立'海洋本位'的海洋社会经济史学科体系，在中国海洋史学研究中'开风气之先'"。④华南师范大学陈贤波教授等人认为，"近30年来，中国社会经济史的区域研究方兴未艾，可以作为巴勒克拉夫预言的注脚，但是在这一领域具有理论的雄心，尝试在既有的研究思维下'指出新的方向，提出新的方法'的著作，至今仍是凤毛麟角。正因如此，在某种意义上，厦门大学杨国桢教授多年来所致力倡导建立'海洋本位'的社会经济史研究体系，就具有'开风气之先'的特别意义"。⑤河南师范大学苏全有教授等人指出，"'海洋本位思想'的概念是由厦门大学著名的海洋史专家杨国桢教授提出的，……力图树立一种海洋本位的新观念，这一学术探索极其可贵"。⑥

　　第三，倡导以史学方法为基础，进行"科际整合"。吸收人文社会科学的考古学、人类学（文化人类学、生态人类学）、民族学（中

①　陈东有：《瀛海在胸解方程——读杨国桢〈瀛海方程——中国海洋发展理论和历史文化〉》，《江西社会科学》2009年第5期。
②　杨国桢：《海洋人文类型：21世纪中国史学的新视野》，《史学月刊》2001年第5期。
③　杨国桢：《从涉海历史到海洋整体史的思考》，《南方文物》2005年第3期。
④　李庆新：《亚洲海洋史研究新趋势》，《中国社会科学报》2010年6月8日。
⑤　陈贤波、谌金松：《走向海洋本位的社会经济史研究——杨国桢教授〈瀛海方程——中国海洋发展理论和历史文化〉评介》，《海洋史研究》第1辑，社会科学文献出版社，2010，第267页。
⑥　苏全有、常城：《对近代中国海洋史研究的反思》，《大连海事大学学报》（社会科学版）2011年第6期。

国沿海族群）、宗教学（佛教、道教、海神信仰）、社会学、民俗学
（海洋民俗）、经济学（区域经济、产业经济），自然科学中的海洋科
学、技术科学中的船舶与海洋工程学，还有中国海洋学史、中国航海
技术史的新成果为思想养料。中国海洋社会经济史涉及多个领域，研
究内容涵盖围绕海洋而形成的社会经济形态，既包括诸多的专门史，
又与其他多学科交叉。要建立中国海洋社会经济史分支学科，必须跨
越传统史学的界限，既要从原有的相关专门史中整合吸收养分，但又
不能做简单的拼凑，要对海洋社会、海洋经济和海洋文化等相关领域
进行互动整合。与此同时，"有必要引进欧洲、美国、日本关于多元
化海洋史的观念和研究模式，加以吸收消化，发展出合乎中国实际的
理论和方法"。[①] 进而提出海洋人文社会科学关于"海洋区域""海洋
经济""海洋社会""海洋文化"的概念磨合。[②]

　　1990 年代中国海洋社会经济史最突出的成果是 1998~1999 年杨
国桢先生主编的"海洋与中国丛书"，荣获第十二届中国图书奖，标
志着中国海洋社会经济史的构想已初步实现，为中国海洋史学奠下坚
强的基石，逐渐成为蔚为大观的学术领地。

　　杨国桢先生的拓荒奠基之功，首先表现在推动涉海历史向海洋整
体史研究转型，为历史学注入了新的活力，得到学界同人的认可与赞
誉。中国社会科学院历史研究所万明研究员指出，"海洋社会经济史
的提出，丰富了中国历史研究的内容，完善了中国历史研究体系和结
构，促进了史学的理论创新和学术创新"。[③] 中山大学陈春声教授评
价说："杨国桢教授在长期研究中国社会经济史丰厚学术积累的基础
上，致力于开拓中国海洋社会经济史、中国海洋史学和海洋人文社会

---

① 杨国桢：《中国需要自己的海洋社会经济史》，《中国经济史研究》1996 年第 2 期。
② 杨国桢：《论海洋人文社会科学的概念磨合》，《厦门大学学报》（哲学社会科学版）2000 年第 1
　　期；《论海洋人文社会科学的兴起与学科建设》，《中国经济史研究》2007 年第 3 期。
③ 万明：《海洋史研究的五大热点》，上海中国航海博物馆主办《国家航海》第 7 辑，上海
　　古籍出版社，2014，第 155 页。

科学学科，在学科建设、理论建构与实证研究等各个方面，作出了具有奠基意义的影响深远的贡献。"① 厦门大学王日根教授指出，杨先生"冷静反思了我国史学发展的路径，实现了从传统的大陆史观向大陆与海洋史观并举的转变，还了过去一向被忽略的海洋史应有的地位，改变了过去仅重陆地史研究或把沿海地区看作陆地的延伸的偏向。他所做的努力符合世界史学潮流，具有比较世界史的视野，也不乏理论意义与现实意义"。② 钞晓鸿教授也指出，"世纪末的海洋史探讨引人注目，这不仅仅是研究地域与侧重点的转移，而且是对以前研究视角的转换与更新"。③

中国海洋社会经济史的研究，对中国经济史学科的发展也有重要意义。中国社会科学院经济研究所李根蟠研究员的《中国经济史研究二十年（1977~1996）》，肯定了"杨国桢等人则试图在沿海区域社会经济史研究基础上，把沿海经济史、海外贸易史、华侨华人经济史、海疆史、海洋海业史等糅合在一起，建立海洋经济史学科"的努力，并在学科发展的若干思考中指出"我们过去比较重视对农耕文化及其变迁的研究，相对忽视对游牧文化和海洋文化的研究"，"这种状况和我国这样一个多民族多文化共存的大国不相称。少数民族经济史和海洋经济史研究亟须加强。这不但有重大而迫切的现实意义，而且对学科的发展也是不可或缺的。少数民族经济史和海洋经济史应该成为中国经济史的两翼。既有主体，又有两翼，中国经济史学科才能更好地腾飞"。④ 暨南大学刘正刚教授等指出："以厦门大学杨国桢教授为首，倡导和创建了中国海洋社会经济史学派，逐渐得到了

---

① 陈春声：《明代海上活动人群的身份与籍贯问题——以金门及邻近海域"海盗"的研究为中心》，陈春声、陈东有主编《杨国桢教授治史五十年纪念文集》，江西教育出版社，2009，第471页。

② 王日根、宋立：《海洋思维：认识中国历史的新视角——评杨国桢主编"海洋与中国丛书"》，《历史研究》1999年第6期。

③ 钞晓鸿：《明清史研究》，福建人民出版社，2007，第169页。

④ 《中国经济史研究1996~1997年联合增刊》，经济研究杂志社，1997，第14、35页。

海内外学界的普遍认同，取得了令人瞩目的成绩，越来越多的学人将目光聚集于这一属于多学科交叉的史学分支领域。"① 东北师范大学孙强认为："以杨国桢先生为代表的厦门大学学术群体，在陆地海洋互动史观和世界视野下对中国海洋社会经济史的开拓和研究，从不同的角度展示了先人向海洋发展的努力和经验，重新审视了中国海洋经济、海洋社会的价值。"②

在社会学领域，杨国桢先生最早提出"海洋社会"的概念，为海洋社会学的产生做出了重要贡献。中国海洋大学庞玉珍教授指出，"在我国首次提出'海洋社会'这一概念的是著名社会经济史专家杨国桢先生"，"杨先生对海洋社会经济史研究和涉海学科的构建，起到了积极开拓作用"。③ 广东海洋大学张开城教授指出，厦门大学杨国桢教授等学者的若干重要研究成果和为海洋人文社会科学的呼吁与提倡，"为海洋社会学的出现提供了知识源泉和学科增长点"，"1996年，杨国桢教授首次提到'海洋社会学'，并在《论海洋人文科学的概念磨合》、《论海洋人文社会科学的兴起与学科建设》、《论海洋发展的基础理论研究》等文章中多次提到'海洋社会学'，具有开创性意义。期间并就'海洋社会'一词进行了界定。'海洋社会'概念将'海洋'与'社会'联系进来，为开展相关研究提供了重要基础性范畴"。④ 中国海洋大学崔凤教授等认为，"杨国桢对海洋社会学的产生的贡献是非常重大的，这不仅表现在杨国桢首次提出了'海洋社会学'一词，而且表现在他提出了建立海洋社会学的重要性，以及如

---

① 刘正刚、高志超：《时空变化中的海洋文明——以零丁洋为考察中心》，林有能等主编《香山文化与海洋文明：第六次海洋文化研讨会文集》，广东人民出版社，2009，第254页。
② 孙强：《晚明商业资本的筹集方式、经营机制及信用关系研究》，吉林大学出版社，2007，第17页。
③ 庞玉珍、蔡勤禹：《关于海洋社会学理论建构几个问题的探讨》，《山东社会科学》2006年第10期。
④ 张开城等：《海洋社会学概论》，海洋出版社，2010，第6、7页。

何开展海洋社会学的研究等方面"。① 浙江海洋大学沈佳强教授也说，杨国桢先生"对'海洋社会'的界定是把社会学的概念运用于海洋活动中，其开创性的工作对今后'海洋社会'研究起着非常重要的作用"。② 广东海洋大学刘勤也指出，"自1996年杨国桢教授在国内首次提出'海洋社会学'概念后，海洋社会和海洋问题渐进成为学术时尚，吸引越来越多的社会学研究者加入"。③

二 入流："中国海洋史学"与海洋文明研究的深化

进入21世纪，海洋对人类社会发展的重要性日益突出，21世纪也被称为"海洋世纪"。中国的崛起，首先并且取决于在海洋的崛起。杨国桢先生感知这个时代潮流，举起"中国海洋史学"的旗帜。2004年，他在《海洋世纪与海洋史学》中提出："海洋史学是海洋视野下一切与海洋相关的自然、社会、人文的历史研究……它与原有涉海的各种专门史不同之处，在于它是以海洋为本位的整体史研究，在于它以海洋活动群体为历史的主角，并从海洋看陆地，探讨人与海的互动关系，海洋世界与农耕世界、游牧世界的互动关系……因此是认识历史多元化、多样性不可缺席的视界。"迄今为止，这依然是"海洋史学"概念最精辟全面的论述，既有理论深度，又不乏方法论意义，是中国海洋史学发展的重要理论基础。

2003～2006年，杨国桢先生主编了"海洋中国与世界丛书"，引领中国海洋史从边缘走向主流。北京大学世界史研究院包茂红教授认

① 崔凤等：《海洋社会学的建构——基本概念与体系框架》，社会科学文献出版社，2014，第11页。
② 沈佳强：《海洋社会哲学：哲学视阈下的海洋社会》，海洋出版社，2010，第23页。
③ 刘勤：《走出与回归：关于海洋社会学学科趋向的若干思考》，《广东海洋大学学报》2009年第5期。

为，"第二套丛书（12本）除了继续深化前面的研究领域之外，还相继开拓出海洋社会史、海洋灾害史、海洋文化史、航海技术史等研究领域，把中国海洋史研究推向了新高度"。[①] 中国社会科学院世界历史研究所张丽、任灵兰总结说："近年来，中国海洋历史文化研究已经逐渐成为一门新兴学科。厦门大学的杨国桢教授率先呼吁国内史学界关注海洋问题，并从1998年开始先后主编了《海洋与中国》和《海洋中国与世界》丛书，从中可以窥见这十余年来中国学者在海洋史研究方面的探索和进步。可以说，他们的研究强化了海洋研究的深度和广度，拓宽了中国历史研究的领域。"[②] 韩国海洋大学东亚学系河世凤教授评价说："在这个丛书中，中国的'海洋区域'不仅仅是指中国所领有和管辖的海域，还规定包括大陆海岸带、岛屿等陆地领土以及中国人的海洋活动所影响的海外和地区。……因此海洋史研究把限定在大陆的中国史领域，扩大到了通过海洋的中国人的移民地域。"[③]

随着中国海洋史学的兴起，杨先生的主张也得到世界史学界特别是全球史学者的呼应，而有全球史视野下的"新海洋史"的说法。首都师范大学夏继果教授指出，关注海洋本身的"新海洋史"，"如何做到海陆融通是海洋史研究顺利发展的关键。事实上，中外史学家在这方面已做出了有益的尝试。中国著名海洋史学家杨国桢先生就指出：'海洋世界的空间结构，是由大陆海岸地区、岛屿、海域组合而成的。'全面关注这些构成元素，便于海陆融通的实现以及海洋互动区的构建"。杨先生"特别强调'人'在海洋史中的地位和作用。以笔者之见，关注人本身是全球史的一大特色，新海洋史充分体现了这

---

① 包茂红：《海洋亚洲：环境史研究的新开拓》，《学术研究》2008年第6期。
② 张丽、任灵兰：《近五年来中国的海洋史研究》，《世界历史》2011年第1期。
③ 河世凤：《解读中国海洋史研究》，上海中国航海博物馆主办《国家航海》第15辑，上海古籍出版社，2016，第171~172页。

一点"。①"新海洋史"的研究视角由陆地本位转向以海洋为中心，把海洋本身作为研究的前提、方法和"视座"，突显海上人群的主角地位，这些观点在杨国桢先生的"海洋本位思想"中早已论及。

中国海洋史学的理论方法也得到国际史学界的呼应。在欧美，海洋史悄然兴起，并向"全球史研究的核心学科"转向。美国学者因戈·海德布林克提出"科际整合是海洋史研究的新方向，将全球史与海洋史结合、充分借鉴其他学科的研究方法和研究内容，有利于解决当前海洋史学科所面临的窘境"。②《中国社会科学》副总编李红岩研究员指出，"杨国桢教授关于海洋不仅是通道，而且是人类生存、发展场域的观点，代表了目前国际社会的主流认识"。③

海洋意识的觉醒使中国海洋史从边缘进入主流。显著的表现是近年来各类相关研究机构和学术刊物纷纷创办。2009 年，广东社会科学院成立广东海洋史研究中心，2010 年起主办《海洋史研究》辑刊。2010 年 9 月，上海海洋大学成立海洋文化研究中心。2011 年起，中国航海博物馆（上海）主办《国家航海》辑刊。2012 年 7 月，由南京大学牵头成立中国南海研究协同创新中心，全面推动南海问题综合研究。2013 年 12 月，北京大学建立北京大学海洋研究院，以海洋战略、海洋人文社科、海洋科学等为重点研究领域。2013 年，浙江师范大学成立环东海研究所（后来发展成浙江师范大学环东海与边疆研究院），编辑出版《环东海研究》。2016 年 9 月，海南大学成立《更路簿》研究中心。2016 年起，上海师范大学主办《海洋文明研究》辑刊。

中国社会科学院历史研究所万明研究员指出，"海洋史在中国国

---

① 夏继果：《海洋史研究的全球史转向》，《全球史评论》第 9 辑，中国社会科学出版社，2015，第 8、13 页。

② 因戈·海德布林克：《海洋史：未来全球史研究的核心学科》，张广翔等译，《社会科学战线》2016 年第 9 期。

③ 李红岩：《"海洋史学"浅议》，《海洋史研究》第 3 辑，社会科学文献出版社，2012，第 7 页。

内与国际蓬勃发展的大环境下，发展势头良好，深度与广度也在不断扩展，对海洋的了解和研究已经成为当今学界和社会所关注的共同焦点之一。海洋史研究已不再仅仅是一种书斋式的精深学问，而渐渐成为一门具有现实意义的'显学'"。① 海洋史学的重要性日益受到学者重视，"海洋本位"与"科际整合"的理论与方法备受推崇，历史学者对现有的历史叙述和阐释进行了全面的反思和批判，逐渐改变我们重陆轻海的历史观念。随着中国海洋史与海洋文明研究的不断深入，加深了我们对中国历史多元性的认识，有利于营造全民族关注海洋文明的氛围，促使更多的人参与并投入中国海洋发展的洪流之中。

三　使命：构建中国海洋文明的话语权

杨国桢先生指出，"认识中华海洋文明史是经济全球化背景下中国实现现代化提出的问题，这意味着重新审视海洋文明的概念，进行修正和重构，掌握学术话语权，是一个创新性的任务"。② 2008 年，杨国桢先生出版《瀛海方程——中国海洋发展理论和历史文化》。③ 2016 年，出版主编十卷本的《中国海洋文明专题研究》。杨先生深化海洋文明基础理论和实践研究，凝练成如下系列的重要观点：第一，海洋文明是中华文明的源头之一和有机组成部分；第二，中国海洋文明和陆地文明同时产生和发展；第三，中国海洋文明不同于西方海洋国家的海洋文明；第四，中国海洋文明存在于陆海一体结构中；第五，中国海洋文明是推动海洋强国建设的内在动力。

中国社会科学院中国边疆研究所李国强研究员评价说："《中国海洋文明史专题研究》的出版具有标志性意义，其一它标志着中国

① 万明：《海洋史研究的五大热点》，上海中国航海博物馆主办《国家航海》第 7 辑，第 153 页。
② 杨国桢：《中华海洋文明论发凡》，《中国高校社会科学》2013 年第 4 期。
③ 杨国桢：《瀛海方程——中国海洋发展理论和历史文化》，海洋出版社，2008。

海洋文明史学术体系的探索有了突破性进展，其二它标志着中国海洋文明史若干理论问题的研究有了突破性进展，其三它标志着在中国海洋文明史学术领域，一只（支）以老带新、功力扎实、富有开拓精神的学术梯队正在形成。"① 南京大学范金民教授评论说："杨国桢主编的《中国海洋文明专题研究》（人民出版社出版）一书，反映了我国学术界关于中国海洋事业和海洋历史文化研究的新成果，发挥了'预流'作用。"该书"每一专论，或提出宏论，或提出新见，或提供新资料，无论关于海洋人文学科建立和发展的荦荦大端，还是关于明清海洋史实的具体考述，都不乏真知灼见，有力促进了中国海洋文明研究"。② "这一饱含作者近十年心血的结晶成果，既典型地代表了中国学界有关中国海洋事业和历史文化研究的新成就，也标志着中国海洋文明史的研究进入了新阶段。"③ 上海师范大学苏智良教授等指出："杨国桢教授团队的新作《中国海洋文明专题研究》（1～10卷）从中国自有的海洋文明史的思维出发，对海洋文明的概念和内涵从历史学的角度进行了修正和重构。同时，在海洋史的研究中主张打破传统以陆地为本位的思维惯式，建立以海洋为本位的新的思维模式，并首次提出了以海洋为本位划分中国海洋文明史的历史分期问题，这对于中国海洋文明以及海洋史学的研究具有学术创新价值的重大意义。""该丛书的出版为推动中国海洋文明的研究做了很好的理论铺垫，为接下来海洋文明研究在空间性、时间性、系统性等方面全方位的研究提供了坚实的理论基础。"④

---

① 李国强：《中国海洋文明史学术研究的开拓与创新——评〈中国海洋文明史专题研究〉》，《中国边疆史地研究》2017 年第 1 期。
② 范金民：《提高全民族的海洋意识——〈中国海洋文明专题研究〉简评》，《人民日报》2017 年 2 月 20 日，第 16 版。
③ 范金民：《中国海洋文明研究的里程碑式著述》，《海洋史研究》第 10 辑，社会科学文献出版社，2017，第 573 页。
④ 苏智良、李玉铭：《从海洋寻找历史：中国海洋文明研究新思维——评〈中国海洋文明专题研究〉》，《中国社会经济史研究》2017 年第 1 期。

广东社会科学院广东海洋史研究中心研究员李庆新评价说，《中国海洋文明专题研究》"阐发了中国学人对海洋文明理论的鲜明主张和独特见解，展示了中国海洋文明研究的雄辩话语权"，"揭示了世界海洋文明的学科分类、发展模式及多样性特点，廓清前人对中国海洋文明种种不符合实际或有意无意的疏忽、误解，以及不专业的臆测发挥"。①

　　杨国桢先生的中国海洋文明研究，源于历史学又跨越历史学，正如《中国社会科学》副总编李红岩研究员所言："杨先生实际提出了从人文社会科学的涉海研究到海洋人文社会学科，再到海洋人文社会科学体系的序列性构想。这一构想，已经不仅具有启发性，而且具有战略性。"② 福建师范大学汪征鲁教授指出：杨国桢先生"着力建构中国特色的海洋文明论与中华海洋发展史学，具有发凡起例之功。……如果说昔日，傅（衣凌）先生广泛、深入地利用民间资料，开创了中国社会经济史研究的新方向，那么今天，杨国桢先生又开创了中国海洋文明论与中华海洋史学研究的新方向，真是无独有偶，前后辉映，堪称学林佳话"。③

　　当今，国际风云面临千年未有之大变局，"我国既是陆地大国，也是海洋大国，拥有广泛的海洋战略利益"，④ 这是习近平总书记根植于历史，更面向未来，给中国做出的战略判断和历史定位。中国海洋发展深深扎根在悠久的海洋历史记忆中，继承弘扬中华海洋文明，实现现代化转型，是中国海洋强国必走的一条路。杨先生指出："中国海洋文明史研究是中国现代化进程提出的历史研究大题目。只要中

① 李庆新：《皇皇十卷　以史为鉴：建构中国海洋文明体系》，《中国社会科学报》2017 年 9 月 27 日，第 7 版。
② 李红岩：《"海洋史学"浅议》，《海洋史研究》第 3 辑，第 6 页。
③ 汪征鲁：《中华海洋发展史学的开山之作——读〈海洋文明论与海洋中国〉》，《福建日报》2017 年 2 月 21 日，第 12 版。
④ 习近平：《进一步关心海洋认识海洋经略海洋　推动海洋强国建设不断取得新成就》，《人民日报》2013 年 8 月 1 日，第 1 版。

华民族复兴事业尚未完成，中国海洋文明史研究就一直在路上，不能停止。"① 中国海洋史学进入中国特色社会主义新时代，一代年轻精英在茁壮成长，一定能够开创新局面，取得新突破，为中华民族的伟大复兴做出更大的贡献。

---

① 杨国桢：《中国海洋文明专题研究·总序》，人民出版社，2016。

发展中国海洋史学 构建中国海洋话语体系

——访厦门大学人文学院历史系杨国桢教授

徐 鑫

20 世纪 90 年代以来，厦门大学人文学院历史系杨国桢教授提出"海洋本位"和"科际整合"的新方向与新路径，推动海洋史从涉海历史向海洋整体史研究转型，为历史学研究注入了新的活力。1998～1999 年他主编出版的"海洋与中国丛书"（8 册），标志着中国海洋社会经济史的构想已初步实现，为中国海洋史学打下了坚实的基础。2003～2006 年，他主编出版的"海洋中国与世界丛书"（12 册），引领中国海洋史从边缘走向主流。2016 年，他主编出版的《中国海洋文明专题研究》（10 卷），标志着中国海洋文明史学术领域一支以老带新、功力扎实、富有开拓精神的学术梯队正在形成。杨国桢教授建立的以海洋为本位的思维模式，对于中国海洋文明以及海洋史学的研究具有学术创新价值。

《中国社会科学报》：您曾在明清社会经济史领域取得诸多成就，20 世纪 80 年代末 90 年代初，又将研究方向转向海洋史，能否谈谈海洋史与涉海史的区别？

杨国桢：中国海洋史学是从涉海的各种历史研究发展而来的；中国涉海的历史研究，以南海交通为起点，有一百年的历史。真正的海洋史学是从 20 世纪 80 年代以后才提出的，而"海洋史"与"涉海史"最大的区别，就在于是"以陆地为本位"还是"以海洋为本位"，即主导思想是陆地的思维还是海洋的思维。也就是说，以"海洋本位"的思维开展研究，是海洋史研究与涉海史研究的根本区别。

《中国社会科学报》：您创造性地建构了"海洋本位"的研究方法，理论上为中国海洋史学奠定了牢固的基石，也得到国际史学界的呼应，请您具体谈谈这一理论方法。

杨国桢：中国海洋史研究以海洋为本位的分析理路，将历史叙述的重心从陆地转向海洋，有助于我们重新"发现"中国历史。第一，海洋史研究要树立"中国既是陆地大国，也是海洋大国"的文化自信。西方中心主义论者构建出"中国有海洋活动，没有海洋文明；中国是大陆国家，不是海洋国家"的一套话语，直至今天，还严重制约着我们对海洋重要性的认识。我们自然而然接受的"海洋文明论"和"海洋国家论"，束缚着中国重返海洋的战略思考。因此，我们要坚信中国也有自己的海洋文明，加强与深化中国海洋文明史研究，充分释放中华海洋文明积累的历史能量。第二，海洋史研究要坚持"海洋本位"的思想理念。"海洋本位"的研究方法需要把握住两个本位：其一，在地理基础上是以海洋空间为本位，把握海洋活动流动性的特点；其二，在研究对象上要以海洋社会为本位，突出海洋社会的核心是海洋活动中的人。

《中国社会科学报》：党的十八大以来，您带领海洋史研究团队再接再厉，不断推出新成果。2016 年人民出版社出版的《中国海洋文明专题研究》10 卷本赢得学界的关注和好评，为推动中国海洋文明的研究提供了很好的理论基础。请您讲述一下这套书的重要观点。

杨国桢：我很高兴我们的研究成果能够得到学界同人的认可与赞誉。这套 10 卷本是我主编"海洋与中国丛书"和"海洋中国与世界丛书"的延续，进一步深化海洋文明基础理论和实践研究，凝练成如下系列的重要观点：第一，海洋文明是中华文明的源头之一和有机组成部分；第二，中国海洋文明和陆地文明同时产生和发展；第三，中国海洋文明不同于西方海洋国家的海洋文明；第四，中国海洋文明存在于陆海一体结构中；第五，中国海洋文明是推动海洋强国建设的内在动力。

《中国社会科学报》：2018 年 3 月您的《闽在海中》一书由福建教育出版社重新修订出版，作为"福建与海洋"系列丛书的第一本，您能讲讲其中的细节和用意吗？

杨国桢：2014 年，福建教育出版社与我探讨，希望能策划一套丛书，我毫不犹豫地建议以"福建与海洋"为主题，这源于在海洋文化方面，福建具有得天独厚的优势。"福建与海洋"丛书作为一套开放性的丛书，我们的定位是基础性的全面研究项目，总体的思路是在学者们已开展过较高水准研究的领域，能在对原有研究成果进行回顾与提高的基础上开展进一步的调查研究，百尺竿头，更进一步；在原来不为人重视、未开展研究或研究水平尚有较大提高余地的领域，拟通过全面的田野调查、文献搜集，言人所未言，做出令人耳目一新的成绩。我们希望通过这套丛书，将福建在海洋文明史中的独特和重要地位，较为全面且较为新颖地展示出来。《闽在海中》一书此次再版，我将 1998～2012 年发表的 12 篇论文补入其中，探讨的内容比初版有很大的扩展，提供了一些新材料、新认知，填补了某些空白，以表示我对"福建与海洋"系列丛书的热烈支持，为这套丛书铺垫。现在回头看，组织"福建与海洋"系列丛书很有必要，用扎实的史实展示福建与海洋的关系，可以满足投身建设中国（福建）自由贸易试验区和"21 世纪海上丝绸之路"核心区的广大读者的知识需求，起到正本清源、资政育人、服务社会的作用。

《中国社会科学报》：您近来又将 20 年来海洋史团队的研究成果加以统合，增订完善，扩大规模，推出"海洋与中国研究丛书"25 册，盛况空前。它具有什么理论价值和社会价值？

杨国桢：我同意李庆新先生的推介和评价："这套丛书的核心价值在于论证、阐释、弘扬东方的海洋文明、海洋文化，改变东方有航海活动没有海洋文明、海洋文化的旧思想观念，使海洋文明的概念从西方发达国家的定义中解放出来，成为新兴海洋国家创新的理念。在诸多理论上进行了有益探索，多所开创，既有对中国海洋文明历史的深刻思考，又有对现实问题的高度关怀。"为推动"一带一路"倡议提供正能量，具有多方面的价值。对于增强国民的海洋意识、推进我国海洋经济的发展、维护我国海洋权益都有重大的现实意义。

《中国社会科学报》：您和您的弟子合著的"中国海洋空间丛书"（4 册）近日已由海洋出版社出版，将与"海洋与中国研究丛书"（25 册）一起在"海洋与中国研究"国际学术研讨会上首发，我们很想知道这套书背后的故事。

杨国桢：这套丛书从 2015 年开始研究写作，是我和博士生们运用海洋人文社会科学"科际整合"方法的尝试。面对国际海洋的风云变幻，中国的海洋空间面临空前严峻的挑战，中国向何处去？我们必须以"过去·现在·未来的时空布局"给出科学的答案。我们不揣微力，用心探求，主要研究海洋对我国国民生存的历史影响与未来改变，探索新的生存空间的构建，从海洋社会的角度诠释我国自己独特的政治制度、社会制度和国情文化，为合理开发利用海洋提供理论支持，唤醒国民的海洋意识，使国民认识海洋、关心海洋、热爱海洋。我们结合博士生课程"海洋史学学术前沿追踪"的学习和讨论，从前人和当下不同学科的学者对海洋空间的解释中吸取知识和灵感，确立观察的视点，建构中国的海洋空间。广泛搜集资料和吸收中外专家学者的研究成果，接触了以往未曾触碰过的领域和知识，不断完善着自己的思路，构建起新的叙事方法。

《中国社会科学报》：您对中国海洋文明和海洋发展，作为学者著书立说，作为政协委员建言献策，唤起人们重视海洋的意识，请您讲一下我国的海洋空间在哪里。

杨国桢：我们在书中有详细的解说，不好用几句话概括。海洋空间的变化有自然和人文因素。自然因素包括水域空间的伸缩、资源的增长和消退，等等。这里要讲更重要的人文因素，从当前而言，人类若是忽视海洋生态、环境，以牺牲海洋为代价谋求发展，污染海洋环境、肆意填海造陆、过度海洋捕捞，都会造成海洋空间的退缩。从中国历史来看，历代王朝"重陆轻海"，造成海洋一直处于边缘地位，民众海洋意识淡薄，向海洋发展阻力重重，开拓海洋空间不足。从话语构建而言，西方学界乃至一些中国学者将中国归类为"大陆"国家，没有海洋文明。如果照此论调，不去建构中国海洋文明的话语权，又有什么动力去拓展中国的海洋空间呢？

《中国社会科学报》： 最后，您能否谈谈如何构建中国海洋文明的话语权问题？

杨国桢： 首先，我们要讲好中国海洋故事，增强海洋意识。长期以来占统治地位的海洋话语体系是由"西方中心论"建构起来的，中国"海洋话语缺失"问题十分严重。我们亟须反思西方中心论，解构西方海洋话语霸权，积极建立以中国为主体的海洋话语体系。其次，我们要发出中国的声音，增强话语权意识，让全世界人民重新认识中国。最后，需要指出的是，自信来自历史深处。中国有着深厚的海洋文化传统，我们亟须发展中国海洋史学，充分挖掘中国海洋的历史与文化资源，弘扬中华海洋文明的优秀文化基因，继承中华海洋文化传统。以"一带一路"倡议为例，"一带一路"虽是新概念，但有着深厚的文化底蕴，借助沿线各国人民所熟知的"丝绸之路"这一历史符号，作为扩大国际交流与合作的重要情感纽带，表达和传播人类命运共同体理念，为全球治理提出中国方案。"一带一路"倡议彰显了中国传统文化的强大魅力，我们要充分挖掘历史文化资源，向世界传播中国的文化理念，在世界体系中注入更多的中国话语和中国元素，增强中国文化自信。

海洋史学与"一带一路"

——访杨国桢教授

朱勤滨

一 投身海洋史学研究的历程与成果

问：杨老师您好！感谢您百忙中接受采访。首先祝贺您主编的《中国海洋文明专题研究》（人民出版社，2016）出版。这部10卷本、300万字的学术成果引起了学界和社会的广泛关注。您能否谈一谈这套书背后的故事？

杨国桢：2010年1月，在我主持的教育部哲学社会科学研究重大课题攻关项目"中国海洋文明史研究"开题报告期间，教育部社科司的领导和评审专家希望我做一个长远的、宏观的规划，出一个精华本，一个多卷本，一个普及本。当时我就把它作为厦门大学海洋史研究团队的5年奋斗目标，其中一个多卷本，就是您提到的这套10卷本《中国海洋文明专题研究》。多卷本的写作属于这个攻关项目的基础研究，也是该项目的阶段性成果。实际上，这套10卷本是我主编"海洋与中国丛书"和"海洋中国与世界丛书"的延续。中国海洋史学是20世纪90年代兴起的，那时有关海洋的历史研究附在经济史和中外关系史学科之下，海洋意识淡薄，海洋发展被看成陆地发展的延伸，认为中国没有海洋文明的观念根深蒂固。我率先从经济史学科入手，提出"中国海洋社会经济史"的概念和论述，和博士研究生们几经讨论切磋，制定和践行系列博士学位论文研究计划，并在全国政协八届五次会议上倡议建立中国海洋人文学。其早期收获就是1996年"海洋与中国丛书"被列入"九五"国家重点图书出版规划，2000年获第十二届中国图书奖。我们在每本书的扉页上打出我们的旗号："展开海洋视野，敞舒海洋胸怀，挖掘海洋信息，探讨海洋成败，复忆海洋过去，关注海洋未来，重塑中国海洋文明，迎接全球海洋时代！"紧接着，"海洋中国与世界丛书"被列入"十五"国家重点图书出版规划。2011年，这套10卷本《中国海洋文明专题研究》被列入"十二五"国家重点图书出版规划。它们的主题和问题意识是一致的。还有，这套10卷本和前两套丛书一样，是博士生培养与科学研究相结合的成果。我给博士研究生上的一门课程就是"海洋史学前沿追踪"，同学们就海洋史中的前沿问题展开探讨，教学相长，选出博士学位论文选题。从开题到完成答辩，都需要三四年时间，而列入出版规划直到出书，还需数年打磨。在这个过程，作为导师的我是要全程跟踪督导的，甚至协助其完善论述，动手修改文字，最终才有这些书与读者见面。希望它们能有助于我国海洋史学的发展。

问：这也可以看出您主编海洋史丛书是经过长期精心谋划的。在这套10卷本之前，您的团队已经有了两套丛书20本专题研究著作，几百万字的学术积累，为什么不编写《中国海洋通史》或者《中国海洋文明全史》呢？

杨国桢：在策划这套10卷本之初，有出版社提议我考虑编写《中国海洋通史》，我认为中国海洋史学还处在发展的初级阶段，中国海洋文明的多学科交叉和综合研究刚刚起步，基础研究和专题研究很不充分，没有很深的积累，许多重大历史问题没有定论，已有的中国海洋叙事显得力不从心，甚至矛盾、错乱。在这种情况下，编写

《中国海洋通史》的条件尚未成熟，如果执意为之，最多只是整合已有的研究成果，不具学术创新的意义，所以没有采纳。我认为专题研究的创新价值更高，保持自己的定力，不忘初心，不以名利为依趋，最终是会被国家与社会接纳和认同的。

问：据悉您投身于中国海洋史学，是研习中国社会经济史的延伸和扩展。请讲一下您是如何转向的？

杨国桢：我生长、学习、工作于厦门这个南方的小岛上，深受海风、海色、海味的熏陶，早在大学时代就已接触海洋历史文化。1960年，与同学到海上丝绸之路港口城市泉州实习，编写《古代泉州海外交通史》。但亲近海洋，不等于就有海洋文化的自觉。大学毕业后，我追随傅衣凌教授从事中国社会经济史教学与研究，重心放在明清乡村经济社会，特别是对土地契约文书的研究，对郑成功、林则徐、陈嘉庚等海洋人物和事件的研究只是一个副业。激发我内心深处海洋情感的事，是1985～1986年我和夫人翁丽芳到美国斯坦福大学访问研究一年，曾在太平洋东岸游历加拿大的温哥华，美国的西雅图、旧金山、洛杉矶、圣迭戈，墨西哥的蒂华纳等港口城市，在海边瞭望太平洋，在唐人街和亚洲图书馆感受"有海水的地方就有中国人"的历史脉搏，体悟到以传统王朝政治为中心的海洋叙事，湮没了多少中国人的海洋故事。不过那时，我还沉醉于对传统土地契约文书的搜集和研究，还没有下定决心转向海洋。直接刺激我转向海洋的是1988年的电视系列专题片《河殇》，该片宣称中国只有黄土地文化，没有海洋文化的言论，促使我下定了研究中国海洋社会经济史的决心。中国是否存在海洋经济、海洋社会、海洋文化，是个敏感的话题，《河殇》把海洋孕育的经济、社会、文化等同于资本主义，这是西方的主流话语，容易使人产生移植资本主义、全盘西化的联想。为此，1996年以后，我提出了"中国有自己的海洋社会经济史"的学术思路，并进一步提出"中国海洋史学""中国海洋文明史""中国海洋人文社会科学"的论述。

二　海洋史学研究的方法论

问：以海洋为本位，是您提出的海洋史学方法论，也就是把研究视角从陆地转移到海洋。那么，如何正确解读以海洋为本位的内涵和意义呢？

杨国桢：以海洋为本位的研究方法，就是要摆脱过去以陆地史观的范式来研究海洋，让原本附属于陆地史的有关研究回归海洋性的本质。它是揭示海洋文明内涵的根本途径。理解这个方法，需要把握两个本位。第一个是要明确以海洋为本位，在地理基础上是以海洋空间为本位。海洋空间的概念，过去通常指地球表面的海洋水体。现在随着人类对海洋利用与认识能力的提升，海洋空间扩大了，包括海洋水体、岛礁、海洋底土、周边海岸带及其上空组合的地理空间和生态系统。直接或间接从事海洋活动的空间体系，有政治、经济、社会、军事、文化等不同的层次，因此就会有海洋政治空间、海洋经济空间、海洋社会空间、海洋安全空间、海洋文化空间等不同称法。在同一历史时间，不同视野的海洋空间分布并不完全一致。但有个基本的共同点，就是都以海洋地理空间为基础。随着人类开发利用海洋的进展，不断扩充其内涵和外延，由此构成海洋的历史空间。海洋空间的变动性，使它不局限于平面的海水，还要扩展到海中陆地（岛礁）、海底、海面、海岸的整个立体空间。在这样的海洋空间结构下，才能化解海陆对立的旧观念，把海岸带陆地纳入海洋区域历史分析之中。这就要求：一要把握海洋活动流动性、越境性的特点，不以陆地思维确定的"海内"与"海外"标准来设限；二要抛弃专指海洋水体的狭隘观念，充分考虑相关陆地和天空的因素，完整地考察海洋发展历史进程。

问：您说要把握住两个本位，另一个是指什么？

杨国桢：第二个是在研究对象上要以海洋社会为本位。所谓

"海洋社会"就是在海洋活动中人与人结成的各种关系的组合。"海洋社会"概念并不是一个静态的概念，而是一个动态拓展的概念。根据发展的不同状态，"海洋社会"可分为"海洋社会的基层组织""海洋社会群体聚结的地域""海洋国家"三个层次。这三个层次相互关联，存在紧密的互动，但具有各自不同的发展特性，不可混为一谈。而且，这三层区分是从世界海洋发展角度出发的，因而专门标出"海洋国家"。海洋社会的空间，还可以是跨越民族和国家疆界，延伸到外海或海外国家和地区，形成互相联动，像"亚洲地中海""环中国海"等提法就是表达这个意思。这就要打破地域界限去理解海洋社会。海洋社会的核心是海洋活动中的人，在海洋发展历史上，不同的海上群体和涉海群体塑造了不同的海洋社会模式，如古代的渔民社会、船员社会、海商社会、海盗社会、渔村社会、贸易口岸社会，等等。他们有各自的身份特征、生计模式，通过互动结合，形成不同风格的群体意识和规范。海洋史就是要去研究海洋社会中的结构、经济方式，及其孕育的海洋人文。一些人认为中国传统海洋社会逐步消亡，产生了悲观情绪，但是在现代社会，原有的海洋社会发生转变，产生新的海洋形式。如渔民上岸，原有的渔村社会发生变化，上岸的渔民通过发展海洋旅游、渔村休闲业，还是要依赖海洋生存，这又重新构成他们的海洋社会。传统的木帆船被淘汰了，新的动力铁壳船依旧需要船员操作，他们可以加入海运公司，成为水手，船上社会的关系只是进行新的适应、新的调整。还有像海底油气和矿产开采这些新兴的海洋活动，都可以生长新的海洋社会。

问：现在一些研究成果，对海洋历史作用的认识存在分歧。一种认为传统中国是一个陆权国家，海洋并不重要，现代国家的发展要重建陆权。一种急于表达中华海洋文明是世界领跑者，是优秀角色，提出中国或福建是世界海洋文明发源地，近代以前至少15世纪以前是海洋之王。这些现象可否看作海洋史学发展面临的挑战？

杨国桢：这些现象的出现，是中国海洋史学发展不成熟的表现。

一些音量很高的人本身缺乏史学素养，写的书是"非历史的历史研究"，他们看了一些历史论著就随意拔高观点，宏观架构出理论体系，当然会对社会产生误导。比如最近在海峡两岸引起轰动的南岛语族问题，考古学界、人类学界、语言学界的研究成果，把他们的一部分来源追溯到我国东南沿海或台湾地区。于是台湾有人说：台湾是人类文明发源地；福建有人说：福建是世界海洋文明的发源地。这是真的吗？我认为史学界应该重视，开展讨论，辨明是非。这类问题还有不少，不宜视而不见。

三　海洋史学在"一带一路"建设中的作用

问：2016 年 8 月习近平总书记在出席推进"一带一路"建设工作座谈会时，提出要加强"一带一路"建设的学术研究、理论支撑、话语体系建设。您认为海洋史学能为"一带一路"建设做出哪些贡献？

杨："一带一路"建设的重大倡议，是习近平主席在 2013 年出访中亚、东南亚期间提出的，得到国际社会高度关注。这个建设秉承和平合作、开放包容、互学互鉴、互利共赢的精神，以政策沟通、设施联通、贸易畅通、资金融通、民心相通为主要内容。希望促进沿线国家深化合作，建成一个政治互信、经济融合、文化包容的利益共同体、命运共同体和责任共同体。"一带一路"借用了历史的符号。置于更宏大的视野和更长远的历史中来审视，建设"一带一路"的内涵是古代"陆上丝绸之路"与"海上丝绸之路"精神的继承和发展。它基于历史，又高于历史，凝聚了当代中国的智慧与创新。首先，"一带一路"建设不是中国一家的独奏，而是沿线国家的合唱。共商、共建、共享，是贯穿"一带一路"建设的主旋律。如果说在建设 21 世纪"海上丝绸之路"中，经济是核心，外交和政治是方法的话，那么将三者联结起来的便是文化，融通的文化不仅能够拉近上层的距离，更能在民间交往中产生无法预估的力量。21 世纪"海上丝绸之路"沿线国家众多,各国经济发展水平、政治制度、社会文化等方面差异较大,因此其构建过程必定漫长复杂,需要海洋史学的参与。整合各国海上交往的历史资源,开展学术研究,可以为 21 世纪"海上丝绸之路"的文化建设提供理论支撑。其次,"海上丝绸之路"在古代是以海洋中国、海洋东南亚、海洋印度、海洋伊斯兰等海洋亚洲国家和地区的互通、互补、和谐、共赢的海洋经济文化交流为体系的概念。它是早于西方资本主义世界体系出现的海洋世界体系。这个世界体系以海洋亚洲各地的海港为节点,自由航海贸易为支柱,经济与文化交往为主流,包容了各地形态各异的海洋文化,形成了和平、和谐的海洋秩序。以前中国与沿线国家对这段历史研究都很薄弱。只有通过深入的海洋史学研究,才能掌握话语权。历史概念的提出,在绝大多数的情况下,是在利用了历史语言的基础上,对即时性的目标所进行的一种象征性的表述,其根本的目的在于对实际状况的直接把握。从长远来看,建设 21 世纪"海上丝绸之路"将会是一项历时久远的政策方针,未来的愿景是沿线国家携手打造"绿色丝绸之路、健康丝绸之路、智力丝绸之路、和平丝绸之路"。这是前无古人的。由此,"海上丝绸之路"概念还应该是承载时间的通道,将历史的记忆与现在的战略互融互通,并让我们从中看到其未来发展的趋势。只有回望了历史才能够厘清当下,也只有把握了现在才能够放眼将来。

问:2017 年年初中央印发了《关于实施中华优秀传统文化传承发展工程的意见》,要求各地贯彻落实。您认为中华优秀传统文化中的海洋文化主要体现在哪些方面?

杨国桢:所谓中华海洋文化,就是中华民族在海洋、岛屿和海岸带直接或间接地开发利用海洋资源和空间时所创造的物质文化、制度文化和精神文化,后面两个合起来称作非物质文化。我们要吸收、继承和弘扬海洋文化中的优秀部分,以培养国民对海洋认识的自觉。海洋物质文化,体现在先民开发利用海洋留下的遗迹。有反映原始海洋生活的贝丘遗址、海洋聚落遗址;反映海洋生产的制盐作坊、渔业捕捞的工具、抵御风浪的海塘；反映海洋交通贸易的港口、古代沉船、造船遗址、指示灯塔、流通货物；反映海洋防卫的城堡、炮台、海战遗址，等等，它们背后都蕴藏着一个个海洋故事。有两件有关海洋物质文化保护的大事：一件是2016年中国联合国教科文组织全国委员会申报的体现中外海洋文化交融的"鼓浪屿历史国际社区"世界文化遗产项目，将在2017年7月召开的第41届世界遗产大会进行讨论，有望列入世界文化遗产名录。另一件是2017年1月底我国正式申报"海上丝绸之路"最具代表性的港口城市"古泉州（刺桐）史迹"世界文化遗产项目，有望在2018年列入世界文化遗产名录。海洋非物质文化有海洋人群的风俗、信仰，海洋文学与艺术，海洋技艺等。根据国务院公布的四批国家非物质文化遗产名录，与海洋相关的就有30多项。其中"妈祖信俗"和"水密隔舱福船制造技艺"，还分别入选2009年、2010年世界非物质文化遗产名录。

问：近年来中国海疆问题日益增多，您认为加强海洋史学研究能为维护我国海洋领土主权和海洋权益提供哪些学术支持？

杨国桢：我国与周边邻国的海洋纠纷，主要是海岛的领土主权归属与海界划分问题。现代海界的概念，对外是指国家管辖海域范围的界限，包括领海、毗邻区、专属经济区、大陆架。它是一个国家主权，或行使、履行相关权利和义务的标志。现代海界从古代海界发展而来，随着海域使用制度的出现和发展，海界概念经历了漫长的演变过程。而现在通行的国际法，或者《联合国海洋法公约》，是从西方海洋国家的海洋法律和实践来阐述这个历史过程，没有提及中国和其他濒海国家、岛国的历史实践经验。历史学界也很少有这方面的考察和研究，因而产生了一些认识的误区和偏颇。在中国历史上，早就有关于海界的记述，蕴含着中国人对海界的自主认知。了解中国古代海界的观念，以及与此相关的海洋历史权利，对研究中国海疆历史和分析现在的海疆问题，都有重大的理论意义和现实意义。至于海岛归属，国际上习惯做法，是以海岛的发现、命名、管辖来界定其所属，这就需要通过历史记载加以论证。环中国海的许多岛屿，在先民海洋活动留下的"更路簿"、航海图、见闻记载中都有命名、标记，官方使节出访或舰队巡洋也有相关记录，甚至勒石刻碑宣示主权。挖掘这些海洋历史，是当前我国主张海洋岛屿所有权的重要依据。第二次世界大战期间及之后，有关国际条约对归还我国海岛的规定，还有我国政府管理海岛的各种行动，都直接表明我国对相关岛屿的所有权。我们亟须对这些海洋历史进行研究，将研究成果展示于国际社会，消除误解，揭穿有关国家歪曲事实的阴谋，赢得国际社会舆论支持，维护我国的海洋领土主权和海洋权益。我国与许多相邻国家的海域宽度不足四百海里，因此专属经济区多有重叠。但在历史上没有专属经济区的概念，渔民可以自由到各地捕捞打鱼，为维护渔民的原有利益，可以到传统渔区作业，这也需要我们通过海洋史学研究，提出相关依据，然后与相邻国家协商，达成相应协定，以减少渔民损失，维护我国历史上一直享有的海洋权益。可见，海洋史学研究可以为我国当前处理海洋纠纷问题提供有益的历史根据。

问：您是我国海洋史学的重要开拓者，有丰富的治史经验，最后请您为我们从事海洋史学研究的年轻一辈，讲讲需要注意的问题。

杨国桢：研究海洋史，要坐得住冷板凳，静得下心来，不要浮躁。首先，海洋史的资料说多也多，很多资料埋藏在各种官方典籍、档案、地方史志、私家著述、笔记小说和民间文献之中，也散见于海洋经济圈相关国家和地区的档案、文献之中，留存的海洋文献估计有近亿字。但是，说少也少，第一是由于海洋发展在我国历史上长期处于非主流地位，造成资料信息的大量流失和断层，今人所能见到的只是一些断面或碎片。留下的文献是用大陆文明的标准筛选过的，或是局外人用陆地的思维和言语描述解说的，远非本来面目。第二是资料分散，缺乏全面搜集和整理，从民间和海外发掘史料，还有很大难度，不少还需实地调查才能获得。这就需要花大力气去梳理，利用新材料，发现问题，解决问题。第三是近几十年来，因为中国沿海地区经济飞速发展，航海新技术的运用，以及老一辈航海人的去世，大量民间航海文献因保管不善而消失。所以我们还要加大调查力度，加快收集民间文献。年轻学者应该扎实研究，不要跟风，不要急于求成。一项研究成果要经多次打磨，才有足够分量沉淀在自己的学术道路上。海洋史学发展需要一代新人的崛起奋斗，年轻一辈年富力强，我希望有更多的人投入这个事业中，一起来耕耘。

以学术创新助力海洋强国建设

——评"中国海洋空间丛书"

赵红强

中国作为陆海大国,"面向海洋则兴,放弃海洋则衰"。党的十八大以来,我国相继提出"海洋强国"战略和"一带一路"倡议,向海图强,中国海洋事业迈进新时代。中国海洋空间对实施"海洋强国"战略和"一带一路"倡议至关重要,不仅需要在实践中不断开拓,更需要系统的理论探索。什么是海洋空间?中国的海洋空间在哪里?中国海洋空间的历史怎样变迁?中国海洋资源空间现状如何?未来又该向何处发展?对于这一系列亟须回答的前瞻性、理论性问题,厦门大学杨国桢教授带领研究团队编写的新著"中国海洋空间丛书"及时给出了解答,为维护中国海洋权益、拓展中国海洋空间、建设海洋强国提供了智力支持和理论支撑,以学术创新助力海洋强国建设。

该套丛书共4册,包括《中国海洋空间简史》、《中国海洋资源空间》、《中国海洋权益空间》以及《中国海洋战略空间》。丛书以过去、现在、未来的时空布局,运用海洋人文社会科学"科际整合"的研究方法,创建了中国海洋空间体系,从海洋社会的角度诠释了我国独特的政治制度、社会制度和国情文化,系统全面地探讨了海洋对国民生存的历史影响与未来改变。

　　何为海洋空间？杨国桢教授从自然科学与人文社会科学两方面给予回答，指出："海洋空间是一种广义的自然与人文的物质存在体，包含客观存在形式的自然主体——海洋，也包含生活在海洋世界中作为建构主体的人类行为范畴——人文活动，亦即海洋空间包括自然海洋空间与人文海洋空间两个不可分割的组成部分。""海洋空间是人类生存发展的第二空间，是人类以自然海洋空间为基点的行为模式、生产生活方式及交往方式施展的场域，是人类海洋性实践活动和文化创造的空间，是一个与大陆文明空间存在形式的农耕世界、游牧世界并存的海洋世界文明空间。"这一论述的创新之处在于发掘海洋世界中作为建构主体的人类的行为范畴——人文活动，提出人文海洋空间的概念，并将其提升到文明空间的高度。"中国海洋空间丛书"秉持这一理念，兼顾自然海洋空间与人文海洋空间，在追溯中国海洋空间历史变迁的基础上重点介绍中国海洋空间的现状并擘画未来，为今后中国海洋空间的进一步研究奠定了理论基础。

　　海洋空间"贯穿人类海洋活动的所有时间，从远古至于今，直到未来"。《中国海洋空间简史》追溯过往，摆脱传统王朝体系史学书写的束缚，将中国海洋空间的时代划分为东夷百越时代、传统海洋时代、海国竞逐时代和海洋复兴时代 4 个阶段，囊括海岸线、海洋文化遗迹、造船技术、航路、贸易以及中西海上交流与冲突等诸多内容，叙述中国海洋空间发展的历史，梳理海洋空间发展的脉络，展示中国海洋空间形成、发展、演变的进程，为现代海洋空间的发展提供有益的历史经验和参照。该书不仅内容丰富，而且资料翔实、信而有征，虽然名为"简史"，但综合运用正史、实录、文集、会典、笔记等多种史料，并多方征引前人研究成果。

　　海洋是人类生存发展的第二空间，开发利用海洋资源是探索海洋空间的现实需要。《中国海洋资源空间》立足现实，全面分析中国海洋资源空间的分布格局、开发现状及开拓路径，为中国海洋空间权益的维护提供现实依据。该书从陆海整体以及人类可持续发展的角度，将海洋资源空间细分为海洋地理资源空间、海洋物质资源空间、海洋能资源空间以及海洋文化资源空间，在丰富资料的基础上分析了中国各类海洋资源的空间分布格局、开发现状以及存在问题并提供对策。此外，该书探讨了拓展中国海洋资源空间的基本要求和途径，提出坚持"海洋资源的可持续发展"、"优化海洋空间布局，打造区域科技创新体系"、"科技引领，创新发展"以及"建立健全海洋人才队伍"是拓展中国海洋资源空间的有效途径等一系列命题。其中，将海洋文化资源空间纳入海洋资源空间，发掘海洋物质文化资源与非物质文化资源，是本书的一大亮点。以往对于空间资源的研究往往割裂资源与空间、自然资源与人文资源的联系，而该书将海洋自然资源空间与海洋人文资源空间并列，发掘海洋空间中的人文海洋空间，为今后资源空间的研究提供了范例。

海洋权益是海洋空间不可或缺的部分，《中国海洋权益空间》立足中国，放眼世界，指出中国的海洋权益空间所在以及当下中国维护海洋权益的伟大实践。该书以"站在海中看海"的海洋思维将海洋权益空间划为主权海洋权益空间、公共海洋权益空间、移动的海洋权益空间和特殊的海洋权益空间，并依据大量国内外有关海洋的法律法规，指出中国海洋权益空间在近海、公海、极地的所在，明确了"中国的海洋权益空间并非仅仅在于近海，而是在全球所有的海洋空间"。同时，该书通过对国内外维护海洋权益空间的力量、管理体制的对比，以及国际海洋权益空间争端解决机制和实践的介绍，为中国海洋权益空间话语权的构建提供了借鉴。

海洋是中华民族实现伟大"中国梦"不可或缺的战略空间，《中国海洋战略空间》展望未来，对中国海洋战略的发展和走向做了分析。海洋战略空间是海洋战略的空间表达及可能预见的未来趋势，包括海洋经济战略空间、海洋科技战略空间、海洋环境战略空间和海洋安全战略空间。该书在考察国外主要海洋国家的海洋战略空间发展进程和"立体大洋"的基础上，把握当前国际海洋战略空间发展大势并预测未来走向，从经济、生态、政治、军事、外交等方面具体分析中国近海和岛屿的战略空间，为中国海洋战略空间的发展提供了有益的借鉴和经验。而对深海、公海、南北极等特殊战略空间开发利用以及网络时代对海洋战略空间意义的探讨，则立体式呈现出中国的海洋战略空间。此外，该书对中国海洋强国战略、海洋人才培养和海洋新型产业开发提出设想和展望，指出"中国海洋发展战略的愿景是和平崛起，各国共享世界海洋空间一起发展"。

　　该丛书不仅研究方法独特、现实关怀强烈，而且叙事思路新颖、观察视野广阔，将中国的海洋空间置于区域乃至全球海洋空间的发展进程中加以考察，全方位深入浅出地回答了中国海洋空间的历史变迁、资源现状以及未来走向等重要问题。综合来看，该丛书的出版在学术上填补了中国海洋空间整体研究的空白，以学术创新助力海洋强国建设，具有较强的学术价值和现实意义。

2019年海洋与中国研究述评

于　帅

　　中国既是一个大陆国家，也是一个海洋国家。随着中国海洋史学研究的不断深入，中国海洋人文社会经济史的研究和建立中国海洋人文社会学科的呼吁正在成为现实。中国提出"一带一路"倡议与加快建设海洋强国战略，需要中国海洋文明的历史经验，释放历史积累的能量。继承弘扬中华海洋文明，挖掘中国海洋的历史与文化资源，是中国海洋强国必走的一条路。为此，厦门大学人文学院与中山大学历史系联合发起主办"海洋与中国研究"国际学术研讨会，得到海内外学者的热烈反响。许多学者因故未能赴会，仍然提交论文或来函、来电，对会议表示关注和支持。

　　2019年3月30日，来自美国、英国、法国、荷兰、意大利、日本、韩国、新加坡、澳大利亚等9个国家，和中国18个省、直辖市、自治区（含港澳台地区）的近200名学者聚首厦门大学，几代学者济济一堂，共襄盛举。厦门大学校党委书记张彦在开幕式致辞，指出：海洋与中国研究是历史研究的大课题，对增强国民的海洋意识、构建中国的海洋话语权、推动"一带一路"建设，具有多方面的价值和意义，他代表厦门大学向远道而来的海内外嘉宾和朋友表示诚挚的欢迎和衷心的感谢！同时，借今天这个群贤毕至、芝兰满室的场合，向杨国桢教授祝贺八十华诞，致以崇高的敬意。中山大学校党委书记陈春声、中国社会科学院学部委员张海鹏、美国加州大学洛杉矶分校亚洲研究所主任王国斌、中国历史研究院副院长李国强、日本东京大学名誉教授滨下武志等海内外著名学者做了精彩的大会演讲，一致认为对中国海洋史发展征程做适时的总结，是学术界的迫切愿望，也是"双一流"学科建设的迫切需要。会上还为杨国桢主编的"海洋与中国研究丛书"（25 册）、"中国海洋空间丛书"（4 册）举行了首发式。

31 日，举行 12 场分组报告，与会学者提交论文近百篇，围绕中国海洋史研究理论方法、杨国桢教授的学术理路、台湾海峡与海洋史、中国东南区域海洋社会经济史、南中国海贸与海防、东北亚海域与海洋史、海洋史学视野下的中国与东南亚、海洋生活与文化传播等议题进行了深度讨论，对海洋史研究涌现的新问题做出了积极的回应。现将这次研讨会讨论的主要问题综述如下。

一　中国海洋史研究理论方法

中国海洋史研究的理论方法，是此次会议的热议话题。中国传统学术没有海洋史的概念，海洋与中国研究是近代一个受西方海洋国家历史经验启发构建的学科领域。改革开放以来，涉及海洋的中国历史研究，从海外交通史到中国海洋史学，经历了天翻地覆的理论与范式转移。**张海鹏（中国社会科学院）**认为，杨国桢提出"海洋本位"和"科际整合"的新方向和新路径，推动海洋史从涉海历史向海洋整体史转型。"海洋本位"的这一研究理路，对于海洋史基本理论的建立具有重要意义。**陈春声（中山大学）**认为，杨国桢提出要走出"海洋迷失"的误区，不能从农业文明的本位出发去观察海洋活动；要以"科际整合"方法，厘清中国海洋经济、海洋社会、海洋文化发展的历史脉络，这些论述和工作，具有重要的方法论意义。杨国桢老师在长期研究中国社会经济史丰厚学术积累的基础上，在海洋人文社会科学学科和中国海洋社会经济史的学科建设、理论建构与实证研究等各个方面，做出了具有奠基意义的影响深远的贡献。**李国强（中国历史研究院）**认为在中国海洋史学术领域诸多贡献良多值得尊敬的学者中，杨国桢先生是居功至伟的优秀代表。杨先生的学术成果不仅廓清了海洋文明的基本概念，而且建构了海洋文明的四种基本形态，同时提出了"以海洋为本位的研究方法"，其理论创新价值和学术指导意义十分显著，字里行间显现了杨先生深厚的史学功力和对海洋史的宏观把握，体现出"经世致用"优良传统的代际传承和老一代学者的责任担当。**包乐史（Leonard Blussé，荷兰莱顿大学）**以"他者的视角"指出海洋领域在过去的中国历史编撰中几乎被遗忘，他认为杨国桢认识到历史对于构筑一个雄伟的海洋国家的必要性，并采取了一系列行动以重新书写中国新海洋史，继而重构国家的海洋传统，有很大的贡献。**刘志伟（中山大学）**认为杨国桢教授多年大力提倡从海洋的视角来研究中国历史，具有极大的学术意义，超越了以往中外交通和海上贸易的传统，不但扩大了历史视野，更在历史认识上引出了新的眼光和新的解释范式。**李庆新（广东省社会科学院）**认为杨先生是一位充满理想主义激情、大智大勇的海洋文明先行探索者、领航人。他提出以海洋为本位，以海洋思维深究中国海洋历史，建构中国海洋文明体系，开风气之先。杨先生对海洋文明理论的鲜明主张和独特见解，展示了中国学人对海洋文明研究的话语权。**汪征鲁（福建师范大学）**强调杨国桢先生的"中国海洋文明论"是在对西方海洋文明理论扬弃基础上的一种创新，具有发凡起例之功。

与会学者对"以海洋为本位"的概念和内涵做了扩充和延伸。**滨下武志（日本东京大学）**认为，以前学者多以陆地为中心来看历史，如果从海的观点来思考，海本身不但应该被当作检讨的对象，并且在摸索陆上新的地域关系时，海域应该也可以对新的地域关系产生影响。**王国斌（美国加州大学洛杉矶分校）**认为中国海洋史有必要从本地（中国）视野、区域（亚洲）视野和全球视野进行多角度、多层次的研究，通过观察 500 年来中国、亚洲和全球历史中的海洋中国，他提出中国的早期现代海洋经济可以被视为明清政治经济的一部分，还是亚洲区域海洋贸易网络的关键部分，也是早期现代全球贸易的紧要部分。**黎志刚（澳大利亚昆士兰大学）** 以贸易、移民与华商为线索，考察了海洋视野下的中国与世界。他认为通过海上丝绸之路与近代以来区域社会经济发展的探讨，不但可以了解中国在全球资本主义和全球商业发展中的角色，更加有助于推动对中国近代经济史、企业史的认识和学科的发展。**吉浦罗（François Gipouloux，法国国家科学研究中心）** 探讨了 16～18 世纪中国的海洋贸易组织与地方精英的关系，强调地方精英（商人、地主、高级军人）在对外贸易投资中发挥了至关重要的作用。

　　中国海洋史学未来的发展方向也是与会学者讨论的重要话题。**李国强** 重点梳理了中国海洋史作为一门新学科在国内的发展历程，并提出了几点建议：首先要遵循客观规律，着力于中国海洋史学科体系创新；其次要合乎学术规范，着力于中国海洋史学术体系创新；再次要顺应时代要求，着力于中国海洋史话语体系创新。**刘宏（新加坡南洋理工大学）** 提出要重视制度因素在海洋亚洲的作用，认为海洋亚洲作为一个流动的空间，个人、社会、国家与制度都发挥不同的作用。侨批以及在此基础上建立的侨批网络是联系海洋亚洲的重要制度化纽带。**苏基朗（澳门大学）** 建议关注中国海洋制度古今之变的研究，一方面包括国家制定的直接间接法律规范、政府政策、方略以及各级行政细则条例，另一方面也涉及民间形成的各色乡规民约以及风俗人情习惯，以及与中国往来的海外地区、社会及政体相关的法律及民间规范，进一步创新海洋中国的理念内涵、体制框架。**庞中英（中国海洋大学）** 认为海洋和平取决于海洋治理，海洋治理依靠海洋国家以及非国家的海洋行动者的协和体系，中国是多边的海洋治理的关键，而多边的海洋治理决定 21 世纪的海洋和平。

二　杨国桢教授的学术理路

杨国桢教授在明清史学界耕耘数十年，在林则徐研究、明清土地契约研究、海洋史研究方面都做出了卓越的贡献。他所撰写的《林则徐传》，至今仍是最好的林则徐传记之一。作为傅衣凌中国社会经济史学派的承上启下者，杨国桢提出了中国封建土地所有权具有多重性结构的"封建土地所有论"，并在契约文书体系、契约文化和契约学领域做出了一系列重要贡献。**张海鹏、陈春声**指出，无论是在林则徐研究还是明清土地契约研究中，杨国桢思考问题的深度和广度都是超越同时代的学人的。其中，关于中国传统土地权利多重性的认识，即使在今天契约研究繁盛的局面下，他的观察仍然有着深刻意义。20世纪90年代，《联合国海洋法公约》在中国生效，杨老师敏锐地注意到这是中国现代海洋国家地位确立的标志，由此开始了自己学术探索的新路向和新历程。海洋史研究从无人问津到成为"显学"，杨国桢的提倡与研究有着明显的推动作用。

赵世瑜（北京大学）把杨国桢先生的学术理路概括为"自山而海"，认为在傅衣凌先生开创的厦门大学社会经济史传统中，杨国桢先生起着承上启下的作用。**吴小安**（北京大学）认为杨老师的学术特点与贡献至少有三点：其一，从陈嘉庚到林则徐，从明清史到中国社会经济史，再从中国社会经济史到极力倡导中国海洋史研究，杨老师的学术转型拓展脉络与中国改革开放发展的轨迹高度契合；其二，立足福建，深耕民间地方社会，面向台湾与海外，是杨老师的一贯学术关怀；其三，杨老师继承了傅先生开创的中国社会经济史学术传统，并出色地完成了这一代际传承的历史使命。**范金民**（南京大学）认为杨国桢老师的研究领域主要在晚清民国人物研究、明清社会经济研究、中国海洋文明研究。《林则徐传》特别体现出了他的聪明和史笔之美；《明清土地契约文书研究》则特别反映了杨老师的史学功力和底蕴，真正介绍了明清土地契约文书的形式和内容，还提出了许多命题。而近30年来由他倡导和领航的中国海洋文明研究最能体现他的学术眼光和境界。**常建华（南开大学）** 认为，《明清土地契约文书研究》对于认识日常生活史特别是农民生活的研究具有重要的参考价值，对于认识"共同体"问题，提供了土地所有权的路径，很有启发性。**杨培娜（中山大学）** 认为，传统史学注意力集中于国家文物典制、军政大事及帝王将相，而20世纪新史学则将视野拓展到整个社会。史学视野的拓展需要史料扩充的支撑，在这方面，傅衣凌先生、杨国桢先生以契约文书为突破口，做出了开创性和奠基性贡献，为我们后人树立了典范。**森正夫（日本名古屋大学）** 追忆20世纪80年代在厦门和名古屋向杨国桢教授学习和交流的往事，**步德茂（Thomas Buoye，美国塔尔萨大学）** 以社会经济史研究为例，阐述了杨国桢教授对海外学者的长期影响。

三　台湾海峡与海洋史

横亘在大陆与台湾之间的海峡，是先民海洋活动的重要区域。**刘璐璐（中山大学）** 通过考察明清针路簿中所记载的经过澎湖的各航路，包括自东南沿海各港澳经澎湖往台湾的横洋路线、泉州经澎湖往菲律宾的航路、日本长崎往菲律宾途经澎湖的航路、倭寇经澎湖分綜来犯东南沿海的入寇路线等，以及活跃在澎湖航线的海洋活动群体，看到在16~17世纪东亚海域贸易网络中澎湖的实际地位与控制澎湖的价值。**陈思（厦门大学）** 以17世纪前期荷兰两次侵占澎湖期间明朝的应对为例，指出在两次荷兰侵占澎湖事件中，明政府多采用"羁縻"外交手段解决争端，"羁縻"逐渐成为明朝处理与西方殖民者之间关系的常用手段。17世纪中期台湾海峡两岸贸易网络关系逐渐建立并不断拓展延伸，**杨彦杰（福建省社会科学院）** 认为以郑芝龙为代表的闽南海商在两岸贸易中实则扮演着重要角色，海峡两岸贸易网络的拓展延伸是明末清初中国海洋社会成长的标志。**段芳（厦门大学）**认为台鲁之间的经贸联系可追溯到明郑海商集团在山东设立山海路"五商十行"，经过对渡时期"行郊"的经营、开港之后外国势力的渗透，台湾与山东之间经贸往来日益紧密。**朱勤滨（闽江学院）**认为清朝为了加强对帆船出入台湾的管理，出台了闽台指定口岸航行的"对渡制度"，并不断就对渡制度的运行适时做出调整。

台湾海峡中的岛屿、列岛（群岛），是海洋社会经济开发利用的基础空间单元之一。**陈辰立（厦门大学）**对明清传统时代大东海渔业活动对岛屿的利用做了探讨，指出明清时期沿海渔民活动范围逐渐由近海走向远洋，进而论述了海岛开发在古代海洋经济发展历程中的意义。乾隆年间，地方士绅借开垦升科之名对福建东北部沿海岛屿进行了丈量，请求开禁。保守派官员惧怕海上势力膨胀引发海洋骚乱，反对在海洋积极开拓。**王潞（广东省社会科学院）**对福建东北部的竿塘诸岛封禁案进行了剖析，认为这起封禁案不仅牵涉乾隆君臣对于"洋利"的态度、国家禁律，还掺杂着府城绅士与沿海各县澳主、渔户之间的利益之争，实则是各方势力利益角逐的结果。

卢正恒（美国埃默理大学）通过对清代内阁大库档案中关于班兵在台湾海峡遭遇风难的记录，探讨环境变化对于班兵渡海及台湾历史产生的影响。也许因为人口成长和砍伐森林的关系，18世纪全球气温抵达暖化的高峰，并且在19世纪开始快速下降，气温的变化同时影响台湾海峡夏季的黑潮流速和冬季东北季风的强度，致使班兵在18世纪初和19世纪中叶产生两波海难高峰，虽然班兵渡海航线已是众多航线中相对安全的，但澎湖和台南沿岸仍发生许多船难。

鸦片战争后，福建巡抚徐继畲在福州刊刻《瀛寰志略》。而通过对《瀛寰志略》的再次解读，**盛嘉（厦门大学）**从四个方面重新评价了徐继畲超越自我地理疆界和令人惊叹的政治视野。

此外，**钱奕华（台湾联合大学）**独辟蹊径，以近五年台湾老子学著作为中心，讨论台湾老子学海洋思维的历史阐释。通过对台湾家谱的搜集与整理，**黄亦锡（台湾空中大学）**对台湾彰化谱学与黄氏宗亲史加以研究，指出台湾宗谱学研究的意义。

四　中国东南区域海洋社会经济史

中国东南地区不仅是历代王朝的财赋重镇，其依山面海的自然地理环境决定了东南沿海城市成为中国与世界交流的"门户"。港口作为船泊聚集地，既是航船的起点，也是海洋贸易的中转站，同时是航行目的地。港口城市的兴起，依靠的不是土地、矿产资源。**科大卫（香港中文大学）**指出，19世纪以来香港兴起的关键因素是其重要的海港位置。他强调，香港在20世纪的发展既因其货物出口量巨大，也得益于香港良好的商业制度。**刘石吉（台湾中研院）**认为上海的优势在于位居长江水运的吞吐口，以及中国沿海航线的中点，可联系内地与东亚水域的商贸往来。上海港从青龙镇、十六铺到小洋山的演变，即"从上海到海上"，实则是由传统河港发展至当代远洋航运巨港的一个变迁过程。**苏智良（上海师范大学）**回顾了上海从面海而生到临海而兴的历程，承前启后的每一个港口，都承载着上海远行的梦想。他认为上海史在中国城市史研究中比较兴盛，但上海史研究缺少一个鲜明的海洋史的视角，必须大力推广"海洋史学"理念。**毕旭玲（上海社会科学院）**通过对明清以前古徐州港口群的重构，指出古徐州港口群在中国古代海上丝绸之路的发展中起过重要作用。**刘志伟**从海洋视角看广州口岸的空间概念，认为在宏观上广州是内陆中国的海上门户，更是南海海域的北部湾泊地之一；在微观上广州口岸应包括了珠江口向东西海岸延伸的海岸泊地。**冷东（广州大学）**以1801年美国"太平洋商人号"商船自澳门寄往广州的一封信为线索，管窥海洋时代清代早期广州口岸的信息传递，梳理了信息传递与国事、外交、经贸、文化、生活的关系。**武文霞（广东省社会科学院）**认为，1893～1939年，海外华商投资广州近代工业、金融、商业和城市建设，多领域、多层次、多维度地推动了广州城市近代化。

　　刘序枫（台湾中研院）对明清时期海上商贸活动中"公司"的组织及形态进行再考察，尝试通过对目前所见明清时期闽台及海外地区相关史料中留存的"公司"记载及田野调查记录的分析，由中国东南沿海各地的传统社会中追寻"公司"的各种形态，并与传统地方社会中使用"公司"的组织加以对比研究。明清时期大量海舶香药的输入，提升了时人健康、饮食水平，丰富女性审美观念的同时，助长了社会上造假的风气，但也出现了专业性的辨假类药书。**涂丹（南京信息工程大学）**对这一现象做了分析，进而揭示了香药造假盛行的深层次原因。**赵思倩（日本关西大学）**以19世纪前期茶叶消费大国的英国市场为主要研究对象，通过英国海关和东印度公司的相关数据资料来探究英国市场的高仿茶叶的一些特征和问题，由此来探讨近代中国绿茶市场的海外动态。**程美宝（香港城市大学）**以清代小人物 Whang Tong 的故事为视角，从18世纪一个越洋赴英的普通中国人的事迹展现出中外交往史的一个侧面。

　　"临海贩盐"一直是海边人群的重要生计之一。**陈锋（武汉大学）**研究了清代海盐产区的管理系统，指出盐务官员在清代的行政机构中是一个相对独立的序列，特别是海盐产区的管理系统。其中巡盐御史、盐运使、盐场大使尤为重要。**吕小琴（河南师范大学）**从私盐不"私"看明清近场私盐的治理困境，认为私盐问题作为历代社会治理的痼疾在明清"被治理化"的过程，实质上反映了明清两朝国家治理体系的缺陷及国家治理能力的不足。

　　海岛社会是海岛经济开发的结果，**谢湜（中山大学）**认为明清浙江的海疆政策经历了强制移民、例行肃清到永远封禁的转变，治理方式则经历了民政撤离、军事管制和坚壁清野三个阶段。但这期间边疆界址的内缩并不意味着政府放弃了海疆领土，实则是另外一种方式下的空间监控和人口管制。通过海岛上各类文献的发现，并从人群的接触和冲突的实态及社会的组织和再组织入手，可以重构东南海域的动态社会和人群历史。

对于中国海洋社会经济史的发展，"明代的朝贡体系"一直颇受人诟病，**陈支平（厦门大学）**做了历史反思，他强调国与国之间的外交关系与国与国之间的经济贸易关系并不能完全等同起来，如果只意识到"得不偿失"，实则是大大低估了明朝历代政府所奉行的和平共处的国际关系准则。**杨强（中国海洋大学）**通过对"中国海洋经济史"的概念厘清和现状分析，认为当前中国海洋经济史研究，存在"经史分离"（经济学范式的经济史研究与历史学范式的经济史研究的分离），对话较少；研究角度错位，"裂海寓农"，缺少海洋视角的研究；抱残守缺，缺少海洋意识等问题，并提出了相关建议。**卢华语（西南大学）**对 20 世纪以来丹砂研究做了学术史回顾。**郑炳林（兰州大学）**认为敦煌归义军节度副使安景文是粟特人。**刘进宝（浙江大学）**对李希霍芬"丝绸之路"命名做了辨析。**徐慕君（厦门大学）**认为"海上丝绸之路"研究应该摈弃传统研究范式，克服以陆地为本位和以中国为本位的单向思维，回归海洋本位。

五　南中国海贸与海防

海上丝绸之路由交错的商贸网络组成，特别是南中国海域，存在着大宗的商品流动，在早期贸易全球化中扮演着重要角色。

海洋贸易是海洋经济的重要内容。**黄纯艳（云南大学）**通过对《南海Ⅰ号沉船考古报告之二》的贸易史解读，认为南海Ⅰ号是艘福建船，在宋代属于上等船、大型船，操作人员应该在 60 人以上；船上装载的金银和铁器无疑构成了走私，发舶方式应该是用甲板表面即舱内瓷器等合法商品接受市舶港的检空，然后到外海装载私货。从航路和发舶制度看，广州发舶的可能性最大。**袁晓春（蓬莱市蓬莱阁景区管理处）**对南海西沙群岛宋代沉船"华光礁Ⅰ号"建有 6 层外板的造船技术进行了探究，认为明朝海禁与禁造二桅以上海船的政策，直接限制中国海船大型化发展之路，导致宋元时期中国海船多层外板技术的传承不继，逐渐失传。

周鑫（广东省社会科学院）通过重建洪武朝至弘治朝广州"舶口"移散的过程，结合民间海洋力量的兴起，探讨了 14~15 世纪南海海洋网络的变迁。**罗一星（广州市东方实录研究院）**从生活贸易品入手，探讨了广州铁锅在明清两代的出口情况。他以明清各个重大历史节点为突破口，重构了广锅从国家礼品到民间用器的变迁过程，阐述了广锅在南海诸国物质文明进程中的影响。**刘正刚（暨南大学）**认为明代海洋走私贸易至少从宣德年间开始一直和朝贡贸易相伴随，他在整理天一阁和台北傅斯年图书馆藏明代孤本《皇明成化条例》时发现"接买番货例"，指出成化时期已出台了以"条例"为形式的法律来惩处海洋走私行为，从侧面反映了这一时期海洋走私的普遍。**聂德宁（厦门大学）**探讨了 17~18 世纪中国民间海外贸易航路的变化发展历程，从明后期漳州海澄月港一口出洋到明末清初东南沿海地区多口出洋的通商格局的形成，从东西二洋航路到东洋、东南洋和南洋三大航路的全面开辟，乃至中国—东南亚—日本多边贸易航线的开辟，这一系列的变化发展，奠定了中国民间海商在当时东亚及东南亚海上贸易活动发展中的重要地位，进而展现了其在促进中国乃至东亚及东南亚国家和地区社会经济发展中所发挥的积极作用和影响。**周翔鹤（厦门大学）**认为由于商人大多有购买檀香等香料进行贸易的需求，故而导致中国航船多绕东部南洋行驶，而不直接取直线南下。

范金民依据一批尚未见人引用的档案，考察康熙开海后至乾隆十四年间由广州入口的洋船数量及其载运的商品与白银等，探讨开海之初中西贸易的制度安排，进而连接了清代前期开海后中西贸易的缺环，为完整考察清代中西贸易历程打下了基础。**松浦章（日本关西大学）**考察乾隆年间棉花贸易从原来的出口变成依赖广州贸易，开始从海外进口印度棉花，虽然政府实施了从国外禁止进口棉花的禁令，但棉花进口量不但没有减少反而逐渐增多，并持续稳定占据着广州市场。

蔡志祥（香港中文大学）关注清末汕头通商口岸与跨国贸易网络，他尝试从英国驻汕头领事的报告阐明"香叻暹汕"跨国贸易网络成立的关键。一方面讨论汕头开埠以来，生产、土地利用、价格等影响米粮贸易的因素；另一方面从谷米贸易的不稳定性，探讨跨域贸易网络的形成。李培德（香港大学）以香港金山庄华英昌号1899～1905年账簿为中心，分析华英昌号的金融汇兑业务，认为拓展香港与内地台山，远至北美的商业网络，使其崛起为香港最早的华人商业之一。

传统中国的海防以缉盗和缉私为主，明清时期还在临海沿岸实行"海禁"政策。黄顺力（厦门大学）以明清两朝朝野对"海防"认知的传承及第一次鸦片战争爆发后国人对这一认知的变化为题，简要梳理了其思想意识观念的发展脉络，探究了其"传承"与"衍变"的内在理路。陈尚胜（山东大学）以明人张邦奇的两篇诗序为中心，对明代正德年间浙江市舶司提举与海防事务做了深入考察。黄友泉（泉州师范学院）以月港士绅谢彬为例，分析明代东南沿海士绅在海疆政策调整中发挥的作用。邱澎生（上海交通大学）认为晚明国防政策因为重视安全问题故而倾向禁止人员与财货流动，但经济政策则因为偏重政府税收与百姓生计故而侧重支持人员与财货流通，两者这种矛盾关系在晚明的海禁政策辩论上颇为显著。作者通过对当时"严禁派"与"弛禁派"官员言论的考察，进而探析了晚明政府处理国防与经济事务的演进过程。

赵珍（中国人民大学）对清代东南沿海巡洋会哨的洋面范围、会哨时间及规程、海洋岛屿风浪等因素进行了分析，并强调巡洋会哨作为清代海疆治理的一项重要制度在维护与稳定东南沿海洋面日常秩序中起到了重要作用。布琼任（Ronald C. Po，英国伦敦政治经济学院）利用现存于大英图书馆的马礼逊档案（Dr. Morrison Collection）中，估计是第四代阿伯丁伯爵于19世纪30年代从中国收集的系列的营汛图，探讨清政府在治理海疆方面的政策与方针，说明清代筹海思维的系统性与复杂性。

王昌（中共福建省委党校）探讨了郭寿生的海权思想，认为郭寿生接受、理解了马汉的"海权论"，将之与中国的实际结合起来，认为海权丧失乃近代中国受挫的重要原因。

六　东北亚海域与海洋史

海洋是中华民族生存和发展的一个重要环境，东北亚沿海地区是中国向海洋发展活跃的地区之一，尤其是与日、韩等半岛、岛屿国家的互动。

马光（山东大学）将山东海洋置于东亚区域大背景下，系统考察了元明时期山东官方海运的延续，揭示了山东沿海在中日韩交流史中的重要地位，厘清了明初山东海防体系的逐步构建过程。指出元末明初山东海洋史的变迁，既有延续，也有渐变，又有裂变，是一个复杂多变的过程，而非简单的变与不变的二元对立。

嘉靖朝长达45年的时间，是明代中国与日本贸易兴起的第一个高潮，也是环球贸易体系初成时代重要的一环。**徐晓望（福建省社会科学院）**认为，其时美洲白银尚未直接进入亚洲市场，许多变化是由亚洲内部市场变化决定的。虽说这一时期葡萄牙商人介入中国与日本的贸易，但市场发展的动力主要来自中国与日本两国经济的互动。

从清康熙后期至道光年间，由于解除对近海贸易的禁令，中国沿海地区的私人海上贸易得到了迅速的发展。**张彩霞（厦门大学）**分析山东沿海地区商贸的繁盛，促使民间商业力量的增强，往来于山东贸易的福建商人和山东官员以及本地海商是修建天后宫的积极推动者，共修建37座天后宫，使妈祖信仰在山东沿海地区的传播达到鼎盛。

日本江户时代（明万历至清同治年间），长崎作为当时日本唯一能够同中国及荷兰进行直接贸易往来的港口，也是中日经济文化交流的窗口，**林翰（泉州海外交通史博物馆）**以日本江户时代长崎版画、古地图、图书插图、长卷图绘中的唐船画像为研究对象，对日本长崎唐船图像的产生、绘制者、图像所反映的中国帆船细节信息及时代印记做了探讨，指出重新检视这一批长崎唐船图像，对于我们了解唐船构造、唐船贸易乃至中日文化交流等相关议题都具有重要的价值。**白蒂（Patrizia Carioti，意大利那不勒斯东方大学）**探讨了16～18世纪唐人在长崎的国际角色，以三个具体时段分析了长崎华人的角色转变过程，并认为其在16～18世纪远东地区的中日交往中发挥了重要作用。**曹悦（日本关西大学）**以江户时代日本的江户和大阪出版的有关篆书的书目为例，探究其成因以及当时日本对于中国篆书书法的接受情况。

以稀见的法国藏《燕行事例》抄本为据，**王振忠（复旦大学）**分析了19世纪前后中朝贸易的实态。他指出，从"杭货"以及"燕贸"这样的通俗常言可以看出，包括江南一带的中国商品，通过北京源源不断地流往朝鲜，也曾由朝鲜转卖到日本，涉及整个东北亚地区的中朝贸易、朝日贸易以及中日贸易。另外，该书系由朝鲜燕行使团译官、著名诗人李尚迪编定，故此一文本对于研究其人的燕行译官生涯，亦提供了一种未为人知的新史料。

王重阳（台湾高雄市立空中大学）从海洋意识的概念诠释了日本明治维新如何从传统时期的大陆文化转向近现代时期的海洋文化，吞并琉球的过程体现了近现代日本海洋意识下琉球史观的发展。在清末的币制改革中，由于印刷技术的落后，清朝政府多选择从日本引进日本版纸币，**何娟娟（日本关西大学）**对各省引进日本版纸币的过程做了简述。

长崎华商泰益号关系文献丰富，以商业书信来说，纪录时间大约自1880年至1962年，邮递地区覆盖了东北亚与东南亚的重要港市。

朱德兰（台湾中研院） 在编辑出版《泰益号商业书简资料集》基础上，将与厦门大学合作，重新编辑手边所保存的商业书信复制本、账簿微卷，出版一套文献丛书，并在论文中详细介绍了长崎华商泰益号关系文书的史料价值。

20 世纪初，大连和青岛相继被日本占领。自 1915 年开始，南满洲铁道株式会社、大阪商船会社、大连汽船会社、阿波共同汽船等日本轮船公司纷纷开通了两地之间的海运航线。**杨蕾（山东师范大学）** 通过对相关新闻报道、轮船会社社史、报纸广告等资料的分析，考察了日本海运扩张过程中青岛和大连间轮船航线的开通和运行情况，认为这些航线的开辟是日本建立东亚海运体系的重要一环，既是两港在各自区域内快速发展后加强区域和区域间联络的客观要求，也是日本政府统一布局、增强殖民地间联系的必然结果。

龙登高（清华大学） 利用尘封近百年的天津海河工程局和浚浦工程局的英文档案，细致梳理了近代津沪疏浚机构的四次制度变迁，首次提出和论述了"官督洋办"与"公益法人"等为人忽视或误解的制度创新，并再现了中外官商利益群体之间合作与博弈的具体过程和制度成果。

七　海洋史学视野下的中国与东南亚

东南亚等地的侨民华商群体，在中外海洋贸易发展史中曾扮演着重要角色。**刘宏** 把"海洋亚洲"看作一个流动的空间，并认为制度因素在海洋亚洲空间发展中发挥了重要作用。他以侨批为例，认为侨批作为一种机制，在过去一个多世纪以来，把华人社会以及居住国和祖籍国社会的机制有机地结合在一起。华人社团账本是东南亚华人社会历史最基本与最重要的经济档案与文本文献。**曾玲（厦门大学）** 通过对殖民时代新加坡华人社团账本的收集、整理与研究，在反思现有研究的基础上，提出建构新加坡华人社团经济史，进一步拓展东南亚华人社会历史研究的新视角与新领域。

对东南亚各国新材料的发现及人群社会的探究成为大会的热点。**钱江（香港大学）**利用 16 世纪末《马尼拉手稿》的记述，观察分析了当时西班牙人视野中的亚洲海洋世界，以及当时欧洲人对中国社会及作为中国民间海外贸易重镇的福建的描述和看法。**李毓中（台湾清华大学）**以新发现的《奥古斯特公爵图书馆菲律宾唐人手稿》中的相关华人书信，验证与探讨了 17 世纪初张燮《东西洋考》中有关闽南华商在"东洋"一带的贸易网络，并借由首次见到的明代华商海外账册探讨分析闽南商人在菲律宾经商的模式及其商品内容。**陈博翼（美国圣路易斯华盛顿大学）**选编了环南海地区 40 种稀见的原始文献，包括地图、书信、调查报告、档案记录、游记、商贸清单等一手资料汇编、文献目录，并加以注解，概括了近代以来五百年环南海地区各种势力的纵横捭阖及兴衰。

牛军凯（中山大学）研究越南"神敕"文献中的宋杨太后信仰，认为崖山海战之后，杨太后跳海殉国的事迹传入越南，形成以杨太后为核心的南海四位圣娘信仰，越南历代朝廷多次褒封各地乡村的南海四位圣娘神灵，官方认可并推动了该信仰的传播，"神敕"见证了这一存续多年的文化现象，是中越文化密切交流的体现。**尼古拉（Nicolas Weber，中山大学）**通过研究马来文文本所见的占婆人，来重申马来文明和一体性。

此外，**倪月菊（中国社会科学院）**以澜湄地区为例，简述了"一带一路"背景下此地区的纺织服装产业价值链的发展。**李德霞（厦门大学）**按照历史发展的进程，分五大阶段来梳理中国漫长而曲折的南海维权史，并在此基础上总结中国南海维权的发展变化特点。**夏玉清（云南师范大学）**分析了 1939～1945 年国民政府在昆明对归国侨团管理的限制与引导，认为其对归侨社团管理经历了一个职权清晰的过程，并且开创了战时侨务管理工作的新模式。

八　海洋生活与文化传播

中华文明的海外流播既是文化史又是海洋史的课题。文化传播的路线和航海的路线相契合，文化传播的内容最先是航海者的语言、文字、信仰、风俗习惯和地方民俗文化，近现代华人的海洋空间的文化基因，来自数百年来在福建、广东、东南亚和太平洋活跃的华人移民和华人企业之中。

王荣国（厦门大学） 用海洋人文的视野对法显《佛国志》做了再探讨，认为该书不但保存大量古印度诸国佛教信仰以及风土人情的资料，还保留了古代中国早期的海洋人文的历史资料。虽然这些海洋人文信息是片段的、不成系统的，却是十分珍贵的。**金昌庆（韩国釜庆大学）** 探讨了魏晋南北朝海洋诗歌中的生命意识，他认为魏晋南北朝时期文士们在社会大背景中逐渐觉醒的自我意识和生命意识，也凸显在海洋诗歌中，并用"悲""喜"两重生命基调进行解读。**谢必震（福建师范大学）** 论古代诗画中的海上丝绸之路，认为诗歌的作者一类是并没有亲身经历过航海，仅仅是根据自己所生活的时代、自己的所闻所见，将同时期人们与海上丝绸之路相关的活动，用诗歌的形式表达出来的人。还有一类诗歌的作者都经历了远洋航行，他们是在下西洋、使琉球的航海过程中创作了吟诵至今的诗句。中国古代航海，也留下与海上丝绸之路发展有关的航海绘画。

海洋图书是海洋文化的载体，**章文钦（中山大学）** 认为张燮的《东西洋考》是一部具有时代特点的海外贸易"通商指南"，对岭南海洋文化也有着内容丰富的记述，并从航路、信仰、税饷、税使等方面展开分析。**江滢河（中山大学）** 对清代广州海幢寺外销画册进行了分析，认为这套外销画册包含丰富的历史信息，反映出全球化发展的历史进程，可以说是广州上千年通海历史的缩影。**潘茹红（闽南师范大学）** 从文献学的视角，分析中国传统海洋图书的演变与发展，认为自郑和下西洋后中国的海洋发展进入了转型期，海洋图书的编撰内容和传播方式也随之改变，通过对变动中传统海洋图书的研究与梳理，可以看到明清沿海社会走向海洋、融入世界的进程。**王苑菲（美国佐治亚大学）**从语言学的视角，分析晚明帝国认同的话语，在明代海洋史上扮演重要角色的爪哇国，在晚明时期的野史、小说中，作为外来语被纳入中国文化的体系，音译为一个双关语"爪洼国"。把"哇"写成"洼"，爪洼到底是一个遥远的国度还是一个近在咫尺的水坑？这个问题表现了对他者的描述是如何影响了语言本身。《平海纪略》刻画的嘉庆朝名臣百龄，底本与定本内容大相径庭，**陈贤波（华南师范大学）**结合相关文献，考察其编纂过程、刊布原委和主要内容，发现其努力刻画的百龄名臣形象中，包含了曲折复杂的人事关系和政治过程，鲜为以往研究者所注意。

曾少聪（中国社会科学院）通过对东南沿海地区的海洋发展看海洋特性，提出东南沿海地区的海洋发展培育了海洋文化，而海洋文化又推动了东南沿海地区的海洋发展。**薛菁（闽江学院）**从对外贸易、造船技术、对外移民等方面分析闽都文化的海洋性特质，认为负山面海的闽都地带有一种兼具内陆性与海洋性特质的地域文化。**蓝达居（厦门大学）**在福建泉州市泉港区土坑村进行港市海洋生计的历史田野调查，将土坑村定义为一个历史港市聚落，即人们集中从事海洋贸易活动的海洋生态聚落与人文空间，是一种集中度高的、海洋性的文化社区；而港市的文化就是一种海洋文化。

闽南各地的祠堂和庙宇中，现存大量涉及海外移民的碑刻和铭文。**郑振满（厦门大学）**指出这些祠庙碑铭反映了闽南地区与海外世界的广泛联系，展现了以闽南为中心的东亚国际网络。深入解读这些碑铭资料，不仅有助于揭示东亚国际网络的建构过程与运作方式，而且有助于探讨近代闽南侨乡的社会变迁。雷州半岛是中国南海上活动的枢纽，各类人群跨越国界、超越种族来往生活，多种文化在这里交流、碰撞与融合，铸就了独特的濒海文化形态。**杨培娜**整理利用雷州地方庙宇和宗祠之中现存碑刻文献，分析其所见濒海社会，如乡村生活、官民互动、海外贸易移民等，以求厘清雷州乃至北部湾东岸的历史发展与地方社会组织、海洋活动与商业经营等问题。

人类对海洋的认识存在巨大的时空差异性。**张连银（西北师范大学）**分析前现代社会"内地人"的海洋意象，认为从神话传说到书籍，是他们认识海洋最主要的途径，接受海洋知识是被动的。随着海产品内输或有了海上经历，"内地人"对海洋的认识逐渐加深，但大多数人间接认识海洋的方式并没有改变。单一的方式决定了"内地人"的海洋意象呈现出破碎、神秘、模糊等特征，与沿海居民形成了巨大差距。**陈明德（台湾嘉南药理大学）**从顾炎武"经世致用"的读书观，谈儒家治学方法的返本开新。**邢继萱（日本关西大学）**以日本神户海洋博物馆和中国台湾海洋科技博物馆之常设展为例，分析不同的文化分别以何种观点来看待海洋，研究展示海洋文化方式的异同。

本次会议取得圆满成功，来自海内外高校、科研院所、文博系统的众多知名学者与史学青年，在相关领域进行了交流互动，切磋砥砺，提出新视野、新论点，体现对海洋史理论研究和实践研究的学术创新，为发展中国海洋史学、构建中国海洋话语体系做出了贡献，相信这将是一次足以在中国海洋历史研究的学术史上留下痕迹的盛会。

图书在版编目（CIP）数据

涛声回荡：杨国桢先生八十华诞纪念文集／陈春声，
郑振满主编． －－北京：社会科学文献出版社，2020.6
ISBN 978 - 7 - 5201 - 6323 - 1

Ⅰ.①涛…　Ⅱ.①陈…②郑…　Ⅲ.①杨国桢 - 纪念
文集　Ⅳ.①K825.81 - 53

中国版本图书馆 CIP 数据核字（2020）第 031533 号

涛声回荡
——杨国桢先生八十华诞纪念文集

主　　编／陈春声　郑振满

出 版 人／谢寿光
责任编辑／李期耀　陈肖寒

出　　版／社会科学文献出版社·历史学分社（010）59367256
　　　　　　地址：北京市北三环中路甲 29 号院华龙大厦　邮编：100029
　　　　　　网址：www. ssap. com. cn
发　　行／市场营销中心（010）59367081　59367083
印　　装／三河市东方印刷有限公司

规　　格／开　本：787mm × 1092mm　1/16
　　　　　　印　张：27.75　字　数：380 千字
版　　次／2020 年 6 月第 1 版　2020 年 6 月第 1 次印刷
书　　号／ISBN 978 - 7 - 5201 - 6323 - 1
定　　价／158.00 元